Alleinerziehend auf der sicheren Seite

Der einzige Rechts- und Finanzratgeber, den du für euch brauchst

Silke Wildner und
Dr. Otto N. Bretzinger

Akademische Arbeitsgemeinschaft | Mannheim

Postfach 10 01 61 · 68001 Mannheim
Telefon 0621/8626262
Telefax 0621/8626263
www.akademische.de

1. Auflage
Stand: März 2024

Zum Zwecke der besseren Lesbarkeit und auf Grund der Demographie der Zielgruppe verwenden wir mehrheitlich die grammatisch weibliche Form in diesem Ratgeber. Selbstverständlich meinen wir aber bei Personenbezeichnungen immer alle Menschen unabhängig von ihrer jeweiligen geschlechtlichen Identität.

Redaktion: Dr. Torsten Hahn, Benedikt Naglik, Maike Backhaus

Geschäftsführer: Christoph Schmidt, Stefan Wahle

Layout und Umschlaggestaltung: futurweiss kommunikationen, Wiesbaden

Bildquellen: Jacob Lund – stock.adobe.com (Cover),
Tatiana Garkusha – istockphoto.com (S.100, 200, 352)

Printed in Poland

ISBN 978-3-96533-350-5

Alternative Streitbeilegung (Online-Streitbeilegung und Verbraucherschlichtungsstelle)
Die Europäische Kommission hat eine Plattform zur Online-Streitbeilegung eingerichtet, die unter folgendem Link abgerufen werden kann: www.ec.europa.eu/consumers/odr.
Wolters Kluwer ist nicht bereit und nicht verpflichtet, an Streitbeilegungsverfahren vor einer Verbraucherschlichtungsstelle teilzunehmen.

Vorwort

Vater, Mutter, Kind – diese Familienform ist nach wie vor ein wichtiges Lebensziel vieler Menschen. Aber was, wenn man es nicht schafft, das Bild der »heilen Familie« dann auch so zu leben? Wenn es nach der Geburt des Kindes anfängt zu kriseln oder man schon in der Schwangerschaft verlassen wurde? Dann gestaltet sich die Lebenssituation eben nicht so leicht wie früher, als man noch kinderlos war. Denn mit der Geburt des Kindes wird ein Paar zum Elternpaar und das geht juristisch mit vielen Rechten und Pflichten einher, sowohl dem Kind als auch dem anderen Elternteil gegenüber. Auch Eltern, die nie ein Paar waren, treffen diese Regelungen.

Und das ist noch nicht alles, weil auch glückliche Beziehungen kein Rundum-Sorglos-Schutz sind: Verstirbt der Lebens- oder Ehepartner und gibt es Kinder, wird man ebenfalls alleinerziehend. Gleiches gilt für Solomütter, die ihre Kinder durch Samenspende bekommen oder Pflegemütter und -väter, die ein Kind alleine großziehen.

Es gibt also nicht die Alleinerziehende oder den Alleinerziehenden, denn die Wege hinein in diese Lebensform sind vielfältig. Einen großen gemeinsamen Nenner gibt es dennoch: Die Mütter sind es, die unter den Alleinerziehenden in Deutschland am häufigsten anzutreffen sind. 2022 kamen in Deutschland auf 2,27 Millionen alleinerziehende Mütter gerade mal 487.000 alleinerziehende Väter.

Fast jedes vierte Kind wächst demnach heute in einer Ein-Eltern-Familie oder Mini-Familie auf, denn 2022 gab es in Deutschland insgesamt rund 11,86 Millionen Familien im Sinne einer Eltern-Kind-Gemeinschaft – egal, ob mit oder ohne Trauschein, welches Geschlecht die Eltern haben und wie viele Eltern mit dem Kind zusammenwohnen. Alleinerziehende sind schon lange keine gesellschaftliche Randerscheinung mehr und ihre Zahl wächst beständig.

Und es gibt eine weitere große Gemeinsamkeit: die ungleiche Einkommensverteilung. Denn zusätzlich zum Ungleichgewicht bei den Geschlechtern sind es vor allem Frauen, die überwiegend in den unteren Einkommensstufen bis 1.500 € netto zu finden sind. Diese Einkommenssituation wird innerhalb einer Familie durch die steuerliche Förderung der Ehe und die zu leistende Care-Arbeit dann noch zusätzlich verschärft und verändert sich nach einer Trennung für die Mütter nicht maßgeblich. Die Alleinerziehende mit dem kleineren Einkommen ist daher kein Klischee.

Sieht man sich diese Ausgangslage an, ist es für viele Alleinerziehende und Eltern in Trennung sehr wichtig zu wissen, was ihnen finanziell zusteht und welche Rechte und Pflichten sie haben. Dieser Ratgeber leistet hierbei Hilfestellung, denn schlecht informiert zu sein führt häufig zu finanziellen Einbußen und das kann man sich heute kaum noch leisten.

Für einen möglichst großen Mehrwert haben sich für dieses Buch ein Jurist und eine Bloggerin zusammengetan, um das Alleinerziehend sein aus zwei Perspektiven zu beleuchten: Fachbuchautor, Journalist und Jurist **Dr. iur. Otto N. Bretzinger** ist der Fachmann für das Rechtliche und gibt Antworten und Informationen zu den rechtlichen Fragen, und Autorin und Podcasterin **Silke Wildner** macht den Realitäts-Check. Sie stellt Herrn Bretzinger die für Alleinerziehende wichtigen Fragen, gibt wertvolle Praxistipps und teilt Erfahrungen aus der Community. Als alleinerziehende Mutter zweier Kinder und ihrer 2018 gegründeten Community »Gut alleinerziehend« kennt sie die Probleme und Herausforderungen sehr genau.

Dieser Ratgeber ist somit ein grundlegendes Nachschlagwerk und legt den Fokus aufgrund der Häufigkeit ganz besonders auf die alleinMutter mit dem kleineren Gehalt. Deshalb ist die Ansprache durchgängig in der weiblichen Form gehalten. Aus Gründen der besseren Lesbarkeit wurde auf das Gendern verzichtet.

Ihre

Silke Wildner und Dr. iur. Otto N. Bretzinger

Inhalt

1 Lebenssituationen der Alleinerziehenden – wie wird man alleinerziehend und wann ist man es nicht mehr?

Zu Beginn dieses Buches geben wir einen kurzen Überblick über die unterschiedlichen Möglichkeiten, alleinerziehend zu sein bzw. zu werden. Hier zeigt sich, dass es den oder die klassische Alleinerziehende nicht gibt. Denn es macht persönlich definitiv einen Unterschied, ob man schon in der Schwangerschaft allein war und mit der Geburt des Kindes alleinerziehend wurde oder ob ein plötzlicher Todesfall dazu geführt hat. In beiden Fällen gilt man als alleinerziehend, kommt aber durch die unterschiedliche Ausgangslage rechtlich mit ganz anderen Themen in Kontakt. Die Bandbreite der Szenarien ist daher mitunter sehr komplex und macht die rechtliche Betrachtung sehr detailreich. Dennoch gibt es einen gemeinsamen Nenner für alle Alleinerziehende und damit du weißt, was für dich relevante rechtliche und steuerliche Themen sind, findest du eine Kurzzusammenfassung in den folgenden Abschnitten.

Herr Bretzinger, wie ist die juristische Definition für Alleinerziehende und welche Themen gehen damit einher?

Als Alleinerziehend gelten gemeinhin Frauen oder Männer, die mit einem minderjährigen Kind ohne Ehe- oder Lebenspartner in einem Haushalt zusammenleben. Mit dieser Situation gehen regelmäßig eine Reihe persönlicher, rechtlicher und finanzieller Probleme einher. Für die konkreten Auswirkungen der Alleinerziehenden sind allerdings die unterschiedlichen Lebensumstände ausschlaggebend. Und nicht zuletzt ist von Bedeutung, ob die alleinerziehende Person ledig ist, getrennt lebt, geschieden, verwitwet oder wieder verheiratet ist oder in nichtehelicher Lebensgemeinschaft lebt.

Die nachfolgenden Ausführungen geben unter Berücksichtigung dieser Lebenssituationen der Alleinerziehenden einen kurzen Überblick über die Auswirkungen hinsichtlich des Sorge- und Umgangsrechts, der Unterhaltsansprüche, der Steuerklasse und der gesetzlichen Krankenversicherung.

1.1 Ledige Alleinerziehende

Als alleinerziehende Mutter steht Ihnen das alleinige Sorgerecht für Ihr Kind zu. Ein Elternteil kann allerdings beantragen, dass das Familiengericht den Eltern die elterliche Sorge ganz oder zum Teil gemeinsam überträgt. Das Kind hat ein Recht auf Umgang mit jedem Elternteil, jeder Elternteil ist wiederum zum Umgang mit dem Kind verpflichtet und berechtigt. Der Vater ist gegenüber dem Kind unterhaltspflichtig. Zahlt er keinen oder nicht mindestens Unterhalt in Höhe des gesetzlichen Mindestunterhalts, hilft unter bestimmten Voraussetzungen der Staat mit dem Unterhaltsvorschuss. Neben dem Unterhalt für das Kind steht Ihnen als alleinerziehende Mutter auch Betreuungsunterhalt mindestens bis zum vollendeten dritten Lebensjahr des Kindes zu.

Wenn Sie mit Ihrem Kind allein leben, gehören Sie zur Steuerklasse 2. Sie haben Anspruch auf die Steuerfreibeträge für Kinder und den Entlastungsbetrag für Alleinerziehende. In der gesetzlichen Krankenversicherung ist Ihr Kind bei Ihnen im Rahmen der Familienversicherung beitragsfrei mitversichert.

1.1.1 Alleinerziehend durch Samenspende

Wenn die biologische Uhr tickt, aber kein passender Partner in Sichtweite ist, entscheiden sich manche Frauen alternativ für eine Samenspende. Das kann von einem guten Freund sein, woraus sich das Erziehungsmodell des Co-Parentings entwickelt hat: Also Eltern sein, ohne jemals ein Paar gewesen zu sein.

Die zweite Option ist die anonyme Samenspende über entsprechende Organisationen. Hier kennt man den Kindsvater nicht persönlich, was zum Beispiel Auswirkungen auf den Unterhaltsvorschuss hat.

Denn wenn der Kindsvater nicht genannt wird, dann bekommt man auch keinen Unterhaltsvorschuss.

Achtung: Ist das Kind durch eine ärztliche unterstützte künstliche Befruchtung unter heterologer Verwendung von Samen gezeugt worden, der vom Spender in einer gesetzlich anerkannten Entnahmeeinrichtung zur Verfügung gestellt wurde, so kann der Samenspender nicht als Vater dieses Kindes festgestellt werden. Mithin entfallen neben dem Sorge- und Umgangsrecht auch Unterhaltsansprüche des Kindes.

1.1.2 Alleinerziehend durch Adoption

Grundsätzlich können alle Personen, die das 25. Lebensjahr vollendet haben, ein Kind adoptieren. Keine rechtliche Bedeutung hat, ob die adoptierende Person alleinstehend ist oder in einer Partnerschaft lebt.

Wird ein minderjähriges Kind adoptiert, erlöschen sämtliche rechtliche Verbindungen des Kindes zu seinen leiblichen Verwandten (z.B. Eltern, Großeltern, Geschwister). Alle Rechte und Pflichten aus dem bisherigen Verwandtschaftsverhältnis enden. Das adoptierte Kind wird zum Kind der Adoptiveltern. Seine rechtliche Stellung entspricht dem eines leiblichen Kindes. Das adoptierte minderjährige Kind ist insbesondere unterhalts- und erbrechtlich dem leiblichen Kind gleichgestellt.

1.2 Getrennt lebende Alleinerziehende

Leben Sie von Ihrem Ehepartner getrennt, haben Sie als alleinerziehender Elternteil Anspruch auf Trennungsunterhalt, wenn Sie »bedürftig« sind. Das minderjährige Kind hat Anspruch auf »Barunterhalt« gegenüber dem Elternteil, bei dem das Kind nicht dauerhaft lebt. Wenn die Eltern gemeinsam Inhaber des Sorgerechts sind und sie sich trennen, besteht die gemeinsame Sorge fort. Unter Umständen kann das Familiengericht die elterliche Sorge einem Elternteil allein übertragen. Nur wenn es zum Wohl des Kindes erforderlich ist, kann das Gericht das Umgangsrecht einschränken oder ausschließen. Auch im Fall der Trennung hat das Kind ohne weitere Voraussetzungen ein Recht auf Umgang mit jedem Elternteil.

Bei Trennung im Laufe eines Kalenderjahres gilt die bisherige Steuerklasse (also 3, 4 oder 5) bis zum Ende des Jahres. Nach dem Trennungsjahr müssen die geschiedenen Partner erst einmal in Steuerklasse 1 wechseln, der Elternteil, der mit dem Kind allein lebt, kann allerdings die Steuerklasse 2 mit dem Kinderfreibetrag beantragen. Die beitragsfreie Mitversicherung in der gesetzlichen Krankenversicherung besteht für den Partner auch noch im Fall der Trennung.

Wenn Sie nicht verheiratet sind, lesen Sie weiter im Abschnitt 1.6 »Alleinerziehende mit nichtehelichem Partner«.

1.3 Geschiedene Alleinerziehende

Nach der Scheidung haben Sie als alleinerziehender Elternteil unter Umständen Anspruch auf nachehelichen Unterhalt. Der Elternteil, bei dem das Kind nicht dauerhaft lebt, hat dem Kind Barunterhalt durch Zahlung eines bestimmten Geldbetrags zu leisten. Das gemeinsame Sorgerecht der geschiedenen Elternteile besteht in der Regel weiter. Unter Umständen kann das Familiengericht einem Elternteil die Alleinsorge übertragen. Dem geschiedenen Partner, bei dem das Kinder nicht dauerhaft wohnt, steht ein Umgangsrecht mit dem Kind zu. Dieses Recht des Elternteils kann das Familiengericht nur zum Wohl des Kindes einschränken oder ausschließen.

Mit der Scheidung ist für die Eheleute auch ein Wechsel in der Steuerklasse verbunden. Jeder Elternteil erhält grundsätzlich den halben Kinderfreibetrag. Nach der Rechtskraft der Scheidung erlischt die beitragsfreie Mitversicherung für den geschiedenen Partner automatisch. Ab diesem Zeitpunkt ist der geschiedene Ehepartner freiwilliges Mitglied der bisherigen Krankenkasse und hat eigene Beiträge zu zahlen.

1.4 Verwitwete Alleinerziehende

Nach dem Tod Ihres Ehepartners steht Ihnen das Sorgerecht für das minderjährige Kind allein zu. Unter Umständen haben Sie Anspruch auf Hinterbliebenenrente. Minderjährige Kinder haben in der Regel Anspruch auf Halbwaisenrente. Bestehen keine Verfügungen von Todes wegen (Testament oder Erbvertrag), sind Sie kraft gesetzlicher Erbfolge zusammen mit Ihren Kindern Erben.

Der steuerpflichtige Ehepartner wird im Jahr des Todes des anderen Ehepartners und im folgenden Jahr automatisch in die Steuerklasse 3 eingeordnet. Besteht die Steuerklasse 3 bereits, wird sie beibehalten. Ab dem zweiten Kalenderjahr, das auf das Todesjahr folgt, wird der verwitwete Steuerpflichtige automatisch in Steuerklasse 1 eingestuft.

Herr Bretzinger, wann profitieren Witwen von der Steuerklasse 2?

Die Steuerklasse 2 gilt für verwitwete Arbeitnehmerinnen, wenn ihnen der Entlastungsbetrag für Alleinerziehende zusteht. Voraussetzung für die Gewährung des Entlastungsbetrags ist, dass die Arbeitnehmerin alleinstehend ist und zu ihrem Haushalt mindestens ein Kind gehört, für das sie Kindergeld oder einen Kinderfreibetrag erhält. Ferner muss das Kind bei ihr mit Haupt- oder Nebenwohnung gemeldet sein. Der Entlastungsbetrag für Alleinstehende wird nicht gewährt, wenn die Arbeitnehmerin in einer eheähnlichen Lebensgemeinschaft lebt. Das Gleiche gilt, wenn die Alleinerziehende mit einer anderen volljährigen Person, für die ihr kein Kindergeld oder Kinderfreibetrag zusteht, einen gemeinsamen Haushalt führt.

Erhält das Kind Halbwaisenrente, gilt dies als Einkommen des Kindes mit der Folge, dass sich das Kind freiwillig krankenversichern muss. Allerdings entfällt die Beitragspflicht bis zur Vollendung des 25. Lebensjahres, solange das Kind eine Schulausbildung absolviert, studiert oder ein freiwilliges soziales oder freiwilliges ökologisches Jahr ohne Arbeitsentgelt leistet.

1.5 Wieder verheiratete Alleinerziehende

Sind Sie als alleinerziehender Elternteil geschieden, endet mit der Wiederheirat Ihr unter Umständen bestehender Anspruch auf nachehelichen Unterhalt. Auch der Anspruch auf Betreuungsunterhalt und auf Unterhaltsvorschuss endet. Unterhaltsverpflichtungen für das Kind bleiben bestehen. Auch das Sorge- und Umgangsrecht werden von einer Wiederheirat nicht berührt. Steht Ihnen als alleinerziehender Elternteil das alleinige Sorgerecht zu, so steht Ihrem Ehepartner mit Ihrem Einvernehmen die Befugnis zur Mitentscheidung in Angelegenheiten des täglichen Lebens des Kindes zu (sog. kleines Sorgerecht).

Praxis-Tipp: *Mit der Eheschließung wird die finanzielle Sorge für das Kind, das in die Ehe mitgebracht wird, einfach an das Ehepaar übergeben, wenn das Kind zuvor nur den Unterhaltsvorschuss bekommen hat. Wurde vor der neuen Ehe Kindesunterhalt gezahlt, dann läuft dieser weiter, der Kindsvater bleibt also weiter in der finanziellen Verantwortung. Das ist eine Besonderheit, auf die ich dich gerne aufmerksam machen möchte, um dich dazu zu ermutigen, für dein Kind einzustehen und den Kindesunterhalt einzufordern.*

Nach der Heirat besteht für den Ehepartner die Möglichkeit der beitragsfreien Familienversicherung beim anderen Ehepartner. Die Mitversicherung des Stiefkinds kann nur dann durchgeführt werden, wenn das Kind in den Haushalt des Mitglieds der Krankenversicherung aufgenommen wurde.

Im umgangssprachlichen Gebrauch wird diese Lebenssituation auch gerne mit dem Wort »Patchwork« betitelt. Darunter fallen allerdings auch nicht verheiratete neue Lebensgemeinschaften, in die einer der beiden Partner oder auch beide ein Kind oder Kinder aus einer vorherigen Beziehung mitbringen.

1.6 Alleinerziehende mit nichtehelichem Partner

Sind die Eltern des Kindes nicht miteinander verheiratet, so steht grundsätzlich der Mutter das Sorgerecht für das minderjährige Kind zu. Die Eltern können durch gleichlautende Sorgerechtserklärungen die gemeinsame elterliche Sorge begründen. Die Trennung der Eltern ändert am Sorgerecht grundsätzlich nichts. Steht nur der Mutter das Sorgerecht für das gemeinsame Kind zu, bleibt es auch nach der Trennung der nichtehelichen Partner dabei. Sind die Eltern gemeinsam Inhaber der elterlichen Sorge, so steht ihnen diese auch nach der Trennung weiterhin zu. In diesem Fall kann jeder Elternteil nach der Trennung beim Familiengericht einen Antrag auf Übertragung der elterlichen Sorge auf sich stellen. Voraussetzung ist, dass entweder der andere Elternteil zustimmt oder zu erwarten ist, dass die Übertragung dem Wohl des Kindes am besten entspricht. Dem Vater des Kindes steht ein Umgangsrecht mit dem Kind zu.

Der Elternteil, der das Kind nicht betreut, hat durch Barleistungen zum Unterhalt des Kindes beizutragen. Leistet der unterhaltspflichtige Elternteil keinen Barunterhalt für das Kind, besteht unter Umständen ein Anspruch des Kindes auf Zahlung eines Unterhaltsvorschusses.

Der alleinerziehende Elternteil hat gegen den anderen Elternteil grundsätzlich weder während des Bestehens der Lebensgemeinschaft noch danach Anspruch auf Unterhalt. Allerdings muss der Vater der Mutter für die Dauer von sechs Wochen vor und acht Wochen nach der Geburt des Kindes Unterhalt gewähren und auch die Kosten tragen, die durch die Schwangerschaft und Entbindung entstehen. Darüber hinaus kann der betreuende Elternteil von dem anderen Elternteil wegen der Pflege und Erziehung des gemeinsamen Kindes für mindestens drei Jahre nach der Geburt Unterhalt verlangen. Während dieser Zeit ist er grundsätzlich nicht verpflichtet, einer Erwerbstätigkeit nachzugehen.

Steuerlich und sozialversicherungsrechtlich werden die Partner einer nichtehelichen Lebensgemeinschaft wie Alleinstehende behandelt. Insbesondere ist eine beitragsfreie Mitversicherung in der gesetzlichen Krankenversicherung nicht möglich.

1.7 Wann ist man nicht mehr alleinerziehend?

Einmal alleinerziehend – immer alleinerziehend? Dem ist nicht so. Daher möchten wir abschließend darauf eingehen, wann man rechtlich nicht mehr alleinerziehend ist.

Herr Bretzinger, wann gilt man rechtlich betrachtet nicht mehr als Alleinerziehende?

Das kann im Einzelfall recht kompliziert sein, weil der Begriff »alleinerziehend« in den verschiedenen Rechtsgebieten nicht einheitlich verwendet wird. Deshalb muss bei den jeweiligen Vergünstigungen (z.B. Kinderfreibetrag, Mehrbedarf bei Sozialleistungen) jeweils geprüft werden, ob die Voraussetzungen für den Status einer Alleinerziehenden noch vorliegen. So ist beispielsweise die Einstufung der Steuerpflichtigen in die Steuerklasse 2 nicht mehr möglich, wenn dem Haushalt ein Kind angehört, für das kein Kindergeld gezahlt oder der Kinderfreibetrag nicht gewährt wird. Dabei muss allerdings berücksichtigt werden, dass Kindergeld unter Umständen auch noch nach der Volljährigkeit des Kindes gezahlt wird (z.B. wenn sich das Kind noch in Ausbildung befindet). Entsprechendes gilt für die Gewährung des Kinderfreibetrags.

Der Entlastungsbetrag für Alleinerziehende wird auch dann nicht gewährt, wenn der Steuerpflichtige in einer eheähnlichen Lebensgemeinschaft lebt. Das Gleiche gilt, wenn die Alleinerziehende mit einer anderen volljährigen Person, für die ihr kein Kindergeld oder Kinderfreibetrag zusteht, einen gemeinsamen Haushalt führt. Schließlich entfällt der Entlastungsbetrag für Alleinerziehende auch dann, wenn die alleinerziehende Person heiratet. In diesen Fällen wird die alleinerziehende Person nicht in die Steuerklasse 2, sondern je nach Familienstand in eine andere Steuerklasse eingestuft (z.B. Steuerklasse 1 für ledige oder geschiedene Steuerpflichtige).

2 Rechtsverhältnis zwischen Kind und Eltern

Sobald ein Kind geboren wird, greifen Gesetze, die das Verhältnis zwischen dem Kind und seinen Eltern juristisch regeln. Damit du weißt, was ab der Stunde null nach der Geburt für dich und dein Kind gilt, bekommst du hier einen guten Überblick über den rechtlichen Rahmen. Dabei möchte ich dich gleich auf die Besonderheit hinweisen, dass es einen Unterschied zwischen dem Erzeugen eines Kindes und dem Rechtsanspruch auf Elternschaft gibt.

Wusstest du …

… dass der rechtliche Vater nicht zwingend der biologische Vater ist, wohingegen die rechtliche Mutter immer diejenige ist, die das Kind geboren hat?

Herr Bretzinger, wie ist rechtlich das Verhältnis zwischen Eltern und Kind geregelt?

Die rechtlichen Beziehungen des Kindes zu seinen Eltern wird gesetzlich durch das Kindschaftsrecht geregelt. Dazu gehören insbesondere das Abstammungsrecht, das Sorge- und Umgangsrecht, das Namensrecht und das Recht auf Kindesunterhalt.

2.1 Mutterschaft

Eindeutig ist, wer die rechtliche Mutter des Kindes ist. Das ist die Frau, die das Kind geboren hat (§ 1591 BGB). Das gilt auch dann, wenn die Eizelle nicht von ihr stammt (z.B. bei der Leihmutterschaft), das Kind also genetisch nicht von ihr abstammt.

Achtung: Das Kind hat auch dann nur eine rechtliche Mutter, wenn es in eine lesbische Beziehung geboren wird. Die Frau, die das Kind nicht geboren hat, kann nur im Wege einer sogenannten Stiefkindadoption durch gerichtliche Entscheidung Mutter des Kindes werden.

2.2 Vaterschaft

Für die Frage, wer Vater des Kindes ist, ist von Bedeutung, ob die Eltern bei Geburt des Kindes miteinander verheiratet waren oder nicht.

2.2.1 Überblick

Das Gesetz erklärt denjenigen zum rechtlichen Vater, der zum Zeitpunkt der Geburt mit der Mutter verheiratet war oder der die Vaterschaft anerkannt hat. Besteht keine Vaterschaft kraft Ehe oder Anerkennung oder wurde eine solche Vaterschaftszurechnung erfolgreich angefochten, ist die Vaterschaft durch gerichtliche Entscheidung festzustellen.

Im Folgenden geht es um die Person, die im rechtlichen Sinne als Vater des Kindes anzusehen ist, also nicht darum, wer biologischer oder genetischer Erzeuger des Kindes ist. Letztere kann sich unter Umständen von der rechtlichen Vaterschaft unterscheiden, etwa im Fall einer Adoption des Kindes.

Das nachfolgende Beispiel soll vorab die Rechtslage zur Vaterschaft in groben Zügen verdeutlichen. Einzelheiten werden danach dargestellt.

Die Eheleute Tina und Timo Klein leben seit über einem Jahr getrennt und haben vor einem Jahr die Scheidung eingereicht. Tina hat danach Sven Groß kennengelernt und ist mit ihm zusammengezogen. Nachdem die Ehe geschieden wurde, bringt Tina einen Monat nach der Scheidung ihren Sohn Kevin zur Welt.

Rechtlicher Vater des Kindes ist zunächst der Mann, der zum Zeitpunkt der Geburt mit der Mutter verheiratet ist. Das ist nach dieser gesetzlichen Regelung weder Timo noch Sven. Ist die Mutter bei der Geburt des Kindes nicht verheiratet, wird Vater des Kindes der Mann, der die Vaterschaft anerkennt. Erkennt also Sven Groß die Vaterschaft zu Kevin an und stimmt Tina dem zu, so ist Sven der rechtliche Vater von Kevin.

Wird die Vaterschaft weder von Timo noch von Sven anerkannt oder stimmt Tina der Vaterschaftsanerkennung von Sven nicht zu, dann kann die Vaterschaft nur gerichtlich festgestellt werden. Erforderlich ist ein Antrag beim Familiengericht, den sowohl der mutmaßliche Vater als auch die Mutter und das Kind stellen können.

Achtung: Die rechtliche Klärung der Vaterschaft hat nicht nur Bedeutung dahingehend, dass das Kind seine eigene Herkunft kennt, die im Bewusstsein des Kindes eine Schlüsselstellung für seine Persönlichkeitsentwicklung einnimmt. Aus dem mit der Vaterschaft einhergehenden Verwandtschaftsverhältnis leiten sich der Unterhaltsanspruch, aber auch das Erbrecht oder rentenrechtliche Ansprüche des Kindes ab. Zudem ist das Verwandtschaftsverhältnis Voraussetzung für das Umgangsrecht von Eltern und Kind. Auch für die Mutter ist die Feststellung der Vaterschaft wichtig: Betreut sie das Kind und ist deshalb nicht erwerbstätig, hat sie gegenüber dem Vater in der Regel bis zu drei Jahre nach der Geburt einen eigenen Anspruch auf sogenannten Betreuungsunterhalt (vgl. dazu 3.3.1).

2.2.2 Vaterschaft kraft Ehe

Rechtlicher Vater des Kindes ist der Mann, der zum Zeitpunkt der Geburt mit der Mutter verheiratet ist (§ 1592 Nr. 1 BGB). Ob der Ehemann der Mutter das Kind tatsächlich gezeugt hat, hat keine Bedeutung. Der Ehemann gilt auch dann als Vater des Kindes, wenn die Ehepartner bereits längere Zeit getrennt leben. Entsprechendes gilt, wenn es offenbar unmöglich ist, dass die Frau das Kind vom Ehemann empfangen hat (z.B. bei Unfruchtbarkeit). Keine Rolle spielt auch das Getrenntleben der Eheleute. Auch wenn ein Kind ein Jahr nach der Trennung der Eltern geboren wurde, gilt der Ehemann als Vater des Kindes, solange dessen Vaterschaft nicht erfolgreich angefochten wurde.

Ist das Kind vor der Eheschließung geboren, wird es nicht dem Ehemann zugerechnet. In diesem Fall erfolgt die Zuordnung der Vaterschaft entweder durch Anerkennung oder gerichtliche Feststellung. Auch wenn das Kind nach der Scheidung geboren ist, wird es nicht dem Ehemann kraft Ehe zugerechnet, und zwar auch dann nicht, wenn es während der bestehenden Ehe gezeugt wurde.

Achtung: Eine gesetzliche Sonderregelung gilt für den Fall, dass das Kind geboren wird, nachdem die Ehe durch Tod des Ehemanns aufgelöst wurde: Ein Kind, das innerhalb von 300 Tagen nach dem Tod des Ehemanns geboren ist, wird dem verstorbenen Ehemann noch kraft Gesetzes zugerechnet. Steht fest, dass das Kind länger als 300 Tage getragen wurde, dann ist dieser verlängerte Zeitraum maßgebend (§ 1593 BGB).

2.2.3 Vaterschaft kraft Anerkennung

Ist die Mutter bei der Geburt des Kindes nicht verheiratet, wird Vater des Kindes der Mann, der die Vaterschaft anerkennt (§ 1592 Nr. 2 BGB). Die Anerkennung der Vaterschaft muss öffentlich beurkundet werden (§ 1597 Abs. 1 BGB). Zuständig ist der Notar, das Standesamt oder das Jugendamt. Die Anerkennung kann nicht unter einer Bedingung oder Zeitbestimmung erfolgen (§ 1594 Abs. 3 BGB). Sie ist bereits vor Geburt des Kindes zulässig (§ 1594 Abs. 4 BGB). Eine gesetzliche Frist für die Anerkennung besteht nicht. Sie kann auch noch erfolgen, wenn das Kind volljährig geworden ist.

Die Vaterschaftsanerkennung bedarf der Zustimmung der Mutter des Kindes (§ 1595 Abs. 1 BGB). Auch die Zustimmung muss öffentlich beurkundet werden und kann nicht unter einer Bedingung oder Zeitbestimmung erfolgen. Die Zustimmung des Kindes ist stets erforderlich, wenn es volljährig ist. Ist das Kind minderjährig, ist dessen Zustimmung nur notwendig, wenn der Mutter das elterliche Sorgerecht nicht zusteht (§ 1595 Abs. 2 BGB).

Herr Bretzinger, welche Bedingung oder Zeitbestimmung würde eine Vaterschaftsanerkennung unwirksam machen?

Unwirksam ist beispielsweise die Anerkennung unter der Bedingung, dass ein noch einzuholendes (privates) Abstammungsgutachten Zweifel an der biologischen Vaterschaft ausräumt. Unwirksam ist ebenso eine zeitlich befristete Vaterschaftsanerkennung (z.B. für den Zeitraum von drei Jahren).

2.2.4 Anfechtung der Vaterschaft

Nicht immer ist der Mann, dem ein Kind kraft Ehe zugeordnet wird oder der seine Vaterschaft anerkannt hat, der wirkliche Vater. Deshalb besteht die Möglichkeit, die Vaterschaft anzufechten. Anfechtungsberechtigt ist der vermeintliche Vater, die Mutter und das Kind sowie unter bestimmten Voraussetzungen auch derjenige, der als leiblicher Vater des Kindes in Betracht kommt (§ 1600 BGB). Die gerichtliche Vaterschaftsfeststellung erfolgt auf Antrag eines Anfechtungsberechtigten. Zuständig ist das Familiengericht, in dessen Bezirk das Kind seinen gewöhnlichen Aufenthalt hat. Das Gericht ermittelt den Sachverhalt von Amts wegen.

Achtung: Voraussetzung für die Anfechtung ist ein Anfangsverdacht der fehlenden Vaterschaft. Ein heimlich eingeholtes DNA-Gutachten begründet allerdings keinen Anfangsverdacht (BGH, Az. XII ZR 22/96), ebenso wenig die behauptete fehlende Ähnlichkeit zwischen dem Kind und dem angeblichen Vater (BGH, Az. XII ZR 173/04). Dagegen ist die Behauptung der Mutter des Kindes, der rechtliche Vater sei nicht der leibliche Vater, in der Regel geeignet, einen Anfangsverdacht zu begründen (OLG Bremen, Az. 4 WF 20/12).

Die Vaterschaft kann nur innerhalb von zwei Jahren gerichtlich angefochten werden. Die Frist beginnt mit dem Zeitpunkt, zu dem der Berechtigte von den Umständen erfährt, die gegen die Vaterschaft sprechen, jedoch keinesfalls vor der Geburt des Kindes (§ 1600b BGB).

2.2.5 Gerichtliche Feststellung der Vaterschaft

Besteht die Vaterschaft weder kraft Ehe oder Anerkennung oder wurde eine entsprechende Zurechnung der Vaterschaft erfolgreich angefochten, kann die Vaterschaft des biologischen Vaters gerichtlich festgestellt werden (§§ 1592 Nr. 3, 1600d BGB). Das Familiengericht stellt die Vaterschaft auf Antrag fest. Antragsberechtigt sind der Mann, der seine Vaterschaft festgestellt haben möchte, die Mutter und das Kind.

Im Verfahren auf gerichtliche Feststellung der Vaterschaft wird als Vater vermutet, wer mit der Mutter während der Empfängniszeit sexuellen Kontakt hatte. Als Empfängniszeit gilt die Zeit von dem 300. bis zu dem 181. Tag vor der Geburt des Kindes. Die Vermutung gilt nicht, wenn schwerwiegende Zweifel an der Vaterschaft bestehen.

2.2.6 Wie Sie vom Jugendamt unterstützt werden

Wenn ein Kind geboren wird, dessen Eltern nicht miteinander verheiratet sind und für das keine Vaterschaftsanerkennung vorliegt, wird das Jugendamt hierüber vom Standesamt informiert. Das Jugendamt bietet Ihnen sofortige Beratung und Unterstützung bei der Vaterschaftsfeststellung und der Geltendmachung von Unterhaltsansprüchen des Kindes an. Im Rahmen eines persönlichen Gesprächs werden Sie vom Jugendamt unter anderem über die Bedeutung der Vaterschaftsfeststellung und die Möglichkeiten, wie die Vaterschaft festgestellt werden kann (insbesondere bei welchen Stellen ein Vaterschaftsanerkenntnis abgegeben werden kann), informiert.

Wenn Sie Fragen zur Feststellung der Vaterschaft haben, können Sie sich auch selbst an das Jugendamt wenden, selbst wenn das Kind schon älter ist. Auf Antrag können Sie beim Jugendamt auch eine sogenannte Beistandschaft (vgl. dazu 2.6.6) für das Kind beantragen. Der Beistand kann dann das Kind etwa gegenüber dem unterhaltspflichtigen Elternteil vor Gericht vertreten (vgl. dazu 2.3.1). Die Beratung und Unterstützung vom Jugendamt, ebenfalls in Form der Beistandschaft, sind kostenlos.

2.3 Sorgerecht

Warum die Klärung der Rechtsverhältnisse zwischen Vater, Mutter und Kind so wichtig sind, zeigt sich in diesem Abschnitt. Denn als rechtlicher Vater bzw. als rechtliche Mutter steht man dem Kind gegenüber in einer besonderen Verantwortung und Pflicht. Diese Pflichten greifen per Gesetz tatsächlich nur für die rechtlichen Eltern und nicht die biologischen oder genetischen – sollte es hier Unterschiede geben (vgl. dazu 2.2).

Herr Bretzinger, was ist unter dem Sorgerecht zu verstehen und mit welchen Pflichten ist es verbunden?

Die elterliche Sorge erstreckt sich auf minderjährige Kinder ab ihrer Geburt. Sie ist einerseits ein Recht der Eltern, sie begründet gleichzeitig aber auch elterliche Pflichten gegenüber dem Kind. Im Grundsatz geht es dabei darum, Entscheidungen für das Kind zu treffen, seine Rechte zu schützen und durchzusetzen sowie das Kind im Rechtsverkehr zu vertreten.

Das Sorgerecht der Eltern beinhaltet die Personen- und die Vermögenssorge. Es erstreckt sich auch darauf, das minderjährige Kind rechtsgeschäftlich zu vertreten. Das Gesetz unterscheidet zwischen der gemeinsamen Sorge der Eltern und der Alleinsorge eines Elternteils.

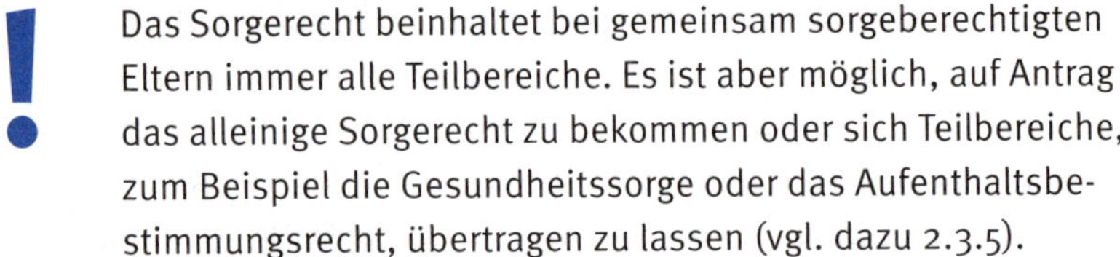

Das Sorgerecht beinhaltet bei gemeinsam sorgeberechtigten Eltern immer alle Teilbereiche. Es ist aber möglich, auf Antrag das alleinige Sorgerecht zu bekommen oder sich Teilbereiche, zum Beispiel die Gesundheitssorge oder das Aufenthaltsbestimmungsrecht, übertragen zu lassen (vgl. dazu 2.3.5).

2.3.1 Personensorge

Die Personensorge ist Teil der elterlichen Sorge. Sie umfasst insbesondere alle tatsächlichen Betreuungsaufgaben für das Kind.

Inhalt

Die Personensorge umfasst alle persönlichen Angelegenheiten des Kindes. Sie erstreckt sich auf verschiedene Angelegenheiten, insbesondere auf die Bestimmung des Umgangs des Kindes (vgl. dazu 2.4), die Pflege, die Beaufsichtigung und die Bestimmung des Aufenthalts des Kindes, insbesondere auf dessen Erziehung und die Gesundheitssorge.

Erziehung

Die Erziehung des Kindes ist der Kernpunkt der elterlichen Personensorge. Sie umfasst die Sorge für die geistige, seelische und soziale Entwicklung des Kindes. Dazu gehört auch die Wahl und Förderung von Schul- und Berufsausbildung. Ebenso gehört die religiöse Erziehung des Kindes zur Personensorge. Allerdings steht dem Kind ab Vollendung des 14. Lebensjahrs die Entscheidung darüber zu, welcher Religion es angehören will und ab zwölf Jahren kann das religiöse Bekenntnis nicht mehr gegen den Willen des Kindes geändert werden. Die Erziehungspflicht erstreckt sich auch darauf, das Kind zu beaufsichtigen. Kinder haben ein Recht auf gewaltfreie Erziehung. Körperliche Bestrafungen, seelische Verletzungen und andere entwürdigende Maßnahmen sind unzulässig, so unter anderem eine Ohrfeige, eine »Tracht Prügel«, an den Haaren oder Ohren ziehen, Bloßstellen vor Freunden oder Schulkameraden oder Miterleben von häuslicher Gewalt (§ 1631 Abs. 2 BGB).

Gesundheitssorge

Die Gesundheitssorge für das Kind ist ein wichtiger Teil der elterlichen Personensorge. Sie erstreckt sich auf alle Angelegenheiten zur Wahrung und gegebenenfalls Wiederherstellung der Gesundheit des Kindes. Medizinische Maßnahmen, denen das Kind unterzogen werden soll, bedürfen der Einwilligung der Eltern. Maßnahmen der Gesundheitssorge dürfen die Eltern anstelle des Kindes allerdings nur entscheiden, wenn das Kind nach dem Stand seiner Entwicklung nicht selbst in der Lage ist, die Einwilligung zu erteilen oder diese zu verweigern. In diesem Fall ist die sogenannte natürliche Einsichtsfähigkeit des Kindes von Bedeutung. Deshalb kann ein Kind auch bereits vor Erreichen des 18. Lebensjahr unter Berücksichtigung seiner geistigen Entwicklung und Urteilsfähigkeit imstande sein, selbst Entscheidungen in Gesundheitsangelegenheiten zu treffen. Das kann bei Jugendlichen ab etwa 14 oder 16 Jahren der Fall sein. Aber selbst wenn es in Gesundheitsangelegenheiten des Kindes auf die Einwilligung der Eltern ankommt, kann dem Kind ein Vetorecht zustehen, wenn eine medizinische Maßnahme nur vorteilhaft, aber nicht zwingend notwendig ist und erhebliche Folgen für die künftige Lebensgestaltung des minderjährigen Jugendlichen hat.

Aufenthaltsbestimmung

Die Personensorge erstreckt sich auch auf das Aufenthaltsbestimmungsrecht. Dieses umfasst die Befugnis, den dauerhaften oder kurzfristigen räumlichen Aufenthaltsort des minderjährigen Kindes zu bestimmen. Dazu gehören unter anderem

- das Recht auf Bestimmung des Wohnorts und des Umzugs,
- auf Bestimmung der Urlaubsziele,
- der Orte von Freizeitaktivitäten.

Die Bestimmung des Aufenthalts steht beiden Elternteilen zu. Ist die elterliche Sorge nur einem Elternteil übertragen, so bestimmt er den Aufenthalt des Kindes allein. In diesem Fall ist es auch möglich, dass die Personensorge an sich bei beiden Elternteilen verbleibt, sodass ein Elternteil ausschließlich über den Aufenthalt des Kindes entscheidet, während andere Entscheidungen, die die Angelegenheiten des Kindes betreffen, beide Elternteile weiterhin gemeinsam entscheiden (z.B. Schulbesuch).

Grenzen

Die Personensorge der Eltern für das minderjährige Kind findet ihre Grenzen, wenn fundamentale Interessen des Kindes beeinträchtigt werden. So ist etwa eine Unterbringung des Kindes, die mit Freiheitsentziehung verbunden ist (z.B. Unterbringung in einer geschlossenen Einrichtung), nur mit Genehmigung des Familiengerichts zulässig (§ 1631b BGB). Auch wenn persönliche Lebensbereiche des Kindes betroffen werden, ist das Elternrecht beschränkt. So müssen Eltern bei der Pflege und Erziehung die wachsende Fähigkeit und das Bedürfnis des Kindes zu selbstständigem verantwortungsbewusstem Handeln berücksichtigen (z.B. bei Empfängnisverhütung). Sie müssen mit dem Kind Fragen der elterlichen Sorge besprechen und Einvernehmen anstreben, soweit es nach dem Entwicklungsstand des Kindes angezeigt ist (§ 1626 Abs. 2 BGB). Auch durch öffentlich-rechtliche Vorschriften kann die Personensorge der Eltern eingeschränkt werden (z.B. durch die Schulpflicht).

Staatliche Unterstützung

Wenn Eltern ihrer Erziehungsaufgabe nicht voll gewachsen sind, können sie bei der Personensorge auf Unterstützung des Familiengerichts zurückgreifen. Das Jugendamt hilft in Form einer sogenannten Beistandschaft vor allem dem Elternteil, dem die elterliche Sorge allein obliegt oder in dessen Obhut sich das Kind befindet. Ferner kommen Leistungen der Kinder- und Jugendhilfe in Betracht.

Unterstützung des Familiengerichts

Das Familiengericht hat die Eltern oder einen Elternteil auf Antrag bei der Ausübung der Personensorge in geeigneten Fällen zu unterstützen (§ 1631 Abs. 3 BGB). In Betracht kommen Ermahnungen und Verwarnungen an das Kind, unter Umständen auch Zwangsmaßnahmen (z.B. Rückführung des aus dem Elternhaus entwichenen Kindes), wenn dies dem Wohl des Kindes nicht zuwiderläuft und mildere Mittel gescheitert oder aussichtslos sind.

Unterstützung des Jugendamts

Nicht selten kommt es vor, dass Kindesunterhalt nicht gezahlt wird. In diesem Fall unterstützt die sogenannte Beistandschaft des Jugendamts. Unter der Beistandschaft versteht man eine Art gesetzliche Vertretung des minderjährigen Kindes durch das Jugendamt. Sie hilft bei der Vaterschaftsfeststellung und bei der Durchsetzung von Ansprüchen auf Kindesunterhalt (§ 1712 BGB). Den Antrag auf Beistandschaft kann jeder Elternteil stellen, dem für den Aufgabenkreis der beantragten Beistandschaft die alleinige elterliche Sorge zusteht, bei gemeinsamer Sorge der Elternteil, in dessen alleiniger Obhut sich das Kind befindet (§ 1713 Abs. 1 BGB).

Durch die Beistandschaft, die automatisch mit dem Zugang des Antrags eintritt, erhält das Jugendamt die Stellung eines Pflegers in den Kindesangelegenheiten und kann das Kind in dem beantragten Geschäftskreis (z.B. Geltendmachung von Kindesunterhalt) vertreten. Durch die Beistandschaft wird allerdings die elterliche Sorge nicht eingeschränkt. Auch der antragstellende Elternteil bleibt also in der betreffenden Angelegenheit weiter handlungsfähig.

Herr Bretzinger, für welche weiteren Geschäftskreise kann ich eine Beistandschaft beim Jugendamt beantragen?

Der Gegenstand der Beistandschaft ist gesetzlich abschließend geregelt. Zu den Aufgaben des Jugendamts als Beistand gehören die Feststellung der Vaterschaft und die Geltendmachung von Unterhaltsansprüchen.

Kinder- und Jugendhilfe

Unterstützung bei der elterlichen Sorge erfahren Eltern auch durch die Kinder- und Jugendhilfe. Zuständig ist das Jugendamt. Zu den Leistungen gehören

- Förderung der Erziehung in der Familie (z.B. Betreuung und Versorgung des Kindes in Notsituationen, Hilfe für schwangere Frauen, Beratung in Fragen der elterlichen Sorge nach Trennung und Scheidung),
- Förderung von Kindern in Tageseinrichtungen und in Kindertagespflege,
- Hilfe zur Erziehung und Eingliederungshilfe für Kinder und Jugendliche mit seelischer Behinderung (z.B. Erziehungsberatung, Erziehungsbeistand, Erziehung in einer Tagesgruppe oder in einer Pflegefamilie),
- Inobhutnahme bei Kindeswohlgefährdung,
- Mitwirkung in familien- und kindschaftsrechtlichen Angelegenheiten sowie in Jugendgerichtsverfahren (z.B. Beratung und Unterstützung bei der Geltendmachung von Unterhaltsansprüchen des Kindes).

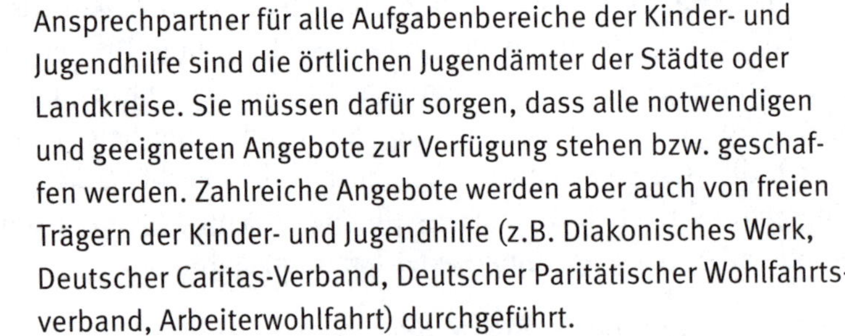

Ansprechpartner für alle Aufgabenbereiche der Kinder- und Jugendhilfe sind die örtlichen Jugendämter der Städte oder Landkreise. Sie müssen dafür sorgen, dass alle notwendigen und geeigneten Angebote zur Verfügung stehen bzw. geschaffen werden. Zahlreiche Angebote werden aber auch von freien Trägern der Kinder- und Jugendhilfe (z.B. Diakonisches Werk, Deutscher Caritas-Verband, Deutscher Paritätischer Wohlfahrtsverband, Arbeiterwohlfahrt) durchgeführt.

Aus der Community: *Die Personensorge sorgt in der Lebenswirklichkeit Alleinerziehender regelmäßig für Zündstoff. Denn während man als Paar bzw. in der Ehe noch versucht hat, einen*

Konsens bei der Kindererziehung sowie den zu vermittelnden Traditionen und Werten zu finden, fällt dieser Wille nach einer Trennung oft weg. Meist versucht dann diejenige ihren Willen hier auf ganzer Linie durchzusetzen, von der das Kind überwiegend betreut wird. Diese Sprengkraft wird noch verstärkt, wenn sich die Eltern durch die getrennten Umgangszeiten mit dem Kind bewusst werden, wie weit die jeweiligen Erziehungsstile voneinander abweichen. Daher fragen sich viele Alleinerziehende, was sie tun können, wenn sie mit dem Kindsvater bei Erziehungsfragen nicht auf einen Nenner kommen bzw. der Meinung sind, dass der Vater einen schlechten Einfluss auf das Kind hat. Hier klafft das Feld von persönlichen Bedenken bis zu Kindswohlgefährdung weit auseinander (vgl. dazu 2.3.5).

2.3.2 Vermögenssorge

Neben der Personensorge umfasst die elterliche Sorge auch das Recht und die Pflicht zur Vermögenssorge. Der elterlichen Sorge unterliegt das gesamte Vermögen des Kindes. Ausgenommen von der elterlichen Vermögenssorge ist das Vermögen, das dem Kind mit der Bestimmung zugewendet ist, dass die Eltern es nicht verwalten sollen (§ 1638 BGB).

Inhalt

Die Vermögenssorge erfasst alle tatsächlichen und rechtlichen Maßnahmen, die darauf gerichtet sind, das Vermögen des Kindes zu erhalten, zu verwerten und zu vermehren. Zum Vermögen des Kindes gehören unter anderem Barvermögen, Grundbesitz, Wertpapiere oder Geschäftsbetriebe, ebenso die aus den Vermögensgegenständen fließenden Erträge (z.B. Zinsen, Dividenden, Mieteinnahmen) und Einnahmen des Kindes aus einer Erwerbstätigkeit.

Vermögensverwaltung

Die Vermögensverwaltung der Eltern hat sich am Kindeswohl zu orientieren. Darüber hinaus sind besondere gesetzliche Regelung bei der Verwaltung des Vermögens des Kindes zu beachten:

- Geld ist nach den Grundsätzen einer wirtschaftlichen Vermögensverwaltung anzulegen, soweit es nicht zur Bestreitung von Ausgaben bereitzuhalten ist (§ 1642 BGB). Anlageziele sind vor allem Sicherheit, Rentabilität und Liquidität. Grundsätzlich steht den Eltern bei der Vermögensanlage ein weiter Entscheidungsspielraum zu. Das Familiengericht kann anordnen, dass Geld des Kindes in bestimmter Weise anzulegen ist und dass zur Abhebung seine Genehmigung erforderlich ist (§ 1667 Abs. 2 Satz 1 BGB).
- Hat das Kind im Wege der Erbfolge oder durch eine Schenkung Vermögen erworben, sind die Eltern bei der Vermögensverwaltung an etwaige Anordnungen des Erblassers oder Schenkers gebunden (§ 1639 BGB).
- Zu nachteiligen, riskanten oder besonders wichtigen Rechtsgeschäften bedürfen die Eltern der Genehmigung des Familiengerichts. Dazu gehören etwa Verfügungen über das Vermögen im Ganzen, Versicherungsverträge und Kreditaufnahmen (§ 1643 BGB).
- In bestimmten Fällen ist es den Eltern untersagt, das Kind bei der Vermögenssorge zu vertreten. So ist es beispielweise den Eltern verboten, im Namen des Kindes aus dessen Vermögen Schenkungen vorzunehmen.
- Unter Umständen sind die Eltern verpflichtet, über das ihrer Verwaltung unterliegende Vermögen des Kindes ein Verzeichnis zu errichten, dieses mit der Versicherung der Richtigkeit zu versehen und beim Familiengericht einzureichen. Diese Inventarisierungspflicht erstreckt sich auf Vermögen, das das Kind von Todes wegen erwirbt (z.B. Erbschaft), Schenkungen oder Abfindungen, die anstelle von Unterhalt gewährt werden (§ 1640 BGB).

Verwendung des Kindesvermögens

Das Vermögen des minderjährigen Kindes soll grundsätzlich erhalten werden. Für die Verwendung des Vermögens legt deshalb das Gericht eine Reihenfolge der Verwendung fest (§ 1649 BGB).

- Aus den Einkünften sind zunächst die Kosten der ordnungsmäßigen Verwaltung zu bestreiten, soweit diese tatsächlich anfallen (z.B. Versicherungen, Depotgebühren).
- Der danach verbleibende Überschuss ist für den Unterhalt des Kindes zu verwenden. Das minderjährige Kind hat keinen Unterhaltsanspruch, soweit und solange sein Vermögen und seine Arbeitseinkünfte zum eigenen Unterhalt ausreichen. Es müssen allerdings nicht der Vermögensstamm, sondern nur die Erträge aus dem Vermögen eingesetzt werden (wegen der Folgen für den Unterhaltsanspruch des Kindes vgl. 2.6.1). Reichen die Einkünfte aus dem Vermögen des Kindes nicht aus, um die Verwaltungskosten und den Unterhalt zu decken, können die Eltern Arbeitseinkünfte des Kindes für dessen Unterhalt verwenden.
- Überschüsse, die weder zur Vermögensverwaltung noch für den Unterhalt des Kindes benötigt werden, können unter Umständen für den Unterhalt der Eltern und Geschwister verwendet werden. Das ist allerdings nur dann zulässig, soweit die Verwendung der Überschusseinkünfte des Kindes – so sagt es das Gesetz – der »Billigkeit« entspricht. Das kann beispielsweise dann der Fall sein, wenn das Kind ein großes Vermögen geerbt hat und über entsprechende Kapitalerträge verfügt, die dann unter Umständen für den elterlichen Unterhalt eingesetzt werden können. Das Interesse des vermögenden Kindes hat allerdings immer Vorrang vor der Verwendung der Überschüsse, sodass beispielsweise im Falle der Schwerbehinderung des Kindes die Kapitalvermehrung Vorrang vor der Verwendung der Überschüsse für den elterlichen Unterhalt hat.

***Aus der Community:** Die Vermögenssorge hat es in sich, denn die elterliche Sorge umfasst auch das Wissen, mögliches Geld des Kindes gut und sicher anzulegen. Leider kennen sich vor allem Frauen oft nicht aus, wenn es um das Thema Geldanlagen geht, denn sie verlassen sich in einer Partnerschaft immer noch zu oft darauf, dass der Mann sich auskennt und überlassen ihm das finanzielle Feld. Daher möchte ich dich dazu ermutigen, dir finanzielles Wissen anzueignen, sodass du für dich und dein Kind hier gute Entscheidungen treffen kannst. Und damit auch du lernst, Geld für dich bestmöglich anzulegen. Denn Altersarmut trifft leider überwiegend Frauen, Mütter und Alleinerziehende.*

Praxis-Tipps: Konto-Eröffnung für das Kind

Wenn das eigene Kind Geld hat, zu Vermögen kommt oder wenn man selbst für das Kind Geld anlegen möchte, ist eine Konto-Eröffnung für das Kind oft eine erste große Schwierigkeit, wenn man nicht das alleinige Sorgerecht hat und der Kindsvater nicht Teil des Alltags ist. Denn Banken und Geldinstitute verlangen Unterschriften beider Eltern, damit das Konto eröffnet werden kann oder möchten, dass beide Eltern in Präsenz gemeinsam erscheinen. Um dies zu umgehen, eröffnen manche Elternteile einfach ein Konto auf ihren eigenen Namen statt auf den Namen des Kindes und zahlen dort das Geld für das Kind ein.

Was sagen Sie aus rechtlicher Sicht dazu, Herr Bretzinger?

Damit ist zwar das Problem praktisch gelöst, aber rechtlich ist das nicht zulässig. In schwerwiegenden Fällen, das heißt, wenn das Kindeswohl gefährdet ist, kann das unter Umständen sogar die Entziehung des Sorgerechts zur Folge haben.

Zugriff auf das Konto des Kindes

Wurde nun ein Konto für das Kind bei gemeinsamer elterlicher Sorge eingerichtet, haben auch beide Eltern Zugriff auf das Konto. Daher haben viele Alleinerziehende die Befürchtung, dass der andere Elternteil die Vermögenssorge missbrauchen und einfach Geld für eigene Zwecke von dem Konto des Kindes abheben könnte.

Herr Bretzinger, was können Mütter rechtlich unternehmen, wenn die Vermögenssorge nicht ausschließlich das Wohl des Kindes durch den andern Elternteil im Blick hat?

Gefährdet ein Elternteil das Vermögen des Kindes, kann beim Gericht beantragt werden, ihm die Vermögenssorge zu entziehen oder Maßnahmen anzuordnen, die der Sicherung des Vermögens dienen. So könnte beispielsweise das Gericht anordnen, dass der Elternteil Rechnung legen und Rechenschaft über die Vermögensverwendung ablegen, Geld in bestimmter Art und Weise anlegen muss oder über Girokonten und Sparkonten des Kindes nicht verfügen darf.

In welchen Fällen macht es Sinn, die alleinige Vermögenssorge zu beantragen?

Nur bei Gefährdung des Kindesvermögens hat ein Antrag auf Übertragung der alleinigen Vermögenssorge Aussicht auf Erfolg. Das kann der Fall sein, wenn ein Elternteil Kindergeld oder anderes Vermögen, welches dem Kind zusteht, veruntreut und für eigene Zwecke nutzt, und so das Sorgerecht missbraucht wird.

2.3.3 Gesetzliche Vertretung des Kindes

Das Sorgerecht der Eltern erstreckt sich auch darauf, dass minderjährige Kind rechtsgeschäftlich zu vertreten. Die Vertretungsbefugnis erfasst alle Bereiche der elterlichen Sorge, also die Personen- und Vermögenssorge. In bestimmten Fällen ist das Vertretungsrecht der Eltern allerdings zum Schutz des Kindes beschränkt oder sogar ausgeschlossen.

Gemeinschaftliche Vertretung

Soweit die elterliche Sorge den Eltern gemeinsam obliegt, vertreten sie das Kind gemeinschaftlich (§ 1629 Abs. 1 Satz 2 BGB). Beide Eltern müssen also beispielsweise einen Vertrag unterschreiben, den sie im Namen des Kindes abschließen. Allerdings kann ein Elternteil den anderen bevollmächtigen. Die Bevollmächtigung kann auch durch schlüssiges Verhalten erfolgen, etwa dadurch, dass die Eltern einvernehmlich bestimmte Bereiche der elterlichen Sorge unter sich aufteilen.

Vertritt nur ein Elternteil das Kind, ist das Rechtsgeschäft schwebend unwirksam. Es wird mit der Genehmigung des anderen Elternteils wirksam. Verweigert der andere Elternteil die Genehmigung, wird das Rechtsgeschäft unwirksam. In diesem Fall wird der Elternteil, der allein das Kind vertreten hat, gegenüber dem Geschäftspartner unter Umständen schadensersatzpflichtig.

Hinsichtlich der Einwilligung der Eltern in eine ärztliche Behandlung gilt Folgendes:

- Bei Routinefällen (z.B. bei unproblematischen Medikamentengaben, normale Kinderkrankheiten) darf der Arzt davon ausgehen, dass der mit dem Kind erschienene Elternteil vom anderen dazu ermächtigt wurde, in die Behandlung einzuwilligen, solange dem Arzt nichts Gegenteiliges bekannt ist. Der Arzt muss nicht extra rückfragen. Er darf auf die Ermächtigung vertrauen.
- Besteht bei einem Eingriff ein nicht unbedeutendes Risiko, ist eine Ermächtigung auch des nicht erschienenen Elternteils erforderlich. Das ist der Fall, sobald der Eingriff oder die Behandlung ein ausführliches Beratungsgespräch voraussetzt. In diesem Fall muss sich der Arzt erkundigen, ob und inwieweit der mit dem Kind erschienene Elternteil berechtigt ist, auch für den Abwesenden zu handeln. Hat er keine anderweitigen Erkenntnisse, darf er aber auf die wahrheitsgemäße Auskunft des anwesenden Elternteils vertrauen und muss keine weiteren Nachforschungen anstellen.

- Bei schweren und risikoreichen Eingriffen (z.B. Herzoperation) muss sich der Arzt Gewissheit über die Einwilligung beider Elternteile verschaffen. Beispielsweise müssen zum Aufklärungsgespräch beide Elternteile erscheinen.

Aus der Community: *In der Lebenswirklichkeit vieler Alleinerziehender liegt zwar das gemeinsame Sorgerecht vor, wird im Alltag aber nicht gelebt. So kann es auch bei gemeinsamer elterlicher Sorge vorkommen, dass sich der Kindsvater so gut wie gar nicht um das Kind kümmert, seltener oder gar kein Umgang stattfindet bis hin zum kompletten Kontaktabbruch. Dadurch wird es für viele Mütter im Alltag zur echten Belastung, gemeinsam eine Einigung auf Basis des Sorgerechts mit dem anderen Elternteil zu erreichen bzw. gemeinsame Unterschriften zu leisten. Was viele nicht wissen: Sie haben trotz der gemeinsamen elterlichen Sorge dennoch in vielen Dingen ein Alleinvertretungsrecht. Sodass eben nicht alles gemeinsam entschieden und unterschrieben werden muss.*

Alleinvertretungsrecht eines Elternteils

Soweit einem Elternteil die elterliche Sorge allein übertragen ist, vertritt dieser das minderjährige Kind allein. Allerdings kann auch bei gemeinsamem Sorgerecht in einer Reihe von Fällen ein Elternteil das Kind ausnahmsweise allein vertreten. So besteht unter anderem kraft Gesetzes trotz gemeinsamer Sorge ein Alleinentscheidungs- bzw. -vertretungsrecht eines Elternteils, wenn

- es sich um Angelegenheiten des täglichen Lebens handelt und die Eltern nicht nur vorübergehend getrennt leben (vgl. dazu 2.3.5),
- das Familiengericht auf Antrag die Entscheidung auf einen Elternteil überträgt, wenn sich die Eltern über eine Angelegenheit nicht einigen können (§ 1628 BGB),

- Gefahr im Verzug besteht und eine Rechtshandlung zum Wohl des Kindes notwendig ist (z.B. Einwilligung in eine plötzlich notwendige ärztliche Behandlung), § 1629 Abs. 1 Satz 4 BGB,
- der Elternteil, in dessen Obhut sich das Kind befindet, Unterhaltsansprüche des Kindes gegen den anderen Elternteil geltend gemacht machen will (§ 1929 Abs. 2 Satz 2 BGB).

Einschränkung und Ausschluss der Vertretungsbefugnis

Kraft Gesetzes ist das Vertretungsrecht der Eltern für das minderjährige Kind in der Form beschränkt, dass die Eltern für das Rechtsgeschäft die Genehmigung des Familiengerichts bedürfen. Unter Umständen wird den Eltern die Vertretungsbefugnis auch vollständig entzogen.

Wichtige und riskante Rechtsgeschäfte

Zu Geschäften, die vom Gesetz für besonders wichtig oder riskant gehalten werden, muss die Genehmigung des Familiengerichts eingeholt werden.

Zu den genehmigungsbedürftigen Rechtsgeschäften gehören unter anderem Verträge, die das Kind zu einer wiederkehrenden Leistung verpflichten, wenn das Vertragsverhältnis länger als ein Jahr über den Eintritt der Volljährigkeit des Kindes hinaus dauern soll, die Aufnahme eines Geldkredits im Namen des Kindes, die Eingehung einer Bürgschaft, die Ausschlagung einer Erbschaft oder eines Vermächtnisses oder der Verzicht auf einen Pflichtteil.

Schließen die Eltern einen Vertrag ohne die erforderliche Genehmigung des Familiengerichts ab, so hängt die Wirksamkeit des Vertrags von der nachträglichen gerichtlichen Genehmigung ab. Der Vertrag ist schwebend unwirksam. Er wird mit der Genehmigung wirksam bzw. bei Versagung der Genehmigung endgültig unwirksam. Ein einseitiges Rechtsgeschäft, das die Eltern für das minderjährige Kind ohne Genehmigung des Vormundschaftsgerichts vornehmen (z.B. Ausschlagung der Erbschaft), ist unwirksam.

Interessenkollision

Gesetzlich ausgeschlossen wird die Vertretungsbefugnis der Eltern für das minderjährige Kind, wenn die Gefahr einer Interessenkollision besteht. So können die Eltern kein Rechtsgeschäft im Namen des Kindes mit sich selbst im eigenen Namen abschließen, außer wenn es sich um die bloße Erfüllung einer Verbindlichkeit handelt.

Unzulässig ist ein Darlehensvertrag, mit dem sich die Eltern im Namen des Kindes aus dessen Vermögen selbst ein Darlehen gewähren.

2.3.4 Inhaber des Sorgerechts

Das Gesetz unterscheidet zwischen der gemeinsamen Sorge der Eltern und der Alleinsorge eines Elternteils. Dabei kann die elterliche Sorge unmittelbar auf Gesetz oder durch eine entsprechende Erklärung eines Elternteils beruhen. Unter Umständen kann auch das Gericht eine Sorgerechtsregelung treffen.

Wer Inhaber der elterlichen Sorge ist, hängt nicht zuletzt davon ab, ob es sich um ein eheliches oder nichteheliches Kind handelt.

Elterliche Sorge für eheliche Kinder

Sind die Eltern des Kindes zum Zeitpunkt der Geburt miteinander verheiratet, so steht ihnen die elterliche Sorge für das Kind gemeinsam zu. Das ist auch dann der Fall, wenn die Eltern nicht zusammenleben. Auch durch Trennung und Scheidung wird das gemeinsame Sorgerecht der Eltern nicht beseitigt (vgl. dazu 2.3.5).

Wird das Kind vor der Heirat der Eltern geboren, so ist es nichtehelich. In diesem Fall besteht Alleinsorge der Mutter, wenn der Vater keine Sorgeerklärung abgegeben hat. Die spätere Heirat der Eltern führt in diesem Fall automatisch zur gemeinsame Sorge für das Kind kraft Gesetzes. Unabhängig davon können beide Eltern jedoch auch schon vor der Heirat durch beiderseitige Sorgeerklärungen die gemeinsame Sorge für das Kind begründen (§ 1626a BGB).

Die elterliche Sorge ist von den Eltern in eigener Verantwortung und in gegenseitigem Einvernehmen zum Wohl des Kindes auszuüben. Das Kindeswohl, das alle Bedürfnisse des Kindes umfasst, ist also jeweils Maßstab und Richtschnur des Handelns der Eltern. Bei Meinungsverschiedenheiten müssen die Eltern versuchen, sich zu einigen; auch in diesem Fall ist das Kindeswohl zu berücksichtigen (§ 1627 BGB). Können sich die Eltern in einer einzelnen Angelegenheit (z.B. eine bestimmte ärztliche Behandlung des Kindes) oder in einer bestimmten Art von Angelegenheiten der elterlichen Sorge (z.B. über die schulische Ausbildung des Kindes), deren Regelung für das Kind von erheblicher Bedeutung ist, nicht einigen, so kann das Familiengericht auf Antrag eines Elternteils die Entscheidung einem Elternteil übertragen. Die Übertragung kann mit Beschränkungen oder mit Auflagen verbunden werden (§ 1628 BGB).

Urteil

- *Bei Uneinigkeit der Eltern über die Durchführung einer Standard- oder Routineimpfung kann die Entscheidungsbefugnis dem Elternteil, der die Impfung des Kindes entsprechend den Empfehlungen der Ständigen Impfkommission beim Robert-Koch-Institut befürwortet, jedenfalls dann übertragen werden, wenn bei dem Kind keine besonderen Impfrisiken vorliegen.*

  BGH, Az. XII ZB 157/16

- *Da Kinder bei einer Teilnahme am Religionsunterricht und Schulgottesdienst keinen Schaden nehmen, diese vielmehr für ihre Bildung förderlich ist und ihnen später eine bessere Grundlage für eine eigene Entscheidung für oder gegen die Zugehörigkeit zu einer Religionsgemeinschaft ermöglicht, ist bei einem Streit der Eltern hierüber die elterliche Sorge für den Teilbereich Besuch des Religionsunterrichts und des Schulgottesdienstes auf denjenigen Elternteil allein zu übertragen, der die Teilnahme der Kinder daran wünscht.*

OLG Köln, Az. 12 UF 108/12

Elterliche Sorge für nichteheliche Kinder

Sind die Eltern des Kindes nicht verheiratet, so steht grundsätzlich der Mutter das Sorgerecht für das minderjährige Kind zu (§ 1626a Abs. 3 BGB). Allerdings haben auch nicht miteinander verheiratete Eltern die Möglichkeit, die gemeinsame Sorge zu erlangen. Das ist der Fall,

- wenn sie erklären, dass sie die Sorge gemeinsam übernehmen wollen,
- wenn sie einander heiraten oder
- soweit ihnen das Familiengericht die elterliche Sorge gemeinsam überträgt.

Sorgerechtserklärung

Nicht miteinander verheiratete Eltern können durch gleichlautende Sorgerechtserklärungen die gemeinsame elterliche Sorge begründen und damit die gemeinschaftliche Verantwortung für das nicht in einer Ehe geborene Kind übernehmen. Die Zustimmung des Kindes ist nicht erforderlich. Die Sorgeerklärungen müssen öffentlich beurkundet werden.

Entscheidung des Familiengerichts

Auch ohne entsprechende Sorgerechtserklärungen von Vater und Mutter kann die gemeinsame elterliche Sorge eines nichtehelichen Kindes erlangt werden. Erforderlich ist eine entsprechende Entscheidung des Familiengerichts, die von jedem Elternteil beantragt werden kann. Diese Möglichkeit steht allen Vätern im Fall der Zustimmungsverweigerung durch die Mutter offen. Voraussetzung für die gerichtliche Übertragung der elterlichen Sorge an beide Eltern ist, dass die Übertragung dem Kindeswohl nicht widerspricht.

Tina Weller und Marcus Keller sind nicht miteinander verheiratet. Die elterliche Sorge für das gemeinsame Kind Sven, dessen Vaterschaft Marcus Keller anerkannt hat, steht der Mutter zu. Wenn die Eltern die gemeinsame Sorge begründen wollen, können sie entweder einander heiraten oder gleichlautende Sorgerechtserklärungen abgeben. Will der Vater die gemeinsame Sorge, die Mutter aber nicht, so kann er beim Familiengericht die Übertragung der gemeinsamen Sorge beantragen.

2.3.5 Sorgerecht bei Trennung und Scheidung

Wenn die Eltern gemeinsam Inhaber des Sorgerechts sind, besteht die gemeinsame Sorge grundsätzlich auch im Fall der Trennung und Scheidung fort. In diesem Fall entscheidet der Elternteil, bei dem sich das Kind mit Einwilligung des anderen Elternteils oder aufgrund einer gerichtlichen Entscheidung aufhält, allein über Angelegenheiten des täglichen Lebens. In Angelegenheiten, deren Regelung für das Kind von erheblicher Bedeutung sind, ist dagegen das gegenseitige Einvernehmen beider Elternteile notwendig.

Fortbestehen des gemeinsamen Sorgerechts

Lebt ein Ehepaar mit einem oder mehreren minderjährigen Kindern nicht nur vorübergehend getrennt, hat dies auf die gemeinsame Ausübung des elterlichen Sorgerechts grundsätzlich keine Auswirkungen. Die Eltern sind nach wie vor für das Wohl des Kindes verantwortlich. Auch wenn die Ehe gescheitert ist, bestehen die gemeinsame Elternschaft und die gemeinsame Verantwortung für das Kind fort. Und über das gemeinsame Kind sind die Eltern über die Trennung hinaus weiterhin in vielfältigster Weise miteinander verbunden. Gleichwohl sind Konflikte der getrennt lebenden Elternteile wegen der Trennung nicht ausgeschlossen. Aus diesem Grund wird den Eltern im Rahmen der Jugendhilfe eine umfassende Beratung angeboten, die ihnen helfen soll, auch im Falle der Trennung die gemeinsame Verantwortung zum Wohle des Kindes wahrzunehmen.

Im Falle der Trennung der Eltern besteht gegenüber dem Jugendamt auch Anspruch auf Erziehungsberatung. Die Beratung soll helfen, im Fall der Trennung oder Scheidung die Bedingungen für eine dem Wohl des Kindes oder des Jugendlichen förderliche Wahrnehmung der Elternverantwortung zu schaffen.

Nur in Ausnahmefällen darf das Familiengericht von Amts wegen in die Personen- und Vermögenssorge der getrennt lebenden Eltern eingreifen. So hat das Familiengericht Schutzmaßnahmen zu treffen, wenn das körperliche, geistige oder seelische Wohl des Kindes oder sein Vermögen gefährdet wird und die Eltern nicht bereit oder in der Lage sind, die Gefahr abzuwenden (§ 1666 Abs. 1 BGB). Gerichtliche Eingriffe in die Personensorge setzen also eine Gefährdung des Kindeswohls, Eingriffe in die Vermögenssorge (nur) eine Gefährdung des Kindesvermögens voraus.

Eine Gefährdung des Kindeswohl liegt bei einer unzureichenden Versorgung des Kindes, Verletzung der Schulpflicht oder Gewalt durch die Eltern, nicht aber bei Versorgung des Kindes durch Dritte während der Arbeitszeit der Mutter vor. Mit der Vermögenssorge verbundene Pflichten werden verletzt, wenn Vermögenseinkünfte des Kindes pflichtwidrig verwendet werden oder das Vermögen mit einem übermäßigen Risiko angelegt wird.

Die Eltern müssen die gemeinsame Sorge in gegenseitigem Einvernehmen zum Wohl des Kindes ausüben. Bei Meinungsverschiedenheiten müssen sie versuchen, sich zu einigen (§ 1627 BGB). Für den Fall, dass die Eltern, die gemeinsam das Sorgerecht ausüben, getrennt leben, enthält das Gesetz zur Vermeidung von Konflikten Regelungen, wie das Sorgerecht auszuüben ist. Dabei wird zwischen Angelegenheiten von erheblicher Bedeutung, Angelegenheiten des täglichen Lebens und Angelegenheiten der tatsächlichen Betreuung unterschieden (§ 1687 BGB).

- **Gemeinsame Entscheidungen in Angelegenheiten von erheblicher Bedeutung:** Bei Entscheidungen in Angelegenheiten, deren Regelung für das Kind von erheblicher Bedeutung ist, ist das gegenseitige Einvernehmen der Eltern erforderlich. Das betrifft sowohl die Personen- als auch die Vermögenssorge. Zu den Angelegenheiten von erheblicher Bedeutung für das Kind gehören beispielsweise Entscheidungen über die Verwendung des Vermögens des Kindes (z.B. die Eröffnung eines Sparbuchs), die schulische und berufliche Ausbildung des Kindes (z.B. Wahl der Schulart sowie der konkreten Schule, Wahl von Fächern und Leistungskursen), medizinische Eingriffe und ob und wogegen das Kind geimpft werden soll. Können sich die Eltern in Fragen von erheblicher Bedeutung für das Kind nicht einigen, kann das Familiengericht die Entscheidung einem Elternteil übertragen (§ 1628 BGB).
- **Alleinentscheidungsbefugnis in Angelegenheiten des täglichen Lebens:** Der Elternteil, bei dem sich das Kind gewöhnlich aufhält, hat die Befugnis zur alleinigen Entscheidung in Angelegenheiten des täglichen Lebens. Dabei handelt es sich in der Regel um solche Angelegenheiten, die häufig vorkommen und die keine schwer abzuändernden Auswirkungen auf die Entwicklung des Kindes haben. Zu den Angelegenheiten des täglichen Lebens gehören etwa Arztbesuche, die medizinische Behandlung bei leichteren Krankheiten, die Organisation des täglichen Lebens und der Freizeitgestaltung des Kindes.

- **Alleinentscheidungsbefugnis in Angelegenheiten der tatsächlichen Betreuung:** Hält sich das Kind bei dem anderen Elternteil auf, hat dieser die Befugnis zur alleinigen Entscheidung in Angelegenheiten der tatsächlichen Betreuung. Die Entscheidungsbefugnis bezieht sich beispielsweise auf Fragen der Ernährung, des Fernsehkonsums und der Schlafenszeit.

Achtung: Das Familiengericht kann die Alleinentscheidungsbefugnis des betreffenden Elternteils in Angelegenheiten des täglichen Lebens und der tatsächlichen Betreuung einschränken oder ausschließen, wenn dies zum Wohl des Kindes erforderlich ist. Das ist der Fall, wenn die Besorgnis besteht, dass ohne die Maßnahme das Kind eine ungünstige Entwicklung nehmen könnte.

Herr Bretzinger, gibt es eine Definition darüber, wann von einer ungünstigen Entwicklung auszugehen ist und man als Elternteil aktiv werden sollte zum Wohle des Kindes?

In das Alleinentscheidungsrecht eines Elternteils darf das Gericht bereits eingreifen, wenn diese Einschränkung zum Wohl des Kindes erforderlich ist. Es muss also nicht bereits das Kindeswohl gefährdet sein. Allerdings ist ein Eingriff nur dann gerechtfertigt, wenn triftige, das Kindeswohl nachhaltig berührende Gründe vorliegen, die besorgen lassen, dass ohne das Eingreifen des Gerichts das Kind eine ungünstige Entwicklung nehmen könnte. Wann dies der Fall ist, lässt sich allgemein nicht beurteilen. Maßgebend sind die konkreten Umstände des Einzelfalls. Nachhaltig das Kindeswohl berühren können beispielsweise unter Umständen bereits völlig ungesunde Essgewohnheiten oder der Alltagsumgang mit anderen Personen sein. Allerdings muss das Gericht in diesen Fällen nicht immer gleich das Alleinentscheidungsrecht eines Elternteils ausschließen oder beschränken. Es kann sich auch mit der Feststellung begnügen, dass ein Elternteil seine Befugnis überschritten hat, um Wiederholungen vorzubeugen.

Aus der Community: *Das bei gemeinsamem Sorgerecht nur das Wohl des Kindes im Mittelpunkt steht, ist in vielen getrennten Familien ganz großes Wunschdenken. So wird nicht selten die eingeschränkte Entscheidungsgewalt eines Elternteils für »Machtspiele« des anderen missbraucht. Denn für Entscheidungen außerhalb des Alleinvertretungsrechts müssen sich die Eltern einigen und beispielsweise Unterschriften leisten. Und genau diese Unterschrift wird dann nicht selten von einem Elternteil hinausgezögert oder verweigert, obwohl man sich in der Angelegenheit einig ist oder es keinen Anlass gibt, nicht einzuwilligen, zum Beispiel für eine Konto-Eröffnung oder für eine Schulabschluss-Fahrt ins europäische Ausland.*

Herr Bretzinger, wie lange darf der andere Elternteil seine Entscheidung hinauszögern? Gibt es gesetzliche Fristen?

Es gelten keine gesetzlichen Fristen. Letztlich hängt die konkrete Frist von der zu treffenden Entscheidung und deren Folgen für das Kind ab. Jedenfalls muss die Entscheidung unverzüglich, also ohne schuldhaftes Zögern, getroffen werden. Unabhängig davon besteht für jeden Elternteil ein gesetzliches Notvertretungsrecht. Bei Gefahr im Verzug ist jeder Elternteil dazu berechtigt, alle Rechtshandlungen vorzunehmen, die zum Wohl des Kindes notwendig sind.

Wie sollte man rechtlich vorgehen, wenn die Einwilligung des anderen Elternteils ausbleibt?

Das Familiengericht wird auf Antrag tätig. Möglich ist ferner die gerichtliche Feststellung, ob es sich bei einer Angelegenheit um eine solche von erheblicher Bedeutung handelt oder um eine des täglichen Lebens. Häufig handelt es sich hierbei um Eilentscheidungen. Es kann eine vorläufige Regelung und der Erlass einer einstweiligen Anordnung beantragt werden.

Übertragung der Alleinsorge oder eines Teilbereichs an einen Elternteil

Steht den Eltern das Sorgerecht gemeinsam zu und leben sie nicht nur vorübergehend getrennt, so kann das Familiengericht unter bestimmten Voraussetzungen die elterliche Sorge oder einen Teil der elterlichen Sorge einem Elternteil allein übertragen (§ 1671 Abs. 1 BGB).

Die Übertragung der Alleinsorge muss von einem Elternteil beim Familiengericht beantragt werden. Ein Elternteil kann die Übertragung der elterlichen Sorge nur auf sich, nicht dagegen auf den anderen Elternteil beantragen.

Herr Bretzinger, reicht für die Übertragung eines Teilbereichs des Sorgerechts eine offizielle Beglaubigung aus, zum Beispiel notariell im Zuge einer Trennungs- und Scheidungsfolgenvereinbarung?

Eltern können auch durch eine entsprechende Vereinbarung das alleinige Sorgerecht auf einen der beiden Elternteile übertragen. Die Vereinbarung bedarf nicht der notariellen Form. Allerdings wird eine entsprechende Vereinbarung regelmäßig Teil von anderen Regelungen in einer Trennungs- und Scheidungsvereinbarung sein, von denen eine der Regelungen häufig notarieller Beurkundung bedarf. Die Vereinbarung selbst führt noch nicht zu einer sorgerechtlichen Änderung. Diese wird vielmehr im gerichtlichen Verfahren umgesetzt.

Dem Antrag eines Elternteils auf Übertragung der alleinigen elterlichen Sorge hat das Familiengericht stattzugeben, soweit der andere Elternteil zustimmt, es sei denn, das Kind hat das 14. Lebensjahr vollendet und widerspricht der Übertragung, oder zu erwarten ist, dass die Aufhebung der gemeinsamen Sorge und die Übertragung auf einen Elternteil dem Wohl des Kindes am besten entspricht (§ 1671 Abs. 2 BGB).

Sind sich die Eltern über die Übertragung des alleinigen Sorgerechts an einen Elternteil einig, so hat das Gericht dem Antrag zu entsprechen. Allerdings kann das Kind, wenn es das 14. Lebensjahr vollendet hat, der Entscheidung der Eltern widersprechen. Im Falle des Widerspruchs des Kindes muss das Gericht prüfen, ob die Übertragung der Alleinsorge an einen Elternteil dem Wohl des Kindes entspricht. Insoweit steht dem Kind also kein echtes Vetorecht zur Verfügung. Vielmehr muss das Familiengericht nach dem Widerspruch des Kindes prüfen, ob die Aufhebung der gemeinsamen elterlichen Sorge dem Kindeswohl entspricht.

Dem Antrag auf Übertragung der Alleinsorge muss das Gericht stattgeben, wenn zu erwarten ist, dass die Übertragung auf den Antragsteller dem Wohl des Kindes am besten entspricht, das gemeinsame Sorgerecht also ausscheidet. Dabei geht es aber nicht darum, welcher Elternteil der »bessere« oder »schlechtere« ist, sondern allein darum, ob erstens die Aufhebung der gemeinsamen Sorge und zweitens die Übertragung der elterlichen Sorge gerade auf den Antragsteller dem Kindeswohl am besten entspricht.

- Zunächst prüft das Gericht, ob die Aufhebung der gemeinsamen Sorge dem Wohl des Kindes entspricht. Gegen die Beibehaltung der gemeinsamen elterlichen Sorge spricht beispielsweise, wenn ein Elternteil sich zur Pflege und Erziehung des Kindes als ungeeignet erwiesen hat (z.B. bei Vernachlässigung des Kindes), ein Elternteil erhebliche Alkoholprobleme hat, das Kind in Streitigkeiten der Eltern einbezogen und Loyalitätskonflikten ausgesetzt wird oder äußere Lebensumstände wie die große räumliche Entfernung zwischen den Eltern nicht dem Wohl des Kindes entsprechen.
- In einem zweiten Schritt prüft das Gericht, ob die Übertragung des Sorgerechts (gerade) auf den Antragsteller dem Wohl des Kindes am besten entspricht. In diesem Zusammenhang berücksichtigt das Gericht dann unter anderem den Erziehungsstil und die Erziehungseignung, die Betreuungsmöglichkeit und -bereitschaft, die Bindungen und Beziehungen des Kindes und unter Umständen auch den Willen des Kindes und die wirtschaftlichen Verhältnisse.

Anstelle der Aufhebung der gemeinsamen bzw. Übertragung der alleinigen elterlichen Sorge insgesamt können einem Elternteil auch nur Teilbereiche übertragen werden. So kann einem Elternteil beispielsweise die gesamte Vermögens- oder Personensorge oder innerhalb der Personensorge nur die Gesundheitssorge oder das Aufenthaltsbestimmungsrecht übertragen werden. In diesem Zusammenhang wird das Gericht neben dem Kindeswohl auch den Grundsatz der Verhältnismäßigkeit berücksichtigen.

2.4 Umgangsrecht

Kommen wir zum Umgangsrecht, das sich von der elterlichen Sorge unterscheidet und nicht davon abhängt, wer die rechtliche Verantwortung für das Kind trägt. Die Ausgestaltung der Umgangszeiten beispielsweise in Form eines Umgangsmodells fällt daher unter das Umgangsrecht und unterliegt, wie du in diesem Abschnitt erfahren wirst, weit weniger rechtlichen Regulierungen als weithin angenommen wird.

Herr Bretzinger, was ist unter dem Umgangsrecht zu verstehen und inwieweit unterscheidet es sich vom Sorgerecht?

Durch das Umgangsrecht soll der Kontakt des Kindes zu den Personen gewährleistet werden, die ihm besonders nahestehen. Insbesondere im Falle einer Trennung und Scheidung soll der Kontakt des Kindes mit beiden Elternteilen aufrechterhalten und gefördert werden. Denn dies dient im Normalfall dem Wohl des Kindes.

Achtung: Das Umgangsrecht ist vom Sorgerecht zu unterscheiden. Während das Sorgerecht beiden oder einem Elternteil zusteht, ist das Umgangsrecht unabhängig von der Frage der elterlichen Sorge immer demjenigen Elternteil zugesprochen, der das Kind nicht betreut. Für das Umgangsrecht spielt es also keine Rolle, wie das Sorgerecht ausgestaltet ist.

Ohne weitere Voraussetzungen hat das Kind ein Recht auf Umgang mit jedem Elternteil. Keine Rolle spielt, ob die Eltern miteinander verheiratet sind oder nicht, ob Eltern getrennt leben oder geschieden sind. Keine Bedeutung hat auch, ob dem Elternteil das Sorgerecht zusteht. Eingeschränkt bzw. ausgeschlossen werden darf das Umgangsrecht des Elternteils durch das Familiengericht nur dann, wenn es zum Wohl des Kindes erforderlich ist bzw. andernfalls das Kindeswohl gefährdet wäre.

2.4.1 Inhalt

Das Umgangsrecht des Elternteils beinhaltet das Recht zum persönlichen Kontakt und alle Formen der Kommunikation mit dem Kind. Es erstreckt sich also auf Besuche und Treffen, ferner auf briefliche, telefonische und elektronische Kontakte wie SMS oder E-Mail. Umgang mit dem Kind bedeutet auch, dass der nicht betreuende Elternteil dem Kind Geschenke machen und sich über die persönlichen Verhältnisse des Kindes informieren darf.

Urteil

Das Umgangsrecht des nicht betreuenden Elternteils erstreckt sich grundsätzlich auch darauf, dass das Kind dort übernachtet. Der Ausschluss von Übernachtungen bedarf auch bei geringer Distanz der beiden elterlichen Wohnorte besonderer Rechtfertigung, weil Übernachtungen des Kindes beim umgangsberechtigten Elternteil in der Regel dem Kindeswohl entsprechen. Übernachtungen sind grundsätzlich geeignet, die Beziehung des Kindes zum umgangsberechtigten Elternteil zu festigen und dazu beizutragen, dass dieser vom Kind nicht ausschließlich als »Sonntagselternteil« erlebt wird.

OLG Saarbrücken, Az. 6 F 20/13

Über die Art, den Ort und den Zeitpunkt des Umgangs können die Eltern selbst bestimmen (vgl. dazu 2.4.3). An der Ausgestaltung des Umgangs muss das Kind grundsätzlich beteiligt werden (§ 1626 Abs. 2 BGB). Können sich die Eltern nicht einigen, entscheidet der Sorgeberechtigte, bei dem das Kind lebt, über den Umgang des Kindes (§ 1632 Abs. 2 BGB).

Herr Bretzinger, bedeutet das, dass die Mutter, bei der das Kind lebt, vorgeben kann, wie die Umgänge des Kindsvaters inhaltlich zu gestalten sind, sollte es keine Einigung unter den Eltern geben?

Ja.

Herr Bretzinger, inwieweit hat ein Kind die Möglichkeit von seinem Beteiligungsrecht Gebrauch zu machen und Umgangszeiten zum Beispiel nicht wahrzunehmen?

Wie bei der elterlichen Sorge gilt auch beim Umgangsrecht das Prinzip des Kindeswohls. Problematisch ist dann die zwangsweise Durchsetzung des Umgangsrechts, wenn das Kind den Umgang mit dem jeweiligen Elternteil ablehnt. Grundsätzlich gilt: Je älter das Kind, desto größeres Gewicht haben seine Wünsche. Grundsätzlich ist davon auszugehen, dass Kinder ab dem zwölften Lebensjahr dazu in der Lage sind, zu verstehen, was Umgangsrecht bedeutet. Äußert das Kind dann wiederholt und entschieden seine Ablehnung, den Umgang mit Vater oder Mutter fortzusetzen, so muss das Gericht dem Gehör schenken und prüfen, inwieweit die Ablehnung gerechtfertigt ist. Ob der Umgang dem Kindeswohl eher schadet als nützt, entscheidet das Gericht regelmäßig nach der Befragung des Kindes und Einholung eines kinderpsychologischen Gutachtens.

2.4.2 Wohlverhaltenspflicht der Eltern

Von getrennt lebenden oder geschiedenen Eltern wird verlangt, alles zu unterlassen, was das Verhältnis zum anderen Elternteil beeinträchtigt oder die Erziehung erschwert (§ 1684 Abs. 2 BGB). Das betrifft zum einen den Umgangsberechtigten, der etwa eigenmächtige Kontakte außerhalb geregelter Zeiten zu unterlassen hat, zum anderen aber auch den betreuenden Elternteil, der verpflichtet ist, eventuelle Widerstände des Kindes gegen den Umgang mit dem anderen Elternteil abzubauen und eine positive Einstellung zum Umgang zu fördern. Allerdings ist der betreuende Elternteil rechtlich grundsätzlich nicht verpflichtet, das Kind zum Umgangsberechtigten zu bringen und wieder abzuholen, es sei denn, dass dies zwischen den Elternteilen vereinbart ist.

Verletzen die Eltern ihre Wohlverhaltenspflicht, müssen sie mit Sanktionen rechnen. Fortlaufende und schwerwiegende Verstöße können im äußersten Fall die Änderung des Sorgerechts durch das Familiengericht zur Folge haben. Als milderes Mittel kann das Gericht den Unterhalt des betreuenden Elternteils (Trennungsunterhalt oder nachehelicher Unterhalt, nicht den Kindesunterhalt) herabsetzen oder die Umgangsbefugnis des umgangsberechtigten Elternteils beschränken. Auch ein Ordnungsgeld kann in Betracht kommen, wenn der betreuende Elternteil den Umgang sabotiert.

Achtung: Bei dauerhafter oder wiederholter Verletzung des Wohlverhaltensgebots kann das Familiengericht für die Durchführung des Umgangs eine Pflegschaft anordnen (§ 1684 Abs. 3 bis 6 BGB). Eine solche Umgangspflegschaft kommt insbesondere in Betracht, wenn der betreuende Elternteil deutlich macht, auch zukünftig den Umgang zu vereiteln. Der Umgangspfleger hat die Durchführung des Umgangs sicherzustellen, das heißt, er ist bei der Vorbereitung des Umganges, bei der Übergabe des Kindes an den umgangsberechtigten Elternteil und bei der Rückgabe des Kindes vor Ort dabei. Er soll bei Meinungsverschiedenheiten zwischen den Eltern über die Umgangsmodalitäten vermitteln. Der Umgangspfleger hat auch das Recht, die Herausgabe des Kindes zur Durchführung des Umgangs zu verlangen und für die Dauer des Umgangs dessen Aufenthalt zu bestimmen. Der Umgangspfleger rechnet die Pflegschaft gegenüber der Gerichtskasse ab. Die Vergütung fließt als Auslage in die Gerichtskosten ein und kann den Eltern auferlegt werden.

Aus der Community: *Das Kind hat ein Recht auf beide Elternteile, da davon ausgegangen wird, dass dies zu seinem Wohl ist. Leider gibt es sehr viele Kindesväter, die dieses Recht des Kindes ignorieren und eben keinen oder nur sehr seltenen Umgang wahrnehmen oder kaum mit dem Kind kommunizieren. Und das hat nichts damit zu tun, dass die Mutter sich Vater und Kind in den Weg stellen würde. Sondern ganz im Gegenteil: Es gibt viele Mütter, die alles daran setzen würden, damit der Vater eine gute Bindung zu seinem Kind aufbaut und Umgänge wahrnimmt.*

Herr Bretzinger, mit welchen Sanktionen können Kindesväter belegt werden, wenn sie das Umgangsrecht nicht wahrnehmen und somit das Wohl des Kindes gefährden?

Zwar kann der umgangsunwillige Elternteil gerichtlich zum Umgang verpflichtet werden, jedoch wird es im Regelfall dem Kindeswohl nicht entsprechen, die Umgangsverpflichtung mit Zwangsmitteln (z.B. Ordnungsgeld, Ordnungshaft) durchzusetzen. Der praktischen Umsetzbarkeit und Durchsetzbarkeit des Umgangsrechts sind mithin enge Grenzen gesetzt. Letztlich stellt die Verweigerung des Umgangs mit dem Kind eine Vernachlässigung der Erziehungspflicht des Elternteils dar.

2.4.3 Vereinbarungen der Eltern

Umgangsregelungen sind in erster Linie Angelegenheit der Eltern. Sie entscheiden, wie sie die Pflege und Erziehung des Kindes gestalten. Eine gerichtliche Regelung des Umgangsrechts kommt nur in Betracht, wenn sich die Eltern über den Umgang mit dem Kind nicht entscheiden können oder wenn dies zum Wohl des Kindes erforderlich ist.

Die Eltern können untereinander insbesondere vereinbaren, wann, wie oft, wie lange und wo der Umgang stattfinden soll. Geregelt werden kann auch, wer das Kind abholt oder bringt und wer die Kosten des Transports trägt.

Sinnvoll ist es, Festlegungen über das Umgangsrecht zusammen mit weiteren Trennungsfolgen in einer Trennungsvereinbarung zu treffen. Inhaltlich muss die Vereinbarung das Wohl des Kindes berücksichtigen. Eine gerichtliche Genehmigung ist nicht erforderlich.

Praxis-Tipps: Mit dem Kind in den Urlaub fahren

Neben Umgangsstunden, -tagen bzw. Wochenenden gehören auch die »schönsten Wochen des Jahres« – sprich der Urlaub und die Ferienzeit – mit zum Umgangsrecht. Je nach Umgangsmodell können das in den Sommerferien auch mal drei Wochen am Stück sein, die das Kind beim Umgangsberechtigten verbringt. Durch diesen erweiterten und eben nicht alltäglichen Zeitraum kommt es oft zu Unsicherheiten und es herrscht Unklarheit darüber, was der Elternteil allein entscheiden darf, bei dem das Kind gerade ist und was einer gemeinsamen Abstimmung und Einigung beider Eltern bedarf. So zum Beispiel die Dauer und das Ziel einer gemeinsamen Urlaubsreise mit dem Kind.

Herr Bretzinger, darf ein Elternteil alleine darüber entscheiden, ob und wohin er mit dem Kind in den Urlaub fährt, zum Beispiel ins Ausland?

Wenn einem Elternteil das Umgangsrecht mit dem Kind zusteht, beinhaltet dies auch in gewissen Grenzen die Befugnis, mit dem Kind zu verreisen, sofern nicht einem Elternteil das alleinige Aufenthaltsbestimmungsrecht zugesprochen wurde. Befindet sich also das Kind in den Ferien bei einem Elternteil, so kann er mit ihm gemeinsam in den Urlaub fahren. Handelt es sich bei der Reise um eine Angelegenheit des täglichen Lebens (Reisen innerhalb Deutschlands und im EU-Ausland), muss sie mit dem anderen Elternteil nicht abgesprochen werden. Bei Fernreisen handelt es sich dagegen um Angelegenheiten von erheblicher Bedeutung. Sie müssen – wenn ein gemeinsames Sorgerecht besteht – mit dem anderen Elternteil abgesprochen werden und der andere Elternteil muss der Reise zustimmen. Können sich die Eltern nicht einigen, kann das Familiengericht die Entscheidung einem Elternteil übertragen.

2.4.4 Umgangsmodelle zur Ausgestaltung des Umgangsrechts

Wie du jetzt weißt, gibt es wenige gesetzliche Vorgaben für die Ausgestaltung der Umgangszeiten und deren Regelmäßigkeit. Das liegt auch daran, dass jede Familie und jedes Familienmitglied andere Bedürfnisse hat und auch die Arbeitszeiten und -modelle der Eltern bei der Regelung der Umgänge berücksichtigt werden müssen. Im Folgenden bekommst du einen Überblick über die bekanntesten und gängigsten Umgangsmodelle, damit du dich für eure eigene Umgangslösung besser orientieren kannst. Bedenke aber: Sie sind nicht in Stein gemeißelt und ihr habt die Möglichkeit, andere Regelungen zu treffen.

Praxis-Tipp: *Die Ausgestaltung und Regelungen der Umgangszeiten zwischen Vater und Kind liegen im Ermessen aller direkt Beteiligter – und ist dadurch höchst individuell. Aus diesem Grund macht es Sinn, die gemeinsam besprochenen Regelungen einmal schriftlich zu fixieren – das muss nicht unbedingt in einer Trennungsvereinbarung geschehen – und von beiden Elternteilen und gegebenenfalls dem Kind unterschreiben zu lassen. Denn nur so kann man zum Beispiel eigenmächtige Kontaktversuche außerhalb der geregelten Zeiten zur Sprache bringen und unterbinden, wenn sie nicht gewünscht sind.*

Residenzmodell

Beim sogenannten Residenzmodell verbleiben die Kinder nach der Trennung bei einem Elternteil und werden von diesem betreut und versorgt. Dem anderen Elternteil steht das Umgangsrecht mit dem Kind zu bestimmten Zeiten (z.B. jedes zweite Wochenende von Freitag bis Sonntag) zu. Ein Residenzmodell liegt solange vor, wie das deutliche Schwergewicht der Betreuung bei einem Elternteil liegt. In welchem Umfang ein Elternteil das Kind beim Residenzmodell letztlich betreuen muss, wird unterschiedlich beurteilt. In jedem Fall kann vom Residenzmodell ausgegangen werden, wenn der eine Elternteil das Kind zu mehr als 70 % betreut und versorgt und der andere weniger als 30 % seiner Zeit mit dem Kind verbringt. Im konkreten Einzelfall kann allerdings das Residenzmodell bereits bei einem Anteil des betreuenden Elternteils von 70 %, unter Umständen sogar bereits bei 60 % vorliegen.

Der Elternteil, bei dem das Kind die meiste Zeit lebt, leistet diesem durch Wohnung, Betreuung und Pflege sogenannten Naturalunterhalt. Der andere Elternteil hingegen kommt durch sogenannten Barunterhalt in Form von Kindesunterhalt für das Kind auf.

Wechselmodell

Das Wechselmodell ist eine Variante, bei der das Kind mit den getrennt lebenden Elternteilen jeweils gleich oder annährend viel Zeit verbringt. Das Kind »wechselt« dafür in bestimmten Zeitabständen vom einen zum anderen Elternteil (z.B. verbringt das Kind eine Woche bei dem einen Elternteil und die nächste Woche bei dem anderen). Dieses Modell stellt einen Gegensatz zum sogenannten Residenzmodell dar, bei dem das Kind getrennt lebender Eltern zu einem überwiegenden Anteil bei einem der beiden Elternteile lebt und der Umgang mit dem Kind des nicht betreuenden Elternteils auf Wochenenden oder auf Tage oder Nachmittage vereinbart wird.

Achtung: Das echte Wechselmodell setzt voraus, dass die Eltern abwechselnd mit etwa hälftiger Aufteilung die Versorgungs- und Erziehungsaufgaben für das Kind übernehmen. In diesem Fall sind beide Eltern anteilig nach dem Verhältnis ihrer Einkommen zueinander unterhaltspflichtig (vgl. dazu auch unten). Betreut ein Elternteil allerdings das Kind 10 % weniger als die Hälfte, liegt kein echtes Wechselmodell vor. Das hat zur Folge, dass der Elternteil in vollem Umfang barunterhaltspflichtig ist.

Das Wechselmodell ist mit Vor- und Nachteilen verbunden.

- Vorteilhaft kann sich auswirken, dass das Kind mit beiden Elternteilen gleich viel Zeit verbringt und es bei beiden Elternteilen aufwächst. Beide Elternteile sind für das Kind gleichermaßen verantwortlich. So kann unter Umständen der »Kampf ums Kind« bei Trennung und Scheidung vermieden werden. Vor allem Müttern kann das Wechselmodell den Berufseinstieg erleichtern.
- Wenn das Kind zu den beiden Elternteilen nicht eine in etwa gleichwertige Bindung hat, kann es zu Schwierigkeiten kommen. Es besteht die Gefahr, dass das Kind ständig »auf gepackten Koffern« sitzt und sich möglicherweise bei keinem Elternteil richtig heimisch und geborgen fühlt. Wohnen die Eltern weit voneinander entfernt, dürfte das Wechselmodell kaum realisierbar sein.

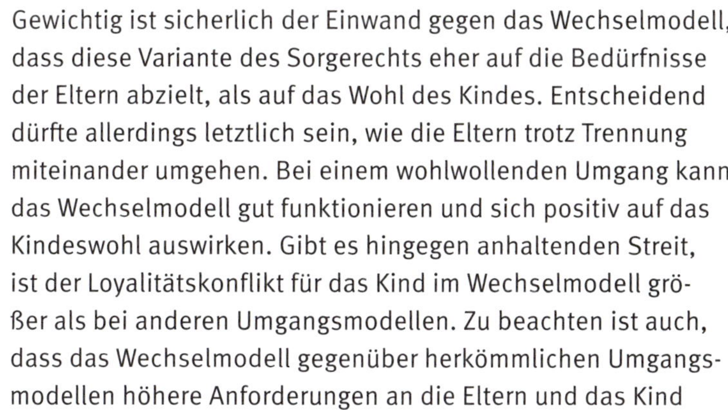

Gewichtig ist sicherlich der Einwand gegen das Wechselmodell, dass diese Variante des Sorgerechts eher auf die Bedürfnisse der Eltern abzielt, als auf das Wohl des Kindes. Entscheidend dürfte allerdings letztlich sein, wie die Eltern trotz Trennung miteinander umgehen. Bei einem wohlwollenden Umgang kann das Wechselmodell gut funktionieren und sich positiv auf das Kindeswohl auswirken. Gibt es hingegen anhaltenden Streit, ist der Loyalitätskonflikt für das Kind im Wechselmodell größer als bei anderen Umgangsmodellen. Zu beachten ist auch, dass das Wechselmodell gegenüber herkömmlichen Umgangsmodellen höhere Anforderungen an die Eltern und das Kind stellt. Das Kind muss in diesem Fall bei doppelter Residenz schließlich zwischen zwei Haushalten pendeln und sich auf zwei hauptsächliche Lebensumgebungen ein- bzw. umstellen. Das Wechselmodell ist also kein Patentrezept, das sich in jeder Trennungssituation aufdrängt.

Grundsätzlich setzt das Wechselmodell Einvernehmen beider Elternteile voraus. Gleichwohl kann das Familiengericht auch gegen den Willen eines Elternteils durch eine gerichtliche Umgangsregelung das Wechselmodell anordnen (BGH, Az. XII ZB 601/15). Entscheidend ist, ob das Wechselmodell im konkreten Fall unter Berücksichtigung der Belange der Eltern dem Kindeswohl dient (§ 1697a BGB). Als gewichtige Gesichtspunkte sind die Erziehungseignung der Eltern, die Bindungen und die Beziehung des Kindes zu beiden Elternteilen, die Prinzipien der Förderung und der Kontinuität sowie die Beachtung des Kindeswillens zu beachten. Und nicht zuletzt setzt die hälftig ausgeübte gemeinsame Sorge auch die Kooperations- und Kommunikationsfähigkeit der Eltern voraus.

Urteil

Eine von den Eltern seit der Geburt des Kindes kontinuierlich praktizierte Umgangsregelung im Wechselmodell, über die sie später auch eine entsprechende, gerichtlich gebilligte Elternvereinbarung zum Umgang abgeschlossen haben, kann, wenn sich ein Elternteil von der Vereinbarung lösen will und eine neue Regelung des Umgangs im »Lebensmittelpunkt-Modell« anstrebt, nur abgeändert werden, wenn hierfür triftige, das Kindeswohl nachhaltig berührende Gründe vorliegen.

KG Berlin, Az. 13 UF 74/18

Wählen die Eltern das Wechselmodell, ist das mit folgenden Konsequenzen verbunden:

- Jeder Elternteil kann sich darauf berufen, dass er seine Unterhaltspflicht gegenüber dem Kind durch Pflege und Erziehung erbringt.

- Das Wechselmodell hat nicht zur Folge, dass keiner der beiden Elternteile mehr Kindesunterhalt an den anderen Teil zahlen muss. Es ist vielmehr so, dass jeder Elternteil barunterhaltspflichtig ist. Es muss aber nicht jeder Elternteil genau die Hälfte des Unterhalts zahlen, sondern die Höhe des Unterhalts richtet sich vielmehr nach den Einkommensverhältnissen der beiden Elternteile.
- Kein Elternteil hat Anspruch auf Unterhaltsvorschuss, weil dieser Anspruch voraussetzt, dass das Kind bei einem seiner Elternteile lebt.
- Haben die Eltern Anspruch auf Kindergeld, steht der auf den Betreuungsunterhalt entfallende Anteil am Kindergeld den Eltern aufgrund der gleichwertigen Betreuungsleistungen jeweils zur Hälfte zu. Allerdings wird das Kindergeld immer nur an einen Elternteil ausgezahlt. Das ist der Elternteil, bei dem das Kind gemeldet ist.
- Der Kinderfreibetrag wird auf beide Eltern hälftig aufgeteilt.
- Die Eltern müssen untereinander klären, welcher Elternteil in die Steuerklasse 2 einzuordnen ist und wer die Einordnung in die steuerlich schlechtere Steuerklasse 1 akzeptieren muss. Treffen Sie keine Vereinbarung, bekommt derjenige Elternteil die Steuerklasse 2, der das Kindergeld bezieht also der Elternteil, bei dem das Kind gemeldet ist.

Nestmodell

Beim sogenannten Nestmodell bleibt das Kind nach der Trennung der Eltern in der gemeinsamen Wohnung und die Eltern wechseln sich mit der Betreuung ab. Beide Eltern haben noch einen zweiten Wohnsitz und tragen die Konsequenzen ihrer Trennungsentscheidung selbst. Für das Kind bleibt alles, wie es war, allerdings mit dem Unterschied, dass die Eltern nicht gemeinsam in der Wohnung leben.

Entscheidender Unterschied zum Wechselmodell ist, dass beim Nestmodell nicht die Kinder, sondern die Eltern regelmäßig die Koffer packen und die Wohnung wechseln. Vom Residenzmodell unterscheidet sich das Nestmodell dadurch, dass beim Residenzmodell die Kinder mit einem festen Elternteil zusammenleben. Das kann in einer neuen Wohnung oder auch in der ursprünglichen Ehewohnung sein. Dieser Elternteil übernimmt größtenteils die Erziehung und Betreuung der Kinder. Der andere Elternteil hat nur Besuchskontakt zu ihnen.

Das Nestmodell berücksichtigt in erster Linie die Belange des Kindes. Die Vorteile liegen in den vergleichsweise geringen Änderungen für die Kinder. Diese können etwa weiterhin denselben Kindergarten oder dieselbe Schule besuchen und bestehende Freundschaften aufrechterhalten.

Gar kein Umgang mit dem Kindsvater

Selbst wenn ein Elternteil sein Umgangsrecht nicht oder nicht in vollem Umfang in Anspruch nimmt oder einer seiner Umgangspflicht nicht nachkommt, steht das Kindergeld beiden Elternteilen zu. Es wird aber in voller Höhe an den Elternteil ausbezahlt, bei dem das Kind wohnt. Deshalb darf der Elternteil, der den Kindesunterhalt zahlen muss, die Hälfte des Kindergelds vom Unterhalt abziehen (vgl. dazu 2.6.2).

Auch steuerrechtlich hat es keine Konsequenzen, wenn ein Elternteil den Umgang mit dem minderjährigen Kind ablehnt. So kann der halbe Kinderfreibetrag, der eigentlich dem anderen Elternteil zusteht, beim Finanzamt nur geltend gemacht werden, wenn der barunterhaltspflichtige Elternteil seiner Unterhaltspflicht nicht entspricht. Und auch nur in diesem Fall kann das Kind beim alleinerziehenden Elternteil mit 1,0 auf der Steuerkarte eingetragen werden.

Aus der Community: *Dieser Fall ist leider häufig anzutreffen. Das liegt einerseits am Desinteresse der Väter oder an den sehr weiten Entfernungen zwischen den Wohnorten oder wenn der Vater im Ausland wohnt. Teilweise wurde der Umgang auch ausgesetzt oder ist nie zustande gekommen, weil der Kindsvater Suchtprobleme hat oder psychisch/körperlich erkrankt ist. Dass die Mütter den Vätern eins auswischen und ihnen die Kinder nicht geben wollen, ist unter meinen Leserinnen kaum anzutreffen.*

2.4.5 Umgangsregelung durch das Familiengericht

Können sich die Eltern über den Umgang nicht einigen, muss das Familiengericht angerufen werden. Dann muss das Gericht eine Regelung finden, die sowohl die Interessen beider Elternteile als auch das Wohl des Kindes berücksichtigt. Zu berücksichtigende Umstände sind in diesem Zusammenhang unter anderem die Belastbarkeit des Kindes, die Interessen und Bindungen des Kindes, das Alter und der Entwicklungszustand des Kindes und die Wohnsituation des Umgangsberechtigten.

Das Gericht legt fest, wann und wie das Kind mit dem nicht betreuenden Elternteil zusammenkommt. Insbesondere werden folgende Regelungen getroffen:

- **Ort:** Ort des Umgangs ist grundsätzlich die Wohnung des Umgangsberechtigten. Auch ein neutraler Ort (z.B. bei den Großeltern oder dem Jugendamt) kann in Betracht kommen, sofern das Kindeswohl gefährdet ist.
- **Häufigkeit und Dauer:** Von Bedeutung sind in diesem Zusammenhang unter anderem das Alter und die geistige und körperliche Verfassung des Kindes, die räumliche Entfernung, die Bindung des Kindes an den Umgangsberechtigten, aber auch

das Verhältnis der Eltern zueinander. Im Allgemeinen wird ein regelmäßig wiederkehrendes Besuchsrecht ein- bis zweimal im Monat gewährt, das von wenigen Stunden bis zu zwei Tagen (z.B. ein Wochenende) reichen kann.

- **Übernachtung:** Maßgebend sind die konkreten Umstände des Einzelfalls. Ein Mindestalter des Kindes für Übernachtungen besteht nicht. Auch bei Kleinkindern kann bei einer vertrauten Bindung zum umgangsberechtigten Elternteil ein längerer Besuch mit Übernachtung in Betracht kommen.
- **Fest- und Feiertage:** Der Umgangsberechtigte muss auch die Möglichkeit haben, Fest- und Feiertage mit dem Kind zu verbringen. Weihnachts-, Oster- oder Pfingstfeiertage werden meist zwischen den beiden Elternteilen aufgeteilt.
- **Geburtstage:** Regelmäßig wird vom Gericht angeordnet, dass das Kind seinen Geburtstag mit dem betreuenden Elternteil verbringt. Denkbar ist aber auch ein jährlicher Wechsel zwischen den Eltern, vorausgesetzt, dass das Kind in diese Entscheidung einbezogen wird.
- **Ferienregelung:** Der Ferienbesuch wird in der Regel nur bei älteren Kindern festgelegt (etwa ab dem Schulalter). Im Allgemeinen wird der Ferienumgang auf zwei bis drei Wochen in den Sommerferien und je eine weitere Woche in den Weihnachts- und Osterferien festgelegt.
- **Abholen und Zurückbringen:** Regelmäßig hat der umgangsberechtigte Elternteil das Kind von seinem Aufenthaltsort abzuholen und wieder zurückzubringen.
- **Kosten:** Die Kosten – auch die Fahrtkosten – muss regelmäßig der umgangsberechtigte Elternteil tragen.

2.4.6 Ausschluss oder Beschränkung des Umgangsrechts durch das Familiengericht

Nur wenn es zum Wohl des Kindes erforderlich ist, kann das Gericht das Umgangsrecht einschränken oder ausschließen. Dies kann für längere Zeit oder auf Dauer geschehen, wenn andernfalls das Kindeswohl gefährdet wäre (§ 1684 Abs. 4 Sätze 1 und 2 BGB).

Achtung: Der Ausschluss des Umgangsrechts stellt den schwerstmöglichen Eingriff in das Umgangsrecht dar. Er ist deshalb nur gerechtfertigt, um eine konkrete, gegenwärtig bestehende Gefährdung der körperlichen und/oder geistig-seelischen Entwicklung des Kindes abzuwenden. Das Familiengericht muss stets das mildeste Mittel wählen. Wenn also mildere Mittel in Betracht kommen, genießen diese Vorrang vor dem völligen Ausschluss. Mildere Mittel sind beispielsweise die räumliche Beschränkung des Umgangs, die Ausübung des Umgangs nur in Gegenwart eines Dritten oder die Bestellung eines Umgangspflegers (zum Umgangspfleger vgl. 2.4.2).

Der Ausschluss oder die Beschränkung des Umgangsrechts kann in Betracht kommen, wenn das Kind den Umgang ernstlich ablehnt, eine konkrete Gefahr besteht, dass das Kind misshandelt wird, der Umgangsberechtigte an einer ansteckenden Krankheit leidet und ein Schutz des Kindes vor Ansteckung nicht möglich ist, oder wenn der umgangsberechtigte Elternteil nur eigennützige Motive verfolgt und nicht an der Aufrechterhaltung oder Wiederherstellung der familiären Bande zu dem Kind interessiert ist. Nicht gerechtfertigt ist der Ausschluss des Umgangsrechts wegen fortbestehender Spannungen und Feindschaft der Eltern oder wenn das Kind vom betreuenden Elternteil beeinflusst und deshalb Angst vor dem Treffen mit dem umgangsberechtigten Elternteil hat.

Herr Bretzinger, wenn der Kindsvater das Umgangsrecht nicht wahrnimmt oder wahrnehmen kann, ist es dann rechtlich möglich, das alleinige Sorgerecht zu bekommen?

Laut Bundesverfassungsgericht reicht für den Entzug des Sorgerechts nicht eine irgendwie geartete Kindeswohlgefährdung aus; vielmehr muss eine erhebliche Schädigung mit ziemlicher Sicherheit zu erwarten sein. Auch der Verhältnismäßigkeitsgrundsatz muss beachtet werden. Es ist stets zu prüfen, ob mildere Mittel zur Verfügung stehen, also Maßnahmen, die zur Wiederaufnahme des Umgangs mit dem Kind beitragen (z.B. Zwangsmittel, Therapieauflage).

2.5 Name des Kindes

Der Nachname des Kindes ist für viele Eltern ein Knackpunkt, zeigt dieser doch die Familienzugehörigkeit an. Unterscheiden sich die Nachnamen von Elternteil und Kind, ist das oft erklärungsbedürftig, erschwert die Beschriftung des Briefkastens und weckt das Gefühl, keine »richtige« Familie zu sein.

Herr Bretzinger, wer darf denn bestimmen, welchen Nachnamen das Kind bekommt?

Für das Namensrecht des Kindes ist von Bedeutung, ob die Eltern miteinander verheiratet sind oder nicht bzw. ob beide Eltern gemeinsam das Sorgerecht ausüben oder nur ein Elternteil das Sorgerecht hat.

2.5.1 Miteinander verheiratete Eltern

Sind die Eltern des Kindes bei seiner Geburt miteinander verheiratet und führen sie einen gemeinsamen Familiennamen, so erhält auch ihr Kind automatisch diesen Ehenamen als Geburtsnamen (§ 1616 BGB). Hat ein Ehepartner, dessen Geburtsname nicht Ehename ist, dem Ehenamen einen Begleitnamen hinzugefügt, kann dieser Begleitname nicht Geburtsname des Kindes werden. Das Kind erhält nur den gemeinsamen Ehenamen der Eltern.

Sind die Eltern zwar miteinander verheiratet, führen sie aber keinen Ehenamen und steht ihnen die elterliche Sorge gemeinsam zu, so können sie den Familiennamen der Mutter oder des Vaters als Geburtsnamen des Kindes bestimmen. Die Entscheidung über den Namen müssen die Eltern gemeinsam treffen. Die Namenswahl erfolgt durch Erklärung der Eltern gegenüber dem Standesamt und muss – wenn dies nicht bereits bei Anmeldung der Geburt des Kindes geschieht – innerhalb eines Monats nach der Geburt in öffentlich beglaubigter Form geschehen.

Achtung: Eine von den Eltern für das erste Kind getroffene Bestimmung gilt auch für ihre weiteren Kinder.

Können sich die Eltern über die Namensbestimmung nicht einigen, überträgt das Familiengericht die Entscheidung einem der beiden Elternteile. Das Gericht kann dem Elternteil für die Ausübung des Bestimmungsrechts eine Frist setzen. Ist nach Ablauf der Frist das Bestimmungsrecht nicht ausgeübt worden, so erhält das Kind den Namen des Elternteils, dem das Bestimmungsrecht übertragen ist.

2.5.2 Nicht miteinander verheiratete Eltern

Sind die Eltern nicht miteinander verheiratet und üben sie zum Zeitpunkt der Namensbestimmung das gemeinsame Sorgerecht aus, gelten die Ausführungen unter 2.5.1 entsprechend.

Führen die Eltern keinen gemeinsamen Familiennamen und steht einem Elternteil das Sorgerecht allein zu (zur Zeit der Geburt wird das in der Regel die Mutter sein), so erhält das Kind den Familiennamen dieses Elternteils. Die Eltern können sich jedoch einvernehmlich auch für den Namen des anderen Elternteils entscheiden.

Haben die Eltern nach Heirat oder durch Abgabe von Sorgerechtserklärungen später die gemeinsame Sorge für ihr Kind, so können sie innerhalb von drei Monaten den Familiennamen des Kindes neu bestimmen und zwischen den von den beiden Elternteilen zu diesem Zeitpunkt geführten Namen wählen. Ist das Kind fünf Jahre alt, bedarf diese Namensänderung seiner Zustimmung. Nach Vollendung des 14. Lebensjahres kann das Kind die Erklärung nur selbst abgeben, es bedarf hierzu allerdings der Einwilligung des gesetzlichen Vertreters. Bestimmen die Eltern nachträglich einen Ehenamen, erstreckt sich dieser automatisch auf das Kind, wenn es das fünfte Lebensjahr noch nicht vollendet hat. Ist das Kind älter, ist auch hier seine Zustimmung erforderlich.

2.5.3 Name des Kindes nach der Scheidung der Eltern

Nach der Scheidung führen die Ex-Partner den Familiennamen fort, den sie als Ehenamen geführt haben. Nach der rechtskräftigen Scheidung kann der Familienname geändert werden und beispielsweise wieder der Geburtsname angenommen werden. Zuständig ist das Standesamt.

Zunächst keinen Einfluss hat die Scheidung auch auf den Namen des Kindes. Es behält den Namen, der gewählt wurde oder der gemeinsame Ehename wurde. Allerdings gibt es Ausnahmen: Heiratet der Elternteil, bei dem das Kind lebt, erneut und nimmt einen neuen Ehenamen an, kann das Kind unter Umständen ebenfalls diesen neuen Ehenamen als Nachnamen erhalten. Voraussetzung ist, dass die sogenannte Einbenennung zum Wohle des Kindes erforderlich ist. Dies kann beispielsweise der Fall sein, wenn der Geburtsname anstößig ist, Kindesmissbrauch vorlag oder der Name anderweitig mit einem Trauma oder der kriminellen Vergangenheit des betroffenen Elternteils verbunden wird. Ist das Kind mindestens fünf Jahre alt, muss es in die Namensänderung einwilligen. Ferner muss der andere leibliche Elternteil zustimmen, falls das Kind bisher seinen Namen trägt und er sorgeberechtigt ist. Stimmt der leibliche Elternteil nicht zu, kann die Zustimmung gegebenenfalls vom Familiengericht erteilt werden.

2.6 Unterhalt für das Kind

Weil ein Kind nicht von Luft und Liebe allein groß wird, sondern Geld kostet, steht ihm von seinen Eltern der Lebensunterhalt auch zu. In Paarfamilien macht man sich oft keine Gedanken, wer welche Kosten für das Kind trägt. Anders sieht es aus, wenn das Kind überwiegend nur noch bei einem Elternteil wohnt. Denn dann entsteht durch den Wegfall des zweiten Gehalts, das oft das höhere Gehalt war, und die nicht mehr teilbare Care-Arbeit (dt. Fürsorgearbeit) ein großes Ungleichgewicht bei der finanziellen Belastung. Daher ist es für dich wichtig zu wissen, dass Elternschaft nichts mit dem Beziehungsstatus zu tun hat. Die Kosten und die Betreuung des Kindes sind weiterhin von beiden Eltern zu übernehmen. Was das für Alleinerziehende bedeutet, erfährst du hier.

Herr Bretzinger, wie wird denn der Unterhalt für das Kind unter den Eltern aufgeteilt?

Ein minderjähriges Kind hat Anspruch auf Unterhalt von beiden Elternteilen. Der Unterhalt setzt sich aus dem Barunterhalt und dem Betreuungsunterhalt zusammen. Betreuungsunterhalt leisten Sie als Alleinerziehende, indem Sie für Nahrung, Kleidung und kostenlosen Wohnraum sorgen. Außer diesem Betreuungsunterhalt müssen Sie keinen weiteren Unterhalt leisten. Barunterhalt durch Zahlung eines bestimmten Geldbetrags hat derjenige Ehepartner zu leisten, bei dem das Kind nicht dauerhaft lebt.

Anspruch auf Kindesunterhalt haben auch sogenannte privilegierte Volljährige. Privilegierte volljährige Kinder sind unverheiratete Kinder bis zur Vollendung des 21. Lebensjahrs, solange sie im Haushalt der Eltern oder eines Elternteils leben und sich in der allgemeinen Schulausbildung befinden.

Achtung: Der Barunterhalt für minderjährige unverheiratete Kinder und ihnen gleichgestellte privilegierte Kinder ist gegenüber allen anderen Unterhaltsansprüchen (z.B. gegenüber dem Trennungsunterhalt oder dem nachehelichen Unterhalt) vorrangig.

Wenn Sie Hilfe bei der Geltendmachung von Unterhaltsansprüchen des Kindes benötigen, sollten Sie sich an das Jugendamt wenden. Dort erhalten Sie Unterstützung bei der Ermittlung des Einkommens des Unterhaltspflichtigen und bei der Berechnung des Unterhalts. Ferner wird das Jugendamt versuchen, durch Gespräche mit allen Beteiligten eine Einigung herbeizuführen. Ist der Unterhalt streitig, können Sie eine sogenannte Beistandschaft beantragen. Dann vertritt der Beistand das Kind in einem gerichtlichen Unterhaltsverfahren. So sind Sie von einem häufig auch psychisch belastenden Antrag auf Unterhaltszahlung entbunden. Der Beistand kümmert sich auch um die Durchsetzung der Unterhaltsansprüche, etwa in Form der Lohnpfändung. Die Beratung und Unterstützung im Jugendamt, auch in Form der Beistandschaft, ist kostenlos.

2.6.1 Unterhaltsbedürftigkeit

Jeder Unterhaltsanspruch setzt voraus, dass der Berechtigte außerstande ist, sich selbst zu unterhalten (§ 1602 Abs. 1 BGB). Das gilt auch für Kinder, und zwar unabhängig davon, ob sie minderjährig oder volljährig sind. Verfügt das minderjährige oder volljährige Kind über eigene Einkünfte, so besteht kein Unterhaltsanspruch mehr, soweit diese Einkünfte zur Deckung seines Lebensbedarfs reichen.

Einkünfte des Kindes

Einkünfte des Kindes werden auf seinen Bedarf angerechnet, sodass sich hierdurch auch seine Bedürftigkeit verringert.

- Zu den anrechenbaren Einkünften des Kindes gehört seine Ausbildungsvergütung, die sich allerdings um berufsbedingte Aufwendungen (z.B. Fahrtkosten, Kleidung, Lehrermaterial) verringert. Nach der Düsseldorfer Tabelle (vgl. dazu unten) ist die Ausbildungsvergütung eines in der Berufsausbildung stehenden Kindes, das im Haushalt der Eltern oder eines Elternteils wohnt, pauschal um monatlich 100 € zu kürzen.

- Bei BAföG-Leistungen ist zu unterscheiden: Handelt es sich lediglich um Vorauszahlungen, sind diese nicht als anrechenbares Einkommen anzusehen. Endgültige Zuschüsse hingegen mindern den Unterhaltsbedarf, und zwar auch dann, wenn die Zuwendungen lediglich als Darlehen gewährt werden.
- Erträge aus Vermögen (z.B. Zinserträge aus Kapitalvermögen, Einkünfte aus Vermietung) gehören zum anrechenbaren Einkommen des Kindes.
- Auch Leistungen des Staates mit Einkommensersatzfunktion wie beispielsweise eine Halbwaisenrente werden bei der Ermittlung des Bedarfs des Kindes berücksichtigt.
- Freiwillige Leistungen von dritten Personen (z.B. der Großeltern) an das Kind (z.B. Taschengeld) sind nicht auf den Unterhaltsbedarf anzurechnen.
- Kindergeld stellt kein Einkommen des Kindes dar, sondern dient der Entlastung der Eltern von den Unterhaltslasten. Es ist auf den Unterhalt anzurechnen (vgl. dazu 3.2.2).

Achtung: Den Stamm seines Vermögens (z.B. eine Immobilie oder ein Sparguthaben) braucht das minderjährige Kind nicht zu verwerten, um seinen Lebensunterhalt zu bestreiten (§ 1602 Abs. 2 BGB). Nur die Einkünfte aus dem Vermögen (z.B. Kapitalerträge) sind für die Beurteilung der Bedürftigkeit von Bedeutung, nicht aber die Verwertung des Vermögens. Können jedoch die Eltern den Unterhalt nicht ohne Gefährdung ihres eigenen angemessenen Unterhalts leisten, sind auch minderjährige Kinder zur Verwertung des Vermögensstamms verpflichtet (§ 1603 Abs. 2 Satz 3 BGB). Ein volljähriges studierendes Kind muss zu seiner freien Verfügung vorhandenes Vermögen ungeachtet der Herkunft und der Vorstellungen des Zuwendenden zur Deckung seines Lebensbedarfs einsetzen.

Erwerbsobliegenheit des Kindes

Grundsätzlich sind auch fiktive Einkünfte anzurechnen, die das Kind aus einer Erwerbstätigkeit erzielen könnte, aber tatsächlich nicht erzielt. Dabei ist allerdings zu unterscheiden:

- Ein minderjähriges Kind ist grundsätzlich nicht verpflichtet, einer Erwerbstätigkeit nachzugehen, weil es einen gesetzlichen Anspruch auf angemessenen Unterhalt hat, der die Kosten einer angemessenen Ausbildung berücksichtigt (§ 1610 Abs. 2 BGB) und das Kind neben der Ausbildung nicht noch erwerbstätig sein kann. Auch in den Ferien sind Schüler nicht zur Erwerbstätigkeit verpflichtet. Gehen sie gleichwohl einer Arbeit nach, so bleiben die Einnahmen unberücksichtigt, solange es sich um geringfügige Einnahmen handelt, die das Taschengeld erhöhen.
- Auch ein volljähriges Kind, das sich noch in Ausbildung befindet, braucht grundsätzlich keine weitere Erwerbstätigkeit ausüben, auch nicht in den Semesterferien. Ein volljähriges Kind, das sich nicht mehr in Ausbildung befindet, hat dagegen grundsätzlich für seinen Lebensbedarf aus eigener Kraft aufzukommen. Es ist verpflichtet, sich um eine Erwerbstätigkeit zu bemühen und muss gegebenenfalls auch berufsfremde Tätigkeiten und Arbeiten unterhalb der gewohnten Lebensstellung einschließlich Gelegenheitsarbeiten annehmen, bevor die Eltern auf Unterhalt in Anspruch genommen werden können.

2.6.2 Bemessung des Unterhalts

Das Maß des zu gewährenden Unterhalts bestimmt sich nach der Lebensstellung des Bedürftigen (§ 1610 Abs. 1 BGB). Weil Kinder keine eigene Lebensstellung haben, nehmen sie bis dahin an der Lebensstellung ihrer Eltern teil. Der angemessene Unterhalt des Kindes bestimmt sich somit nach deren Einkommens- und Vermögensverhältnissen.

Mindestunterhalt

Einem minderjährigen Kind steht gegenüber dem Elternteil, mit dem es nicht in einem Haushalt lebt, ein bestimmter Mindestunterhalt zu. Dieser richtet sich nach dem steuerfrei zu stellenden sächlichen Existenzminimum des minderjährigen Kindes (§ 1612a BGB). Der Lebensbedarf des Kindes erstreckt sich neben der Pflege und Erziehung auch auf Wohnung, Kleidung, Ernährung, Krankenvorsorge, Freizeitgestaltung und kulturelle Bedürfnisse.

Der Mindestunterhalt richtet sich nach dem steuerfrei zu stellenden sächlichen Existenzminimum des minderjährigen Kindes. Er beträgt monatlich entsprechend dem Alter des Kindes

- für die Zeit bis zur Vollendung des 6. Lebensjahrs 87 %,
- für die Zeit vom 7. bis zur Vollendung des 12. Lebensjahrs 100 %,
- für die Zeit vom 13. Lebensjahr an 117 %.

Mithin beträgt der Mindestunterhalt minderjähriger Kinder aktuell (2024)

- für die Zeit bis zur Vollendung des 6. Lebensjahrs 480 € monatlich,
- für die Zeit vom siebten bis zur Vollendung des 12. Lebensjahrs 551 € monatlich,
- für die Zeit vom 13. Lebensjahrs 645 € monatlich.

Pauschalierter Bedarf nach der Düsseldorfer Tabelle

Auf der Grundlage des gesetzlich festgelegten Mindestunterhalts wird der Unterhaltsbedarf des Kindes nicht individuell ermittelt, sondern pauschaliert in Unterhaltstabellen festgelegt. Die sogenannte Düsseldorfer Tabelle ist eine bundesweit anerkannte Richtlinie zum Unterhaltsbedarf, die auf der Grundlage des Mindestunterhalts für minderjährige Kinder aufgebaut ist.

- In der Tabelle finden sich die monatlichen Beträge für den Kindesunterhalt gestaffelt nach dem Nettoeinkommen des Unterhaltspflichtigen und dem Alter der Kinder.
- Es wird davon ausgegangen, dass der Unterhaltsverpflichtete Unterhalt für zwei Personen leisten muss, also entweder für ein Kind und einen Ehepartner oder für zwei Kinder. Hat der Unterhaltsverpflichtete mehr als zwei Kinder oder nur ein Kind, so muss er weniger oder mehr Unterhalt zahlen als in der Tabelle angegeben. Er wird dann entsprechend in eine niedrigere oder höhere Nettoeinkommensgruppe eingeordnet.
- Aus der Tabelle ergibt sich auch ab Gruppe 2 ein sogenannter Bedarfskontrollbetrag des Unterhaltsverpflichteten (rechte Spalte). Dieser ist nicht identisch mit dem Selbstbehalt des Unterhaltsverpflichteten. Er soll eine ausgewogene Verteilung des Einkommens zwischen dem Unterhaltsverpflichteten und den unterhaltsberechtigten Kindern gewährleisten. Wird er unter Berücksichtigung auch anderer Unterhaltspflichten unterschritten, ist der Tabellenbetrag der nächstniedrigeren Gruppe, deren Bedarfskontrollbetrag nicht unterschritten wird, anzusetzen.
- Der Prozentsatz in der vorletzten Spalte drückt die Steigerung des Unterhalts der jeweiligen Einkommensgruppe gegenüber dem Mindestunterhalt aus. Aus der Multiplikation des Mindestunterhalts mit dem jeweiligen Prozentsatz ergibt sich die Höhe des Unterhaltsanspruchs.
- Die Grundsätze der Tabelle gelten nicht nur für minderjährige Kinder. Der Bedarf volljähriger Kinder, die noch im Haushalt der Eltern oder eines Elternteils wohnen, richtet sich nach der vierten Altersstufe der Düsseldorfer Tabelle. Dies gilt bis zur Vollendung des 21. Lebensjahres auch für unverheiratete volljährige Kinder, die sich in der allgemeinen Schulausbildung befinden. Der angemessene Gesamtunterhaltsbedarf eines studierenden Kindes, das nicht bei seinen Eltern oder einem Elternteil wohnt, beträgt in der Regel monatlich 930 € (Stand 2024). Hierin sind bis 410 € für Unterkunft einschließlich umlagefähiger Nebenkosten und Heizung (Warmmiete) enthalten.

Achtung: Die Tabelle hat keine Gesetzeskraft, sondern stellt eine Richtlinie dar. Das Oberlandesgericht Düsseldorf aktualisiert diese Tabelle regelmäßig und stimmt diese mit den anderen Oberlandesgerichten und dem Deutschen Familiengerichtstag ab.

Düsseldorfer Tabelle 2024

Nettoeinkommen des Barunterhaltspflichtigen	Altersstufen in Jahren				Prozentsatz	Bedarfskontrollbetrag
	0–5	6–11	12–17	ab 18		
bis 2.100 €	480 €	551 €	645 €	689 €	100 %	1.200 € /1.450 €
1.101 €–2.500 €	504 €	579 €	678 €	724 €	105 %	1.750 €
2.501 €–2.900 €	528 €	607 €	710 €	758 €	110 %	1.850 €
2.901 €–3.300 €	552 €	634 €	742 €	793 €	115 %	1.950 €
3.301 €–3.700 €	576 €	662 €	774 €	827 €	120 %	2.050 €
3.701 €–4.100 €	615 €	706 €	826 €	882 €	128 %	2.150 €
4.101 €–4.500 €	653 €	750 €	878 €	938 €	136 %	2.250 €
4.501 €–4.900 €	692 €	794 €	929 €	993 €	144 %	2.350 €
4.901 €–5.300 €	730 €	838 €	981 €	1.048 €	152 %	2.450 €
5.301 €–5.700 €	768 €	882 €	1.032 €	1.103 €	160 %	2.550 €
5.701 €–6.400 €	807 €	926 €	1.084 €	1.158 €	168 %	2.850 €
6.401 €–7.200 €	845 €	970 €	1.136 €	1.213 €	176 %	3.250 €
7.201 €–8.200 €	884 €	1.014 €	1.187 €	1.268 €	184 %	3.750 €
8.201 €–9.700 €	922 €	1.058 €	1.239 €	1.323 €	192 %	4.350 €
9.701 €–11.200 €	960 €	1.102 €	1.290 €	1.378 €	200 %	5.050 €

Achtung: Diese Tabelle gibt den gesamten Unterhaltsanspruch an, aber nicht den Zahlbetrag, den ein Kind vom Unterhaltspflichtigen monatlich ausgezahlt bekommt. Vom Unterhaltsanspruch wird noch das halbe Kindergeld abgezogen. Das ist dann der Zahlbetrag.

Beispiel:

- **Beispiel 1: Zwei Unterhaltspflichten**

  Das unterhaltsrelevante Einkommen des Unterhaltsverpflichteten beträgt 2.800 €. Er hat den getrennt lebenden Ehepartner und ein Kind im Alter von acht Jahren zu unterhalten. Nach der Düsseldorfer Tabelle ergibt sich aus der Einkommensgruppe 4 ein Unterhaltsanspruch des Kindes von 634 € im Monat.

- **Beispiel 2: Drei Unterhaltspflichten**

  Das unterhaltsrelevante Einkommen des Unterhaltsverpflichteten beträgt 2.800 €. Er hat den getrennt lebenden Ehepartner und zwei Kinder im Alter von fünf und sieben Jahren zu unterhalten. Für die Kinder hat der Unterhaltsverpflichtete nicht die Beträge aus der Einkommensgruppe 4, sondern nur diejenigen aus der Einkommensgruppe 3 zu zahlen. Nach der Düsseldorfer Tabelle ergibt sich für das 5-jährige Kind ein Unterhaltsanspruch von 528 €, für das 8-jährige Kind ein Anspruch von 607 € im Monat.

- **Beispiel 3: Eine Unterhaltsverpflichtung**

  Das unterhaltsrelevante Einkommen des Unterhaltsverpflichteten beträgt 2.800 €. Er hat nur für ein Kind im Alter von elf Jahren Unterhalt zu zahlen. Der Unterhalt des getrennt lebenden Ehepartners ist durch eigene Einkünfte gedeckt. Der Unterhalt für das Kind wird deshalb nicht nach der Einkommensgruppe 4, sondern nach der Einkommensgruppe 5 (eventuell auch aus der Einkommensgruppe 6) bemessen. Nach der Düsseldorfer Tabelle ergibt sich für das 11-jährige Kind ein Unterhaltsanspruch von 662 € bzw. 706 € im Monat.

Herr Bretzinger, ist für den Kindesunterhalt immer nur das Einkommen des zahlungspflichtigen Elternteils relevant – auch wenn beispielsweise die Mutter, bei der das Kind lebt, mehr verdient?

Für den Kindesunterhalt sind das Einkommen des unterhaltspflichtigen Elternteils, das Alter des Kindes und die Anzahl der Unterhaltsberechtigten maßgebend. Auf die Einkommensverhältnisse des betreuenden Elternteils kommt es insoweit im Regelfall nicht an. Ausnahmen bestätigen allerdings die Regel: Erzielt der betreuende Elternteil ein deutlich höheres Einkommen als der nicht betreuende

Elternteil, muss sich der betreuende Elternteil am Barunterhalt des Kindes beteiligen. Der Bundesgerichtshof hat ein solches finanzielles Ungleichgewicht für den Fall bestätigt, dass der betreuende Elternteil ein erheblich höheres Vermögen und ein mehr als dreifach höheres Nettoeinkommen als der nicht betreuende Elternteil erzielt.

Aus der Community: *Ein Elternteil zahlt und ein Elternteil passt auf das Kind auf – ganz so pauschal lässt sich die Aufteilung des Bar- und Betreuungsunterhalts nicht beschreiben. Denn beide Elternteile haben das Recht auf Umgang mit dem Kind (vgl. dazu 2.4). Wie dieser aussieht, ist allerdings ganz individuell geregelt. So kann es sein, dass der Vater das Kind gar nicht oder fast annähernd so viel betreut wie die Mutter. Dadurch entstehen natürlich auch andere Kosten. Denn wenn das Kind immer nur bei einem Elternteil ist, sind die Lebenshaltungskosten wesentlich höher für Nahrung, Kleidung, Freizeitgestaltung, Urlaub und Ausflüge. Zusätzlich zu den Kosten bleibt auch weniger Zeit für die Erwerbsarbeit übrig. Daher vermissen viele Alleinerziehende eine stufenweise Berücksichtigung der Betreuungs- bzw. Umgangszeiten in der Düsseldorfer Tabelle ähnlich der Einkommensstufen des Unterhaltspflichtigen und den Altersabstufungen des Kindes.*

Zahlbetrag: Berücksichtigung des Kindergelds

Das Kindergeld für ein minderjähriges Kind steht beiden Elternteilen zu, es wird aber in voller Höhe an den Elternteil ausbezahlt, bei dem das Kind wohnt. Deshalb darf der Elternteil, der den Kinderunterhalt zahlen muss, die Hälfte des Kindergelds vom Unterhalt abziehen (§ 1612b BGB). Der vom Unterhaltspflichtigen tatsächlich zu zahlende Unterhalt (sog. Zahlbetrag) ergibt sich folglich daraus, dass vom jeweiligen Tabellenunterhalt die Hälfte des Kindergelds abzuziehen ist.

Das Kindergeld beträgt aktuell (2024) 250 € monatlich. Die Hälfte davon, also 125 €, ist mit dem Kindesunterhalt zu verrechnen.

Die nachfolgende Tabelle enthält die sich nach Abzug des hälftigen Kindergelds bei Minderjährigen ergebenden Zahlbeträge.

Zahlbeträge für erstes und zweites Kind

Nettoeinkommen	0–5 Jahre	6–11 Jahre	12–17 Jahre	ab 18 Jahre
bis 2.100 €	355 €	426 €	520 €	439 €
2.101 €–2.500 €	379 €	454 €	553 €	474 €
2.501 €–2.900 €	403 €	482 €	585 €	508 €
2.901 €–3.300 €	427 €	509 €	617 €	543 €
3.301 €–3.700 €	451 €	537 €	649 €	577 €
3.701 €–4.100 €	490 €	581 €	701 €	632 €
4.101 €–4.500 €	528 €	625 €	753 €	688 €
4.501 €–4.900 €	567 €	669 €	804 €	743 €
4.901 €–5.300 €	605 €	713 €	856 €	798 €
5.301 €–5.700 €	643 €	757 €	907 €	853 €
5.701 €–6.400 €	682 €	801 €	959 €	908 €
6.401 €–7.200 €	720 €	845 €	1.011 €	963 €
7.201 €–8.200 €	759 €	889 €	1.062 €	1.018 €
8.201 €–9.700 €	797 €	933 €	1.114 €	1.073 €
9.701 €–11.200 €	835 €	977 €	1.165 €	1.128 €

Das unterhaltsrelevante Einkommen des Unterhaltsverpflichteten beträgt 2.800 €. Er hat den getrennt lebenden Ehepartner und ein Kind im Alter von zehn Jahren zu unterhalten. Nach der Düsseldorfer Tabelle sind für das Kind 607 € zu zahlen. Erhält die Mutter für das Kind das Kindergeld von 250 € monatlich, so bekommt der Vater hiervon die Hälfte, also 125 € in der Form, dass er diesen Betrag vom geschuldeten Unterhalt abziehen darf und nur noch 482 € zu zahlen hat.

Sobald das Kind volljährig ist, entfällt die Pflege und Erziehung. Nun tragen beide Eltern die finanzielle Verantwortung. Deshalb wird bei volljährigen Kindern das ganze Kindergeld zur Deckung des Unterhaltsbedarfs verwendet und in voller Höhe vom Tabellenwert der Düsseldorfer Tabelle abzogen.

Mehr- und Sonderbedarf

Die Tabellensätze der Düsseldorfer Tabelle setzen sich aus pauschalierten Beträgen für alle elementaren Bedarfspositionen zusammen. Alle damit zusammenhängenden Kosten sind in der Regel mit dem Elementarunterhalt abgegolten. Daneben kann allerdings noch ein Mehr- oder Sonderbedarf entstehen, der gesondert geltend gemacht werden muss.

Mehrbedarf

Um Mehrbedarf handelt es sich bei andauernden Mehrausgaben, die zum Lebensbedarf des Kindes gehören.

Um Mehrbedarf handelt es sich beispielsweise bei Krankenversicherungsbeiträgen, Studiengebühren, Kosten für privaten Nachhilfeunterricht, krankheitsbedingte Mehrkosten bei einem behinderten Kind und Kosten eines längeren Auslandsaufenthalts. Zum Mehrbedarf gehören auch Kindergartengebühren und Kosten für eine Hort-Betreuung, nicht dagegen die Kosten für eine Tagesmutter. Kosten für Klavierunterricht oder Reitstunden müssen nicht vollständig vom regulären Kindsunterhalt gezahlt, sondern können zumindest teilweise als Mehrbedarf geltend gemacht werden.

Der betreuende Elternteil kann den Mehrbedarf für ein Kind nur geltend machen, wenn hierfür triftige Gründe vorliegen. Der Mehrbedarf muss als Zuschlag zum monatlichen Kindesunterhalt geltend gemacht werden. Für regelmäßigen Mehrbedarf haftet in der Regel allein der barunterhaltspflichtige Elternteil, wenn der betreuende Elternteil nicht leistungsfähig ist. Andernfalls – je nach wirtschaftlichen Verhältnissen und einer Interessenabwägung – kann auch der betreuende Elternteil herangezogen werden.

Sonderbedarf

Um Sonderbedarf handelt es sich bei einem unregelmäßigen, vorher nicht abschätzbaren außerordentlich hohen Bedarf, der nicht auf Dauer besteht und der nicht voraussehbar gewesen ist, sodass er bei der Bemessung des laufenden Unterhalts nicht berücksichtigt werden konnte bzw. in den Sätzen der Düsseldorfer Tabelle nicht enthalten ist.

Sonderbedarf sind beispielsweise unvorhergesehene Krankheitskosten, die Erstausstattung eines Neugeborenen, von der Krankenkasse nicht übernommene Kosten für eine stationäre Behandlung und Kosten aus einer kieferorthopädischen Behandlung. Nicht als Sonderbedarf können die Kosten für Schulbücher oder Urlaubskosten geltend gemacht werden.

In einigen Fällen (z.B. bei Internatskosten, Klassenfahrten, Kommunion, Schüleraustausch) unterscheiden die Gerichte danach, ob der normale, laufende Unterhalt nach einer der unteren Stufen der Düsseldorfer Tabelle (das sind die Stufen 1 bis 5) gezahlt wird, oder nach einer höheren Stufe. Wird der laufende Unterhalt nur nach einer der unteren Stufen gezahlt, ist der Unterhalt also verhältnismäßig gering, dann liegt eher Sonderbedarf vor, als wenn der laufende Unterhalt höher ist.

Wie der Mehrbedarf muss der Sonderbedarf als Zuschlag zum monatlichen Kinderunterhalt geltend gemacht werden. Für den Sonderbedarf haften beide Elternteile anteilmäßig. Das bedeutet, dass sich auch derjenige Elternteil an den Kosten des Sonderbedarfs beteiligen muss, bei dem das Kind lebt, es sei denn, dieser Elternteil ist nicht leistungsfähig.

2.6.3 Leistungsfähigkeit des Unterhaltsverpflichteten

Eine Unterhaltspflicht gegenüber minderjährigen Kindern besteht nur insoweit, als der Unterhaltspflichtige leistungsfähig ist. Unterhaltspflichtig ist deshalb nicht, wer bei Berücksichtigung sonstiger Verpflichtungen außerstande ist, ohne Gefährdung seines eigenen Unterhalts den Unterhalt zu gewähren (§ 1603 Abs.1 BGB).

Selbstbehalt

Dem Unterhaltspflichtigen müssen die Mittel verbleiben, die er für seinen Lebensbedarf benötigt (sog. Selbstbehalt). Der Selbstbehalt drückt den Geldbetrag aus, der dem Unterhaltspflichtigen nach Abzug aller unterhaltsrechtlichen Verpflichtungen für das eigene Leben verbleiben muss.

Der notwendige Selbstbehalt beträgt nach der Düsseldorfer Tabelle (Stand 2024) gegenüber minderjährigen unverheirateten Kindern und gegenüber volljährigen unverheirateten Kindern bis zur Vollendung des 21. Lebensjahrs, die im Haushalt der Eltern oder eines Elternteils leben und sich in der allgemeinen Schulausbildung befinden, beim nicht erwerbstätigen Unterhaltspflichtigen monatlich 1.200 €, beim erwerbstätigen Unterhaltspflichtigen monatlich 1.450 €. Darin sind 520 € für Unterkunft einschließlich umlagefähiger Nebenkosten enthalten.

Soweit das tatsächlich verfügbare Einkommen den maßgeblichen Selbstbehalt übersteigt, muss es vom Schuldner für Unterhaltsansprüche eingesetzt werden.

Mangelfall

Unterhalt muss der Verpflichtete nur leisten, soweit sein eigener angemessener Unterhalt nicht gefährdet ist. Um Unterhaltsansprüche zu befriedigen, muss der Verpflichtete nur das Einkommen einsetzen, das über dem Selbstbehalt liegt. Reicht diese sogenannte Verteilungsmasse nicht aus, den Bedarf der Unterhaltsberechtigten zu decken, liegt ein Mangelfall vor. In diesem Zusammenhang ist auch von Bedeutung, in welcher Rangfolge Unterhaltsansprüche befriedigt werden müssen, wenn Unterhaltsverpflichtungen gegenüber mehreren Personen besteht (zur Rangfolge der Unterhaltsansprüche vgl. 3.1.4).

- Bei einem Mangelfall bei Unterhaltsberechtigten ungleichen Rangs sind die Unterhaltsberechtigten in der im Gesetz festgelegten Reihenfolge zu befriedigen. Stehen sich beispielsweise ein unterhaltsberechtigtes Kind und der geschiedene Ehepartner mit Unterhaltsansprüchen gegenüber, so hat das Kind Vorrecht vor dem geschiedenen Ehepartner. Ein einfacher Mangelfall liegt demnach vor, wenn der Unterhaltsschuldner hinsichtlich des erstrangigen Kindesunterhalts leistungsfähig ist, aber der Bedarf des zweitrangigen Unterhaltsgläubigers nicht (mehr) bei Berücksichtigung des angemessenen Selbstbehalts gedeckt ist.
- Gibt es innerhalb einer Rangstufe mehrere Unterhaltsberechtigte (z.B. mehrere Kinder), wird das für den Unterhalt zur Verfügung stehende Geld unter den Berechtigten verteilt. Dabei handelt es sich um den Betrag oberhalb des Selbstbehalts, wobei eventuell noch vorrangige Unterhaltspflichten (z.B. Kindesunterhalt vor dem nachehelichen Unterhalt) abgezogen müssen. Verteilt wird das zur Verfügung stehende Geld allerdings nicht zu gleichen Teilen, vielmehr wird der Unterhaltsanspruch aller Berechtigten um den gleichen Prozentsatz verkürzt.

Einfacher Mangelfall bei Unterhaltsberechtigten ungleichen Rangs
Die Ehe von Sven und Simone Weber wurde geschieden. Sie haben einen gemeinsamen zweijährigen Sohn, Tim, der von der Mutter betreut wird. Der Vater ist gegenüber dem Kind unterhaltspflichtig. Die Mutter ist noch nicht wieder erwerbstätig und verlangt Betreuungsunterhalt. Das bereinigte Nettoeinkommen von Sven beträgt 2.600 €.

Der Unterhalt für das Kind berechnet sich wie folgt:

Unterhalt nach der Düsseldorfer Tabelle		528 €
Hälfte des Kindergelds	–	125 €
Unterhaltsanspruch des Kindes		403 €
verbleibendes Einkommen von Sven		2.197 €

Der Selbstbehalt des Unterhaltspflichtigen gegenüber minderjährigen Kindern liegt bei 1.450 €. Sven kann also den vollen Unterhalt leisten, ohne dass sich ein Mangelfall ergibt.

Der Unterhalt für den geschiedenen Ehepartner berechnet sich wie folgt:

Um den Kindesunterhalt vermindertes Nettoeinkommen von Sven	2.197 €
Betreuungsunterhalt	941,57 €

Würde Sven den vollen Unterhalt an Simone entrichten, blieben ihm 1.255,43 € monatliches Nettoeinkommen. Da der Selbstbehalt gegenüber dem getrennt lebenden Ehepartner bei 1.600 € liegt, besteht ein Mangelfall.

Sven muss nur den Betrag an Simone zahlen, der oberhalb seines Selbstbehalts liegt, also monatlich 597 € (2.197 € – 1.600 €).

Tritt bei Zahlung von Kindesunterhalt für ein minderjähriges Kind der Mangelfall ein, kommt der Staat in Form des Unterhaltsvorschusses für die Differenz auf. Im Mangelfall beim Ehegattenunterhalt gibt es dagegen keine Ausgleichszahlungen.

Gesteigerte Unterhaltspflicht

Gegenüber minderjährigen Kindern und gegenüber volljährigen unverheirateten Kindern bis zur Vollendung des 21. Lebensjahrs, die im Haushalt der Eltern oder eines Elternteils leben und sich in allgemeiner Schulausbildung befinden, besteht für Eltern eine sogenannte gesteigerte Unterhaltspflicht (§ 1603 Abs. 2 BGB). Das bedeutet, dass sie verpflichtet sind, sämtliche verfügbaren Mittel zu ihrem und der Kinder Unterhalt gleichmäßig zu verwenden.

Folge der gesteigerten Unterhaltsverpflichtung ist, dass insbesondere an die Erwerbsobliegenheit des Unterhaltspflichtigen höhere Anforderungen gestellt werden. Dieser muss daher notfalls auch eigentlich unzumutbare Arbeiten annehmen, um seine Kinder finanziell zu unterstützen. In diesem Zusammenhang werden beispielsweise intensive Bemühungen um einen Arbeitsplatz, die Aufnahme von Nebentätigkeiten und in zumutbaren Grenzen sogar ein Orts- oder Berufswechsel verlangt.

Kommt der Verpflichtete seiner gesteigerten Unterhaltspflicht nicht nach, muss er sich die erzielbaren Einkünfte als sogenanntes fiktives Einkommen anrechnen lassen. Danach bemisst sich dann die Höhe der jeweiligen Unterhaltspflicht.

Im Rahmen einer gesteigerten Unterhaltspflicht müssen Eltern auch ihr Vermögen angreifen, um den Kindesunterhalt bezahlen zu können, falls sie über kein Einkommen verfügen bzw. das Einkommen nicht ausreicht, den Mindestunterhalt des Kindes zu decken. Ausnahmsweise besteht keine Pflicht zur Vermögensverwertung, wenn diese mit einem wirtschaftlich nicht vertretbaren Nachteil verbunden wäre. Verletzt der Unterhaltspflichtige seine Pflicht, Vermögenswerte zu realisieren (z.B. einen Pflichtteilsanspruch geltend zu machen oder eine Schenkung zu widerrufen), so wird er unterhaltsrechtlich so behandelt, als hätte er seine Pflicht erfüllt mit der Folge, dass entsprechendes fiktives Einkommen angesetzt wird.

Aus der Community: *Ein erwachsener Mensch sollte unter normalen Bedingungen dazu in der Lage sein, seinen eigenen Lebensunterhalt zu erwirtschaften. Ebenso sollte die Fürsorge so weit gehen, auch die eigenen Kinder gut zu versorgen. Leider erfährt die Mehrheit der Alleinerziehenden das Gegenteil, nämlich das kein oder zu wenig Kindesunterhalt gezahlt wird und das, obwohl der Zahlungspflichtige in der Regel weit mehr Zeit für die Erwerbsarbeit hat als der Elternteil, bei dem das Kind wohnt.*

Aber: Arbeitslosigkeit oder Teilzeitarbeit sind keine Ausrede, um weniger Unterhalt zu zahlen und ist durch die gesteigerte Unterhaltspflicht sogar gesetzlich geregelt.

Herr Bretzinger, wie lässt sich die gesteigerte Unterhaltspflicht rechtlich durchsetzen?

In diesem Fall hilft nur anwaltlicher Rat im konkreten Einzelfall.

Herr Bretzinger, wie kann man überprüfen, ob sich das Gehalt des Zahlungspflichtigen verändert hat?

Der Unterhaltsberechtigte hat gegenüber dem Unterhaltsschuldner einen gesetzlich verankerten Auskunftsanspruch. Der Unterhaltsschuldner ist gegenüber dem Berechtigten verpflichtet, auf Verlangen Auskunft über sein Einkommen zu erteilen. Ein Auskunftsanspruch besteht alle zwei Jahre. Vor Ablauf dieser Frist kann jedoch im Einzelfall ebenfalls ein Anspruch geltend gemacht werden, wenn glaubhaft gemacht werden kann, dass der Auskunftspflichtige in der Vergangenheit wesentlich höhere Einkünfte erwirtschaftet hat. Über die Höhe der Einkünfte muss der Unterhaltsschuldner auf Verlangen entsprechende Nachweise vorlegen. Dazu gehören etwa Gehaltsnachweise, der letzte Einkommensteuerbescheid, der aktuelle Renten- oder Arbeitslosenbescheid.

2.6.4 Dauer der Unterhaltsverpflichtung

Grundsätzlich müssen Eltern Unterhalt bis zum Abschluss einer ersten angemessenen Berufsausbildung zahlen. Deshalb kann ein Jugendlicher und junger Erwachsener nur in besonderen Ausnahmefällen die Finanzierung einer fachfremden Zweitausbildung verlangen, so etwa wenn

- die Erstausbildung aus gesundheitlichen Gründen abgebrochen werden muss,
- die Eltern darauf bestanden, eine begonnene Ausbildung abzuschließen, obwohl die falsche Berufswahl bald erkannt wurde,

- der zunächst erlernte Beruf aus Gründen, die Beginn der Ausbildung nicht voraussehbar waren, keine ausreichende Lebensgrundlage bildet,
- die Eltern die Finanzierung einer angemessenen Ausbildung verweigerten und das Kind sich aus diesem Grund für einen Beruf entschieden hat, der seinen Begabungen und Neigungen nicht entsprach.

Einen Studienfachwechsel müssen Eltern innerhalb der ersten zwei bis drei Semester hinnehmen, nicht aber, wenn er in der zweiten Hälfte des Studiums durchgeführt wird. Auch einen Master-Abschluss im Anschluss an einen Bachelor-Studiengang müssen Eltern finanzieren, wenn ein fachlicher und zeitlicher Zusammenhang besteht. Gestattet ist auch nach einer Ausbildung der Wechsel von einem ursprünglich geplanten, in fachlichem Zusammenhang stehenden Studium in ein anderes (z.B. nach Ausbildung zum Heilpraktiker ein Medizinstudium).

2.6.5 Wie Sie den Unterhaltsanspruch Ihres Kindes sichern

Die Unterhaltszahlung ist monatlich im Voraus fällig, da das Kind bereits zu Beginn des jeweiligen Monats über den Unterhaltsbeitrag verfügen können muss (§ 1612 Abs. 3 Satz 1 BGB). Unabhängig davon, dass die Eltern über die Unterzahlungen einig sind, ist es sinnvoll, den Unterhalt titulieren zu lassen. Durch einen entsprechenden Unterhaltstitel wird der Unterhaltsanspruch abgesichert. Das amtliche Dokument dient dazu, den Unterhalt durch Zwangsvollstreckung zu erhalten (z.B. durch Lohnpfändung), falls die Zahlung ausbleibt.

Einen Unterhaltstitel erhalten Sie auf verschiedenen Wegen:

- Sie können sich an das Jugendamt wenden und sich dort eine sogenannte Jugendamtsurkunde ausstellen lassen (vgl. dazu 2.6.6).

- Sie können beim Familiengericht den Unterhalt einklagen, um so den für den Kindesunterhalt notwendigen Titel zu erhalten.
- Sie können auch in einem sogenannten vereinfachten Unterhaltsverfahren rasch und kostengünstig einen Titel erwirken.

Herr Bretzinger, lässt sich ein Titel auch aus einer notariell beglaubigten Scheidungsfolgenvereinbarung erwirken?

Ein Unterhaltstitel ist die rechtsverbindliche Feststellung, dass ein Unterhaltsanspruch besteht. Wurde der Unterhalt gerichtlich entschieden, stellt der gerichtliche Beschluss einen Unterhaltstitel dar, genauso, wenn der Unterhaltspflichtige die Unterhaltspflicht in einer Scheidungsfolgenvereinbarung notariell beurkundet hat. Beim Kindesunterhalt kommt als Unterhaltstitel zudem die Jugendamtsurkunde in Betracht (vgl. dazu 2.6.6).

Wenn der Unterhaltsverpflichtete freiwillig mitwirkt, ist es sinnvoll, dass Sie sich ans Jugendamt wenden oder dort eine Jugendamtsurkunde erstellen lassen. Verweigert der Unterhaltsverpflichtete die Unterschrift, sollten Sie versuchen, über eine sogenannte Beistandschaft beim Jugendamt den Titel zu erwirken (vgl. dazu 2.6.6). Andernfalls bietet das vereinfachte Unterhaltsverfahren eine einfache und kostengünstige Möglichkeit. Sie müssen einen Antrag beim örtlichen Amtsgericht am Wohnort Ihres Kindes stellen. Antragsformulare erhalten Sie beim Gericht und beim Jugendamt, von dem Sie auch beraten werden. Im vereinfachten Verfahren wird allerdings der Unterhalt nur dann festgesetzt, wenn er das 1,2-Fache des Mindestunterhalts (vgl. dazu 2.6.2) nicht übersteigt. Kommen Sie auch über das vereinfachte Verfahren nicht ans Ziel, sollten Sie einen Anwalt einschalten, der dann gerichtlich den Unterhaltsanspruch durchsetzen muss. Sie können hierfür Prozesskostenbeihilfe beantragen, wenn Ihr Einkommen unter einer bestimmten Grenze liegt (vgl. dazu 13.2).

Praxis-Tipp

Sinnvoll ist es, den Kindesunterhalt nicht in Höhe eines festen monatlichen Zahlbetrags, sondern dynamisch titulieren zu lassen. In diesem Fall wird kein Unterhaltsanspruch in einer bestimmten Höhe, sondern ein feststehender Prozentsatz angegeben. In der Regel werden 115 % des Mindestunterhalts bestimmt, wie er sich aus der Düsseldorfer Tabelle ergibt (vgl. dazu 2.6.2). Der Vorteil der dynamischen Titulierung besteht darin, dass sich der Unterhaltsanspruch mit zunehmendem Alter des Kindes ändert und der Unterhaltstitel nicht jedes Mal abgeändert werden muss.

Aus der Community: *Jedes Jahr – meist um die Weihnachtszeit – steht fest, ob und in welcher Höhe sich die Beträge der Düsseldorfer Tabelle und des Kindergelds für das kommende Jahr ändern. Das hat Auswirkungen auf den Zahlbetrag. Daher fragen sich dann viele Alleinerziehende, ob der Zahlungspflichtige seine Zahlung von sich aus entsprechend anpassen muss oder ob sie selbst den Kindsvater darüber informieren müssen.*

Herr Bretzinger, wer hat wen über Änderungen zu informieren?

Erhöht sich der Unterhaltsanspruch wegen verbesserter Einkommensverhältnisse des Unterhaltsschuldners oder wegen des Alters des Kindes, muss ein geänderter Unterhaltstitel beschafft werden, wenn eine außergerichtliche Änderung nicht möglich ist. In diesem Fall muss eine Abänderungsklage bei Gericht eingereicht werden. Voraussetzung ist allerdings grundsätzlich, dass sich die monatlichen Unterhaltszahlungen um mindestens 10 % erhöhen. Auch wenn sich die Bedarfssätze nach der Düsseldorfer Tabelle erhöhen, kann es notwendig werden, dass der Unterhaltstitel entsprechend geändert wird und eine Abänderungsklage eingereicht wird. Allerdings ist dies nur bei statischen Unterhaltstiteln erforderlich, denn in diesen ist die Zahlung eines festen monatlichen Betrags vereinbart. Dynamische Unterhaltstitel berücksichtigen die Änderungen der Düsseldorfer Tabelle automatisch.

2.6.6 Wie Sie das Jugendamt bei der Geltendmachung von Kindesunterhalt unterstützt

Wenn Sie gegen den Vater des Kindes Kindesunterhalt geltend machen wollen, erfahren Sie vom Jugendamt neben einer allgemeinen Beratung auch ganz konkrete Hilfen.

Jugendamtsurkunde

Als alleinerziehender Elternteil haben Sie gegenüber dem Unterhaltsverpflichteten hinsichtlich des Kindesunterhalts einen Anspruch auf einen sogenannten Unterhaltstitel, mit dem Sie die Zwangsvollstreckung gegen diesen (z.B. in Form einer Lohnpfändung) betreiben können (vgl. dazu 2.6.5). In diesem Zusammenhang besteht die Möglichkeit, beim Jugendamt eine kostenlose Jugendamtsurkunde als vollstreckbaren Titel errichten zu lassen. Sinnvoll ist die Errichtung einer Jugendamtsurkunde insbesondere dann, wenn sich beide Elternteile über die Zahlung des Kindesunterhalts durch den Unterhaltsverpflichteten einig sind. Dann kann die freiwillig erklärte Unterhaltsverpflichtung vom Jugendamt beurkundet werden. Der Vorteil der Jugendamtsurkunde besteht darin, dass mit der Errichtung der Jugendamtsurkunde ein gerichtliches Verfahren über die Zahlung des Unterhalts vermieden werden kann. Sie müssen also nicht erst ein zeitaufwändiges Gerichtsverfahren führen, bis Sie einen Titel erhalten, sondern können sofort die Zwangsvollstreckung einleiten und so zeitnah den Anspruch auf Kindesunterhalt realisieren.

Beistandschaft

Als alleinerziehender Elternteil können Sie beim Jugendamt eine sogenannte Beistandschaft beantragen. Der Beistand ist eine spezielle Form der gesetzlichen Vertretung von Kindern und Jugendlichen. Sie wird von den Jugendämtern angeboten und ist freiwillig und kostenlos.

Ist der Unterhalt streitig, so vertritt der Beistand das Kind in einem gerichtlichen Unterhaltsverfahren. So müssen Sie als alleinerziehender Elternteil den häufig auch psychisch belastenden Antrag auf Unterhaltszahlung nicht stellen. Zahlt der Unterhaltspflichtige nicht, kümmert sich der Beistand auch um die Durchsetzung der Unterhaltsansprüche (z.B. durch Lohnpfändung). Eine Beistandschaft kann auch für den Fall eingerichtet werden, dass ein gerichtlich titulierter Unterhaltsanspruch abgeändert werden soll. Hat sich das Einkommen des unterhaltspflichtigen Elternteils geändert, so verfolgt der Beistand für das Kind eine Erhöhung des Unterhalts oder vertritt es gegen das Herabsetzungsbegehren des unterhaltspflichtigen Elternteils.

2.6.7 Unterhaltsvorschuss

Für Alleinerziehende ist es oftmals schwierig, die Anforderungen durch Arbeit, Kind und Haushalt unter einen Hut zu bringen. Verschärft wird diese Situation dann, wenn sie vom Unterhaltspflichtigen keine oder nicht mindestens Unterhaltszahlungen in Höhe des gesetzlichen Mindestunterhalts erhalten. In diesem Fall hilft der Unterhaltsvorschuss: Der ausfallende Unterhalt wird dadurch zumindest zum Teil ausgeglichen, ohne allerdings den unterhaltsverpflichteten Elternteil aus seiner Verantwortung zu entlassen. Einzelheiten enthält das Unterhaltsvorschussgesetz.

Keinesfalls jedoch soll durch den staatlichen Vorschuss der unterhaltspflichtige Elternteil finanziell entlastet werden. Deshalb gehen etwaige Unterhaltsansprüche des Kindes gegen den anderen Elternteil in Höhe des Unterhaltsvorschusses auf den Staat über. Der macht diese gegebenenfalls gerichtlich geltend und vollstreckt sie auch. Bestehende Unterhaltsansprüche werden damit auch im Interesse von Alleinerziehenden durch den Staat geklärt.

Lassen Sie sich rechtzeitig über den Unterhaltsvorschuss beraten. Der richtige Ansprechpartner ist das Jugendamt. Selbstverständlich können auch weitergehende Unterhaltsansprüche des Kindes gegen den unterhaltspflichtigen Elternteil geltend gemacht werden. Dabei kann auch die Beistandschaft des Jugendamts beantragt werden, wenn das alleinige Sorgerecht für das Kind zusteht oder sich das Kind in der Obhut der Alleinerziehenden befindet. Dann übernimmt es die Behörde für das Kind, Unterhaltsansprüche geltend zu machen und durchzusetzen.

Berechtigte

Unterhaltsvorschuss erhält ein Kind, wenn es

- in Deutschland einen Wohnsitz oder seinen gewöhnlichen Aufenthalt hat,
- in Deutschland bei einem alleinerziehenden Elternteil lebt und
- von dem anderen Elternteil nicht oder nur teilweise oder nicht regelmäßig Unterhalt in Höhe des gesetzlichen Mindestunterhalts erhält und
- das 18. Lebensjahr noch nicht vollendet hat.

Für ein Kind zwischen zwölf und unter 18 Jahren müssen zusätzlich folgende Voraussetzungen erfüllt sein:

- das Kind darf nicht auf Bürgergeld angewiesen sein oder
- der alleinerziehende Elternteil, der Leistungen nach dem SGB II bezieht, muss ein eigenes Bruttoeinkommen von mindestens 600 € monatlich haben.

Das Kind und der alleinerziehende Elternteil müssen in einem Haushalt zusammenleben. Das muss allerdings nicht der eigene Haushalt der Alleinerziehenden sein; der alleinerziehende Elternteil und das Kind können auch im Haushalt der Großeltern zusammenleben.

Höhe

Die Höhe des Unterhaltsvorschusses richtet sich nach dem Alter des Kindes und nach dem für die jeweilige Altersstufe festgelegten gesetzlichen Mindestunterhalt.

Aktuell (2024) beträgt der Unterhaltsvorschuss

230 € monatlich	für Kinder bis fünf Jahren	480 € – 250 € Kindergeld
301 € monatlich	für Kinder von 6 bis 11 Jahren	551 € – 250 € Kindergeld
395 € monatlich	für Kinder von 12 bis 17 Jahren	645 € – 250 € Kindergeld

Von den Unterhaltsvorschussbeträgen werden Unterhaltszahlungen des anderen Elternteils oder die Waisenbezüge, die das Kind nach dessen Tod oder nach dem Tod eines Stiefelternteils erhält, abgezogen. Bei Kindern, die keine allgemeinbildende Schule mehr besuchen, wird unter bestimmten Voraussetzungen auch anderes Einkommen angerechnet.

Der Unterhaltsvorschuss wird monatlich im Voraus gezahlt. Besteht der Unterhaltsanspruch des Kindes nicht für den ganzen Monat, so wird die Unterhaltsvorschussleistung anteilig berechnet.

Anzurechnendes Einkommen

Der Unterhaltsvorschuss mindert sich um Unterhaltszahlungen des Elternteils, bei dem das Kind nicht lebt und um Waisenbezüge. Darüber hinaus mindert sich die Unterhaltsvorschussleistung bei Kindern, die keine allgemeinbildende Schule mehr besuchen, auch durch anderes Einkommen, insbesondere Erwerbseinkommen, Ausbildungsvergütungen oder Vermögenseinkünfte. Bei einer Ausbildungsvergütung werden von den Einkünften pauschal 100 € als ausbildungsbedingter Aufwand und 100 € als Werbungskosten abgezogen. Die Einkünfte werden sodann zur Hälfte auf den Unterhaltsvorschuss angerechnet. Unter Umständen kann daher etwa neben einer Ausbildungsvergütung auch noch ein teilweiser Anspruch auf Unterhaltsvorschuss bestehen.

Achtung: Nicht berücksichtigt wird Einkommen von Kindern, die noch nicht zur Schule gehen oder noch eine allgemeinbildende Schule besuchen.

Bezugsdauer

Liegen die Voraussetzungen für den Anspruch auf Unterhaltsvorschuss vor, wird dieser bis zur Volljährigkeit des Kindes, also bis zur Vollendung des 18. Lebensjahrs gezahlt.

Praxis-Tipp

Der Unterhaltsvorschuss endet mit dem 18. Geburtstag des Kindes, egal ob es sich noch in einer Ausbildung befindet oder noch zur Schule geht. Der reguläre Kindesunterhalt schließt hingegen die erste Ausbildung des Kindes mit ein. Aus diesem Grund ist es umso wichtiger, dass du für dein Kind einstehst und die rechtlichen Mittel ausschöpfst, um den Kindesunterhalt zu erwirken. So ersparst du deinem Kind finanzielle Schwierigkeiten im jungen Erwachsenenleben. Denn ab dem 18. Geburtstag kann es den Kindesunterhalt in der Regel nur noch selbst einfordern und nicht mehr durch dich.

Antrag und Verfahren

Unterhaltsvorschuss müssen Sie schriftlich beantragen. Ein mündlicher Antrag (z.B. ein Telefonanruf) genügt nicht. Der Antrag muss beim zuständigen Jugendamt gestellt werden; das ist das Jugendamt, in dessen Bezirk das Kind lebt. Das Antragsformular ist auch bei der Kreis- oder Gemeindeverwaltung erhältlich.

Der Unterhaltsvorschuss kann rückwirkend auch für den Monat vor dem Eingang des Antrags bei der Behörde gezahlt werden. Allerdings müssen die gesetzlichen Voraussetzungen bereits zu dieser Zeit erfüllt gewesen sein. Außerdem müssen Sie zumutbare Bemühungen nachweisen (insbesondere durch Mahnung), den unterhaltspflichtigen Elternteil zu Unterhaltszahlungen zu veranlassen.

In einem schriftlichen Bescheid teilt die Behörde mit, ob Ihrem Antrag entsprochen wird oder nicht. Einem positiven Antrag können Sie insbesondere entnehmen, in welcher Höhe und für welchen Zeitraum Unterhaltsvorschuss gezahlt wird.

Wird dem Antrag nicht oder nicht voll entsprochen, können Sie gegen diese Entscheidung Widerspruch einlegen. Dieser muss innerhalb eines Monats nach Bekanntgabe der Entscheidung beim Jugendamt eingegangen sein. Der Widerspruch kann schriftlich eingelegt oder bei der Behörde persönlich zur Niederschrift erklärt werden. Wird dem Widerspruch nicht abgeholfen, bleibt Ihnen nur noch der Rechtsweg mit einer Klage vor dem Verwaltungsgericht.

Mitteilungspflichten

Die Behörde überprüft in bestimmten Abständen, ob die Voraussetzungen für den Anspruch auf Unterhaltsvorschuss noch vorliegen. Dazu werden Sie aufgefordert, entsprechende Fragen (z.B. ob man mit dem anderen Elternteil des Kindes zusammenlebt oder ob das Kind noch im eigenen Haushalt lebt) zu beantworten und Unterlagen vorzulegen. Unabhängig davon haben Sie die Pflicht, der Behörde unverzüglich alle Änderungen der Umstände mitzuteilen, die für den Anspruch auf Unterhaltsvorschuss relevant sind. Das Jugendamt muss insbesondere sofort benachrichtigt werden, wenn

- das Kind nicht mehr bei Ihnen lebt,
- Sie mit dem anderen Elternteil zusammenziehen,
- der unterhaltspflichtige Elternteil regelmäßig Unterhalt für das Kind zahlt oder zahlen will,
- der unterhaltspflichtige Elternteil gestorben ist,

- Sie geheiratet haben (auch wenn der Ehepartner nicht der unterhaltspflichtige Elternteil ist).

Achtung: Kommen Sie Ihrer Anzeigepflicht nicht nach, müssen Sie damit rechnen, dass Sie die zu viel gezahlte Unterhaltsvorschussleistung zurückzahlen müssen. Ferner kann die Behörde die Verletzung der Anzeigepflicht mit einem Bußgeld ahnden.

2.6.8 Rückwirkende Forderungen des Unterhalts

Wie dieses Buch deutlich macht, gibt es für Alleinerziehende rechtlich und finanziell viel zu beachten und neu zu regeln, was stellenweise sehr heraus- und auch überfordernd ist. Hinzu kommt bei einer Trennung, dass die Eltern durch Trauer, Wut und persönliche Verletzungen auch in der gemeinsamen Kommunikation nicht mehr so gut zusammenfinden wie vielleicht noch in der Partnerschaft. Daher scheuen sich viele Alleinerziehende mit dem anderen Elternteil über Geld zu sprechen, wenn er es nicht von sich aus macht und den Kindesunterhalt berechnen zu lassen. So wissen sie nicht, was dem Kind zusteht oder wie sie die Ansprüche durchsetzen können.

Herr Bretzinger, ab welchem Zeitpunkt ist Kindesunterhalt zu zahlen und wie lange lässt er sich rückwirkend noch geltend machen?

Ab der Geburt des Kindes besteht für die Eltern die Pflicht, entweder Natural- oder Barunterhalt zu leisten. Rückwirkend kann Barunterhalt verlangt werden, wenn vonseiten des Unterhaltsberechtigten eine der nachfolgenden Sicherungsmaßnahmen ergriffen wurde:

- Schriftliche Aufforderung des Unterhaltsverpflichteten mit Fristsetzung zur Auskunft über seine Einkommens- und Vermögensverhältnisse.
- Mahnung mit Fristsetzung gegenüber dem Unterhaltsverpflichteten zur Zahlung von Unterhalt.
- Einleitung eines Unterhaltsverfahrens beim zuständigen Familiengericht.

Auch ohne eine solche Sicherungsmaßnahme kann in jedem Fall aber Sonderbedarf geltend gemacht werden. Und auch wenn die Unterhaltsberechtigte aus rechtlichen oder tatsächlichen Gründen verhindert war, den Unterhaltsanspruch geltend zu machen, kann noch rückwirkend Unterhalt gefordert werden. Das ist beispielsweise der Fall, wenn der Aufenthalt des Unterhaltsschuldners unbekannt war oder die Vaterschaft nach der Geburt noch festgestellt werden musste.

Aus der Community: *Ist der Kindesunterhalt erst einmal berechnet und vom Zahlungspflichtigen im besten Fall der Dauerauftrag für den Zahlbetrag eingerichtet, fällt allen Beteiligten oft ein großer Stein vom Herzen. Meist geht man im ersten Moment davon aus, dass das Thema damit ein für allemal vom Tisch ist. Dem ist aber nicht so, denn es kann durch Veränderungen beim Kindergeld, der Düsseldorfer Tabelle und beim zugrundeliegenden Einkommen des Zahlenden immer wieder zu Anpassungen des Zahlbetrags kommen. Bis das den Eltern auffällt, vergehen nicht selten ein paar Wochen oder auch Monate. So kann es sein, dass durch Gehaltseinbußen oder die Erhöhung der Unterhaltspflichten der Kindesunterhalt auch geringer ausfällt.*

Herr Bretzinger, kann zu viel gezahlter Kindesunterhalt vom Zahlungspflichtigen nachträglich zurückgefordert werden?

Grundsätzlich kann der Unterhaltsverpflichtete zu viel gezahlten Unterhalt zurückfordern. Allerdings ist die Rückforderung ausgeschlossen, wenn die Unterhaltsberechtigte den gezahlten Unterhalt für seine laufenden Lebensbedürfnisse verbraucht hat, der Unterhalt also nicht mehr im Vermögen vorhanden ist. Und wenn der Rückforderungsanspruch verjährt ist, kann die Unterhaltsberechtigte die Rückzahlung verweigern. Die Verjährungsfrist beträgt drei Jahre.

2.7 Die wichtigsten Fachbegriffe kurz erklärt

Damit du dich besser in der rechtlichen Welt rund um das Alleinerziehendsein zurechtfinden kannst, bekommst du die wichtigsten Fachbegriffe hier noch einmal im Zusammenhang kurz erklärt:

Sorgerecht

Das Sorgerecht der Eltern beinhaltet die Personen- und die Vermögenssorge. Es erstreckt sich auch darauf, das minderjährige Kind rechtsgeschäftlich zu vertreten. Das Gesetz unterscheidet zwischen der gemeinsamen Sorge der Eltern und der Alleinsorge eines Elternteils.

Personensorge

Die Personensorge ist Teil der elterlichen Sorge. Sie umfasst insbesondere alle tatsächlichen Betreuungsaufgaben für das Kind.

Gesundheitssorge

Die Gesundheitssorge für das Kind ist ein wichtiger Teil der elterlichen Personensorge. Sie erstreckt sich auf alle Angelegenheiten zur Wahrung und gegebenenfalls Wiederherstellung der Gesundheit des Kindes.

Vermögenssorge

Die Vermögenssorge ist Teil des Sorgerechts. Der elterlichen Sorge unterliegt das gesamte Vermögen des Kindes. Ausgenommen von der elterlichen Vermögenssorge ist das Vermögen, das dem Kind mit der Bestimmung zugewendet ist, dass die Eltern es nicht verwalten sollen (§ 1638 BGB).

Alleinvertretungsrecht

Auch bei gemeinsamem Sorgerecht kann in einer Reihe von Fällen ein Elternteil das Kind ausnahmsweise allein vertreten.

Alleinsorge

Das alleinige Entscheidungsrecht in allen Angelegenheiten des Kindes oder einem Teil der elterlichen Sorge kann einem Elternteil übertragen werden, wenn der andere Elternteil zustimmt (es sei denn, das Kind hat das 14. Lebensjahr vollendet und widerspricht der Übertragung) oder dies dem Wohl des Kindes am besten entspricht.

Aufenthaltsbestimmungsrecht

Das Aufenthaltsbestimmungsrecht umfasst die Befugnis der Eltern oder eines Elternteils, den dauerhaften oder kurzfristigen räumlichen Aufenthaltsort des minderjährigen Kindes zu bestimmen.

Umgangsrecht

Durch das Umgangsrecht soll der Kontakt des Kindes zu den Personen gewährleistet werden, die ihm besonders nahestehen. Insbesondere im Falle einer Trennung und Scheidung soll der Kontakt des Kindes mit beiden Elternteilen aufrechterhalten und gefördert werden. Das Umgangsrecht des Elternteils beinhaltet das Recht zum persönlichen Kontakt und alle Formen der Kommunikation mit dem Kind.

Namensrecht

Für das Namensrecht des Kindes ist von Bedeutung, ob die Eltern miteinander verheiratet sind oder nicht bzw. ob beide Eltern gemeinsam das Sorgerecht ausüben oder nur ein Elternteil das Sorgerecht hat.

Kindsunterhalt

Ein minderjähriges Kind hat Anspruch auf Unterhalt von beiden Elternteilen. Der Unterhalt setzt sich aus dem Barunterhalt und dem Betreuungsunterhalt zusammen.

Mehr- und Sonderbedarf

Die Tabellensätze der Düsseldorfer Tabelle setzen sich aus pauschalierten Beträgen für alle elementaren Bedarfspositionen zusammen. Alle damit zusammenhängenden Kosten sind in der Regel mit dem

Elementarunterhalt abgegolten. Daneben kann allerdings noch ein Mehr- oder Sonderbedarf entstehen, der gesondert geltend gemacht werden muss.

Selbstbehalt

Dem Unterhaltspflichtigen müssen die Mittel verbleiben, die er für seinen Lebensbedarf benötigt (sog. Selbstbehalt). Der Selbstbehalt drückt den Geldbetrag aus, der dem Unterhaltspflichtigen nach Abzug aller unterhaltsrechtlichen Verpflichtungen für das eigene Leben verbleiben muss.

Beistandschaft

Als alleinerziehender Elternteil können Sie beim Jugendamt eine sogenannte Beistandschaft beantragen. Der Beistand ist eine spezielle Form der gesetzlichen Vertretung von Kindern und Jugendlichen.

Unterhaltsvorschuss

Der Unterhaltsvorschuss ist eine staatliche Leistung für Kinder von Alleinerziehenden. Er hilft, die finanzielle Lebensgrundlage eines Kindes zu sichern, wenn der andere Elternteil nicht oder nur teilweise oder nicht regelmäßig Unterhalt in Höhe des Unterhaltsvorschusses zahlt.

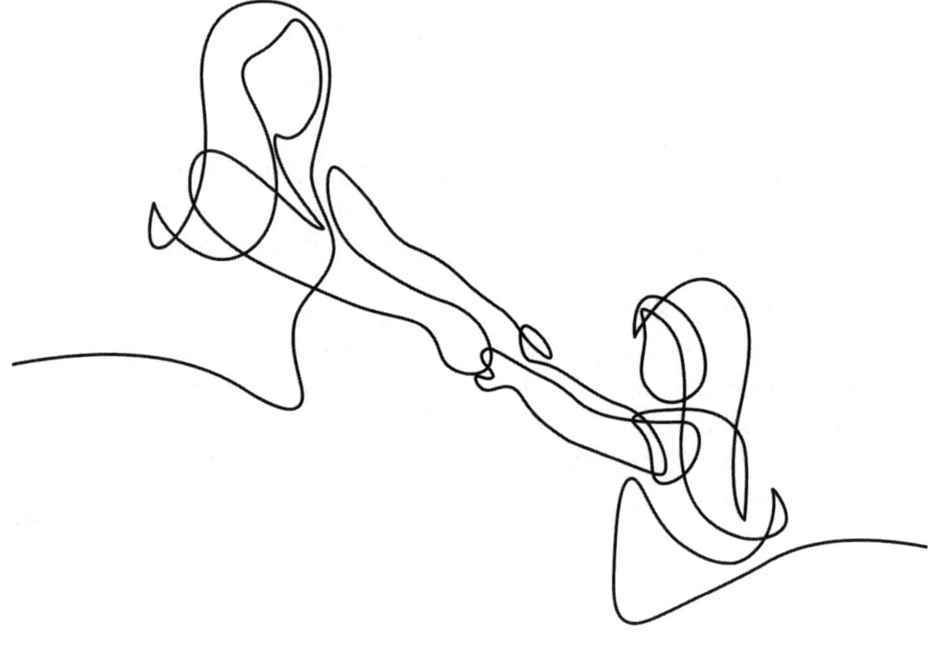

3 Unterhaltsansprüche des alleinerziehenden Elternteils

In den meisten Fällen sieht der Alltag nach einer Trennung mit Kind so aus, dass sich ein Elternteil überwiegend um das Kind kümmert und der andere die Pflicht hat, Barunterhalt zu leisten. Dadurch ist der Unterhaltsanspruch des Kindes an seine Eltern erfüllt. Was allerdings viele Alleinerziehende oft vernachlässigen, ist, dass sie selbst auch Anspruch auf Unterhalt vom Kindsvater haben können. Denn durch die Geburt und den erhöhten Anteil der Care-Arbeit (Fürsorgearbeit) während und nach der Partnerschaft verdienen viele Frauen beruflich weniger Geld als noch vor der Mutterschaft. Somit kann es im Portemonnaie für dich sehr eng werden, wenn du mit dem Kind auf sich allein gestellt ist. Daher schau am besten hier gleich nach, ob du selbst einen Anspruch auf Unterhalt hast.

Herr Bretzinger, in welchen Fällen steht einer Alleinerziehenden Unterhalt vom Kindsvater zu?

Unterhaltsansprüche stehen nicht nur dem Kind zu, sondern unter Umständen auch Ihnen als alleinerziehendem Elternteil. So können Sie als alleinerziehende Mutter eines nichtehelichen Kindes vom Vater Betreuungsunterhalt verlangen. Und im Fall der Trennung und Scheidung stehen Ihnen unter Umständen Trennungsunterhalt und nachehelicher Unterhalt gegen Ihren (Ex-)Ehepartner zu.

Wusstest du …

… dass man als Alleinerziehende auch Anspruch auf Unterhalt haben kann, wenn man nicht verheiratet war?

3.1 Unterhaltsanspruch gegenüber nichtehelichem Partner

Innerhalb der nichtehelichen Lebensgemeinschaft bestehen grundsätzlich keine wechselseitigen Unterhaltspflichten der Partner. Diese sind also nicht wie Eheleute einander gesetzlich verpflichtet, durch ihre Arbeit und mit ihrem Vermögen die Familie angemessen zu unterhalten. Unter Umständen bestehen allerdings Unterhaltsansprüche eines Elternteils gegen den anderen, wenn aus der nichtehelichen Lebensgemeinschaft ein oder mehrere Kinder hervorgegangen sind (§ 1651l BGB). Voraussetzung ist in diesem Fall nicht, dass die Eltern noch in der Gemeinschaft zusammenleben.

Achtung: Der gesetzliche Unterhaltsanspruch ist an die rechtliche Vaterschaft geknüpft. Die Vaterschaft muss also feststehen, das heißt ausdrücklich anerkannt oder gerichtlich festgestellt worden sein (vgl. dazu 2.2).

3.1.1 Geburtsbedingter Unterhalt

Als Mutter haben Sie für die Dauer von sechs Wochen vor und acht Wochen nach der Geburt des Kindes Anspruch auf Unterhalt. In diesem Zeitraum sind Sie besonders schutzwürdig. Deshalb sind Sie im Interesse des Kindes nicht verpflichtet, zu arbeiten. Der Unterhaltsanspruch besteht auch dann, wenn Sie wegen einer Erkrankung, Betreuung eines anderen Kindes oder wegen Arbeitslosigkeit vor der Geburt nicht erwerbstätig waren.

! Der Vater des Kindes muss Ihnen auch die Kosten ersetzen, die wegen der Schwangerschaft oder der Entbindung außerhalb des Zeitraums von sechs Wochen vor und acht Wochen nach der Geburt entstehen. Diese Kosten sind Teil des geschuldeten Unterhalts.

» Zu den erstattungsfähigen Schwangerschafts- und Entbindungskosten gehören Ihre Aufwendungen für den Arzt, die Hebamme, das Krankenhaus, die Fahrt zum Krankenhaus, Arzneimittel, Verbandsmittel, Schwangerschaftsgymnastik, Umstandskleidung und Entbindung.

3.1.2 Ansprüche auf weiteren Unterhalt

Unterhaltsanspruch über die acht Wochen nach der Geburt hinaus besteht, soweit Sie einer Erwerbstätigkeit nicht nachgehen, weil Sie wegen der Schwangerschaft oder einer durch die Schwangerschaft oder Entbindung verursachten Krankheit dazu außerstande sind. Eine Unterhaltspflicht besteht allerdings dann nicht, wenn Sie bereits aus anderen Gründen nicht erwerbstätig sind, beispielsweise wegen einer von der Schwangerschaft unabhängigen Vorerkrankung oder wenn Sie bereits zuvor erwerbslos waren.

Betreuungsunterhalt

Als betreuender Elternteil haben Sie bis zum dritten Lebensjahr des Kindes Anspruch auf Betreuungsunterhalt. Die Mutter bzw. der Vater können sich somit grundsätzlich frei für die Betreuung des Kindes während der ersten drei Lebensjahre entscheiden, selbst wenn Dritte (z.B. die Großeltern) für die Betreuung des Kindes ganz oder teilweise zur Verfügung stünden. Der betreuende Elternteil verliert den Unterhaltsanspruch auch dann nicht, wenn er neben der Kinderbetreuung das Studium fortsetzt.

Auch über das dritte Lebensjahr des Kindes hinaus können Sie als betreuender Elternteil Kindesbetreuungsunterhalt verlangen, solange und soweit es der »Billigkeit« entspricht. Der verlängerte Unterhaltsanspruch muss also aufgrund der Lebensumstände des Kindes gerechtfertigt und angemessen sein. In Betracht kommen kind- und elternbezogene Gründe:

- **Kindbezogene Gründe:** Ein verlängerter Kindesbetreuungsunterhalt über das dritte Lebensjahr des Kindes kommt in Betracht, wenn eine geeignete Betreuungseinrichtung nicht zur Verfügung steht oder das Kind aufgrund seiner Lebenssituation besonderer Betreuung bedarf. Ein besonderes Betreuungsbedürfnis liegt beispielsweise vor, wenn das Kind behindert oder langfristig erkrankt ist. Auch eine schwierige Eingewöhnungsphase im Kindergarten kann einen längeren Unterhaltsanspruch des betreuenden Elternteils rechtfertigen.

- **Elternbezogene Gründe:** Auch elternbezogene Gründe können einen Unterhaltsanspruch des betreuenden Elternteils über die 3-jährige Regelbetreuung hinaus begründen. So kann etwa ein längerer Unterhaltsanspruch bestehen, wenn eine Vollzeittätigkeit der Mutter aus psychiatrischer Sicht den Zustand der Mutter mit negativen Auswirkungen auch auf das Kindeswohl verschlechtert. Die bloße Schwierigkeit, eine mit der Kinderbetreuung zu vereinbarende Arbeitsstelle zu finden, reicht nicht aus.

3.1.3 Bedürftigkeit und Leistungsfähigkeit

Anspruch auf Betreuungsunterhalt haben Sie nur, wenn Sie bedürftig sind. Das heißt, dass Sie nicht imstande sein dürfen, Ihren Bedarf aus zumutbarer Arbeit, aus Vermögenseinkünften, aus der zumutbaren Verwertung Ihres Vermögens oder aus sonstigen Einkünften zu decken. Vermögen zur Altersvorsorge muss allerdings nicht eingesetzt werden (BGH, Az. XII ZR 109/05).

Ohne weitere Voraussetzungen haben Sie als nicht verheiratete Mutter für die Zeit von sechs Wochen vor bis acht Wochen nach der Geburt Anspruch auf Unterhalt.

Unterhaltspflichtig ist nur, wer leistungsfähig ist, wer also den Unterhalt ohne Gefährdung seines eigenen angemessenen Unterhalts zahlen kann. Der Selbstbehalt laut Düsseldorfer Tabelle 2024 von 1.600 € für Erwerbstätige bzw. 1.475 € für Nichterwerbstätige darf nicht unterschritten werden.

Der Unterhaltsbedarf richtet sich nach der Lebensstellung des betreuenden Elternteils. Er liegt aber laut Düsseldorfer Tabelle 2024 in der Regel mindestens bei 1.200 €.

3.1.4 Rang des Unterhaltsanspruchs

Besteht gegenüber mehreren Personen eine Unterhaltspflicht, so bestimmt das Gesetz die Rangfolge:

- Vorrangig im ersten Rang befriedigt werden muss der Unterhaltsanspruch minderjähriger Kinder (vgl. dazu 2.6).
- Im zweiten Rang folgt die ledige Mutter, mit der der Unterhaltspflichtige ein nichteheliches Kind hat.
- Erst im dritten Rang ist ein Unterhaltsanspruch des Ehepartners oder geschiedenen Ehepartners zu befriedigen.

Praxis-Tipp

Wie du anhand dieser Reihenfolge sehen kannst, hat das minderjährige Kind beim Unterhalt Vorrang und direkt danach kommt die ledige Mutter, noch vor der Ex-Ehefrau. Daher hast du gute Chancen auf Betreuungsunterhalt und ich kann dich nur ermuntern, diesen Anspruch auch geltend zu machen.

3.2 Unterhaltsanspruch gegen getrennt lebenden Ehepartner

Eheleute haben einen gesetzlich verankerten wechselseitigen Unterhaltsanspruch, den sogenannten Familienunterhalt. Dabei unterscheidet das Gesetz danach, ob die Ehepartner in häuslicher Gemeinschaft oder getrennt leben:

- Leben die Eheleute in häuslicher Gemeinschaft, hat jeder Ehepartner etwas zum gemeinsamen Unterhalt der familiären Gemeinschaft beizutragen, sei es in Form von Erwerbstätigkeit (Barunterhalt) oder Haushaltsführung und Kindererziehung (Naturalunterhalt). Wie die Eheleute einander den Familienunterhalt leisten, entscheiden sie in gegenseitigem Einvernehmen.

- Leben die Ehepartner getrennt, besteht unter Umständen Anspruch auf Trennungsunterhalt, der sich nach den Lebensverhältnissen und den Erwerbs- und Vermögensverhältnissen der Eheleute richtet.
- Sind die Eheleute geschieden, muss jeder Ehepartner grundsätzlich selbst für seinen Unterhalt sorgen. Ist er dazu nicht imstande, besteht unter Umständen Anspruch auf den sogenannten nachehelichen Unterhalt (vgl. dazu 3.3).

Achtung: Trennungsunterhalt muss vom nachehelichen Unterhalt unterschieden werden. Anspruch auf Trennungsunterhalt kann vom Zeitpunkt der Trennung bis zur rechtskräftigen Scheidung bestehen, nachehelicher Unterhalt wird frühestens ab Rechtskraft der Scheidung geschuldet. Zwar gelten beim Trennungsunterhalt grundsätzlich die gleichen Voraussetzungen wie beim nachehelichen Unterhalt, jedoch mit eingeschränkten Anforderungen an die wirtschaftliche Eigenverantwortung und die Erwerbsverpflichtung des unterhaltsberechtigten Ehepartners durch die zum Zeitpunkt der Trennung gegebenen ehelichen Lebensverhältnisse. Ferner unterscheiden sich Trennungs- und Geschiedenenunterhalt dadurch, dass ein Ehepartner durch eine entsprechende Vereinbarung zwar grundsätzlich auf nachehelichen Unterhalt, nicht aber auf Trennungsunterhalt wirksam verzichten kann (Näheres zum nachehelichen Unterhalt unter 3.3).

3.2.1 Voraussetzungen

Leben Sie von Ihrem Ehepartner getrennt, haben Sie Anspruch auf Trennungsunterhalt, wenn Sie bedürftig sind, Ihr Ehepartner leistungsfähig ist und Ihr Unterhaltsanspruch nicht wegen grober Unbilligkeit beschränkt oder sogar ausgeschlossen ist.

- **Bedürftigkeit eines Ehepartners:** Der Unterhaltsanspruch bei Getrenntlebenden setzt Bedürftigkeit voraus. Das ist nicht der

Fall, wenn Sie in der Lage sind, Ihren eheangemessenen Unterhaltsbedarf durch eigene Einkünfte oder zumutbare Erwerbstätigkeit abzudecken (vgl. dazu 3.2.3). Als nicht erwerbstätiger Ehepartner können Sie nur dann darauf verwiesen werden, Ihren Unterhalt durch eine Erwerbstätigkeit selbst zu verdienen, wenn dies von Ihnen nach Ihren persönlichen Verhältnissen, insbesondere wegen einer früheren Erwerbstätigkeit unter Berücksichtigung der Dauer der Ehe und nach den wirtschaftlichen Verhältnissen beider Ehepartner erwartet werden kann.

- **Leistungsfähigkeit des anderen Ehepartner:** Beim Unterhaltsverpflichteten darf der eigene angemessene Unterhalt nicht gefährdet sein, das heißt, der sogenannte Selbstbehalt darf nicht unterschritten werden. Zu beachten ist in diesem Zusammenhang, dass ein möglicher Kindesunterhalt vorrangig vor dem Trennungsunterhalt geleistet werden muss und möglicherweise hierdurch bereits der Selbstbehalt unterschritten wird (vgl. dazu 3.2.5).

Den Antrag auf Trennungsunterhalt müssen Sie schriftlich beim zuständigen Familiengericht stellen. Sinnvoll ist es, dass der Antrag von einem Anwalt eingereicht wird. Der Antrag muss den Trennungszeitpunkt, die Höhe des geforderten Unterhalts und eine entsprechende Zahlungsaufforderung enthalten.

Praxis-Tipp

Direkt nach einer Trennung wieder mehr arbeiten zu gehen, gestaltet sich sowohl aus persönlichen Gründen beispielsweise durch die Trennungsverarbeitung und die Trauerarbeit gar nicht so leicht. Es liegt aber auch im Ermessen des Arbeitgebers, ob es einen Bedarf an der Ausweitung der Arbeitszeit gibt. Daher muss in der Regel die bisherige Erwerbstätigkeit während des ersten Trennungsjahres nicht ausgeweitet werden, unabhängig davon, ob Kinder betreut werden oder nicht.

3.2.2 Grundlagen der Einkommensermittlung

Im Rahmen der Ermittlung Ihres Unterhaltsbedarfs, der Höhe des Unterhalts und der Leistungsfähigkeit Ihres getrennt lebenden Ehepartners ist die Ermittlung des Einkommens von zentraler Bedeutung.

Einkommensermittlung

Am Anfang jeder Unterhaltsberechnung stehen die von den Beteiligten erzielten und erzielbaren Einnahmen. Dazu gehören insbesondere Einkünfte aus selbstständiger und nicht selbstständiger Tätigkeit, Einkünfte aus Vermietung und Verpachtung und Kapitaleinkünfte (z.B. Zinserträge aus Kapitalanlagen). Sozialleistungen mit Lohnersatzfunktion (z.B. Arbeitslosengeld, Krankengeld) sind als Einkommen anzurechnen, nicht dagegen Leistungen mit Unterhaltsersatzfunktion (z.B. Sozialhilfe, Bürgergeld).

Achtung: Kindergeld ist kein Einkommen der Eltern. Auch freiwillige Leistungen Dritter (z.B. Geldleistungen, mietfreies Wohnen) sind grundsätzlich kein Einkommen.

Bereinigung des Einkommens

Bei der Unterhaltsberechnung wird das sogenannte bereinigte Nettoeinkommen berücksichtigt, indem vom Bruttoeinkommen die unterhaltsrechtlich relevanten Abzüge erfolgen, die für den allgemeinen Lebensbedarf nicht zur Verfügung stehen.

Vom Einkommen sind unter anderem die Einkommen- und Kirchensteuer, Vorsorgeaufwendungen für Alter, Krankheit und Arbeitslosigkeit und berufsbedingte Aufwendungen Nichtselbstständiger abzuziehen. Zu berücksichtigen ist ein konkreter Mehrbedarf wegen Krankheit, Alters oder Ausbildung. Schulden können nach den Umständen des Einzelfalls (Art, Grund und Zeitpunkt des Entstehens) das anrechenbare Einkommen vermindern.

Achtung: Von den Einkünften können die allgemeinen Lebenshaltungskosten (z.B. Haushaltsgeld, Miete, Telefon, Fernsehen) nicht abgezogen werden.

Herr Bretzinger, wo kann man sich die individuelle Höhe des zu erwartenden Trennungsunterhalts ausrechnen lassen?

Seriös und zuverlässig kann nur ein fachkundiger Anwalt oder Anwältin die Höhe des Trennungsunterhalts berechnen und dabei die konkreten Umstände des Einzelfalls berücksichtigen. Mit Vorsicht sind Unterhaltsrechner im Internet zu genießen. Wenn überhaupt, können sie nur eine grobe Einschätzung geben.

3.2.3 Wann Sie unterhaltsbedürftig sind

Die Bedürftigkeit ist Voraussetzung für Ihren Anspruch auf Trennungsunterhalt. Sie sind nicht bedürftig, wenn Sie in der Lage sind, Ihren eheangemessenen Unterhaltsbedarf durch eigene Einkünfte oder zumutbare Erwerbstätigkeit abzudecken. Eine Verpflichtung, während der Trennungszeit das eigene Vermögen zu verwerten, besteht dagegen in der Regel nicht, Vermögenserträge wie etwa Kapital- und Zinserträge müssen allerdings eingesetzt werden.

Anrechnung von Einkünften

Die Bedürftigkeit richtet sich nach den Einkünften der Eheleute. Beim Unterhaltsberechtigten sind grundsätzlich alle Einkünfte in Geld oder Geldwert auf den Unterhalt anzurechnen (vgl. dazu 3.2.2). Dies begründet die Pflicht des Unterhaltsberechtigten, die Unterhaltslast des Unterhaltsverpflichteten so niedrig wie möglich zu halten.

Erwerbsobliegenheit

Ob Sie als erwerbstätiger Ehepartner im Rahmen Ihrer Bedürftigkeit darauf verwiesen werden können, Ihren Unterhalt durch eine Erwerbstätigkeit selbst zu verdienen, richtet sich nach Ihren persönlichen Verhältnissen, insbesondere einer früheren Berufstätigkeit, der Dauer der Ehe und nach den wirtschaftlichen Verhältnissen beider Ehepartner (§ 1361 Abs. 2 BGB).

Eine Erwerbsobliegenheit besteht bei Kinderbetreuung im Rahmen des Trennungsunterhalts nur dann, wenn sie auch im Rahmen des nachehelichen Unterhalts bestünde. Somit können Sie von Ihrem getrennt lebenden Ehepartner wegen der Pflege oder Erziehung eines Kindes für mindestens drei Jahre nach der Geburt Unterhalt verlangen. Ab Beginn des vierten Lebensjahrs des Kindes erfolgt eine Prüfung im Einzelfall, ob und gegebenenfalls in welchem Umfang neben der Kinderbetreuung eine Erwerbstätigkeit erwartet werden kann. Dabei sind auch die Belange des Kindes und die bestehenden Möglichkeiten der Kinderbetreuung zu berücksichtigen (§ 1570 Abs. 1 BGB).

Praxis-Tipp

Viele Gerichte entscheiden, dass bis zur Einschulung des Kindes Alleinerziehende nicht in Vollzeit arbeiten müssen. Besucht das jüngste Kind die Grundschule, gehen viele Gerichte davon aus, dass der betreuende Elternteil in Vollzeit arbeiten kann. Es kommt allerdings auf die zeitliche Belastung im Einzelfall an.

3.2.4 Höhe des Unterhalts

Liegt Bedürftigkeit vor, muss der eheangemessene Bedarf des Unterhaltsberechtigten ermittelt werden. Das Maß des Unterhalts bestimmt sich nach den individuell ermittelten Lebens-, Einkommens- und Vermögensverhältnissen der Ehepartner (§ 1361 Abs. 1

Abs. 1 BGB). Grundsätzlich können Sie die Beibehaltung Ihres vor der Trennung erreichten Lebensstandards verlangen. Die Lebensverhältnisse bestimmen sich nach dem verfügbaren Gesamteinkommen der Eheleute.

Achtung: Veränderungen der Einkommenssituation zwischen Trennung und Scheidung können sich auf die ehelichen Lebensverhältnisse auswirken (z.B. bei einem weiteren Kind aus einer neuen Beziehung oder beim Wegfall des Arbeitsplatzes) und damit auch auf den Bedarf.

Umfang des Unterhaltsbedarfs

Der Unterhaltsbedarf umfasst den Elementarunterhalt, den Altersvorsorgeunterhalt, die Krankenversicherung und den ausbildungsbedingten Mehrbedarf. Aus diesen Teilen setzt sich der Gesamtunterhalt zusammen. Die einzelnen Teile hängen in der Höhe voneinander ab und können daher nicht einzeln und unabhängig voneinander geltend gemacht werden.

- **Elementarunterhalt:** Elementarunterhalt ist der Unterhalt, den Ihr Ex-Partner nach der Trennung zahlen muss und der Ihren Lebensbedarf abdeckt. Hierzu gehören die Aufwendungen für Wohnung, Verpflegung, Kleidung, Urlaub und sonstige persönliche Bedürfnisse.
- **Altersvorsorgeunterhalt:** Der Elementarunterhalt wird ergänzt um den Anspruch auf Vorsorgeunterhalt wegen Alters-, Berufs- und Erwerbsunfähigkeit, wenn zwischen den getrennt lebenden Ehepartnern ein Scheidungsverfahren rechtshängig ist (§ 1361 Abs. 1 Satz 2 BGB). Sind Sie nicht erwerbstätig oder arbeiten Sie nur in Teilzeit, fehlen Ihnen dadurch Rentenanwartschaften. In diesem Fall besteht dann im Rahmen der Leistungsfähigkeit des Unterhaltsverpflichteten Anspruch auf Altersvorsorgeunterhalt.

- **Krankenvorsorgeunterhalt:** Anspruch auf Ersatz der angemessenen Kosten für eine Krankenversicherung kann dann bestehen, wenn Sie keinen Anspruch auf Mitversicherung mit dem Unterhaltsverpflichteten haben oder ein solcher nicht mehr besteht, weil Ihr Einkommen die Freigrenzen überschreitet oder weil Sie selbstständig sind. Krankenvorsorgeunterhalt kommt auch in Betracht, wenn Sie privat krankenversichert sind.

Berechnung des Trennungsunterhalts

Um die Höhe des Unterhaltsanspruchs berechnen zu können, muss Ihr Einkommen und das des Unterhaltsverpflichteten beziffert werden. Dieses unterhaltsrelevante bereinigte Nettoeinkommen richtet sich danach, welche Einnahmen relevant sind und welche Verbindlichkeiten einkommensmindernd berücksichtigt werden dürfen (vgl. dazu 3.2.2). Das bereinigte Nettoeinkommen errechnet sich aus dem Bruttoeinkommen, das um die Verbindlichkeiten zu reduzieren ist. Es ist also nicht mit dem Nettoeinkommen aus der Gehaltsabrechnung identisch.

Achtung: Vom Einkommen können berufsbedingte Aufwendungen in Abzug gebracht werden, soweit die Kosten notwendigerweise mit der Ausübung der nichtselbstständigen Erwerbstätigkeit verbunden sind und sich eindeutig von denjenigen der privaten Lebensführung abgrenzen lassen. Sie sind regelmäßig bei Einkünften aus nichtselbstständiger Tätigkeit von Bedeutung. Nach der aktuellen Düsseldorfer Tabelle (2024) kann eine Pauschale von 5 % des Nettoeinkommens – mindestens 50 €, bei geringfügiger Teilzeitarbeit auch weniger, und höchstens 150 € monatlich – angesetzt werden.

Ihr Unterhaltsbedarf ermittelt sich regelmäßig nach dem sogenannten Halbteilungsgrundsatz; er entspricht somit im Regelfall der Hälfte der zusammengerechneten beiderseitigen bereinigten Einkünfte. Geht der Unterhaltsverpflichtete einer beruflichen Tätigkeit nach, muss bei der Bemessung des Unterhaltsanspruchs allerdings der mit der Berufstätigkeit verbundene erhöhte Aufwand ausgeglichen werden. So ist gewährleistet, dass dem Erwerbstätigen (neben den berufsbedingten Aufwendungen bei nichtselbstständiger Tätigkeit) ein bestimmter Teil seines Einkommens verbleibt. Deshalb wird vom Halbteilungsgrundsatz insoweit abgewichen, dass ein Teil des Einkommens (laut Düsseldorfer Tabelle ein Zehntel) dem erwerbstätigen Ehepartner für den Unterhalt anrechnungsfrei verbleibt.

Die Eheleute Amelie und Sven Sauer sind seit zehn Jahren miteinander verheiratet. Sie haben ein gemeinsames Kind im Alter von zwei Jahren. Sven hat ein steuerliches Nettoeinkommen von 4.200 €. Amelie geht keiner Erwerbstätigkeit nach. Im ersten Trennungsjahr trifft sie noch keine Erwerbsobliegenheitspflicht.

Einkünfte Ehemann	
Steuerliches Nettoeinkommen	4.200 €
– 5 % berufsbedingte Aufwendungen	– 210 €
– Kindesunterhalt	– 470 €
Bereinigtes Nettoeinkommen	**3.520 €**
– 1/10 Erwerbstätigenbonus	– 352 €
Unterhaltsrelevantes Einkommen	**3.168 €**

Einkünfte Ehefrau	
Steuerliches Nettoeinkommen	0 €
Unterhaltsrelevantes Einkommen Ehemann	3.168 €
– Unterhaltsrelevantes Einkommen Ehefrau	– 0 €
Resteinkommen Ehemann	3.168 €
Unterhaltsanspruch der Ehefrau (beim Unterhaltsanspruch muss auch die Leistungsfähigkeit des Unterhaltsverpflichteten berücksichtigt werden (sog. Selbstbehalt, vgl. dazu 3.2.5)	**1.584 €**

3.2.5 Wann Ihr Ehepartner leistungsfähig ist

Begrenzt wird die Unterhaltspflicht Ihres getrennt lebenden Ehepartners durch die sogenannte Leistungsfähigkeit. Diese ist insbesondere durch den Betrag begrenzt, den der unterhaltspflichtige Ehepartner für seinen eigenen Unterhalt benötigt. Keine Leistungsfähigkeit besteht, wenn der eigene angemessene Unterhalt gefährdet ist, das heißt, wenn der monatliche Eigenbedarf unterschritten wird. Dabei ist das gesamte in der Ehe angelegte und nicht angelegte Einkommen des Unterhaltspflichtigen heranzuziehen. Aktuell (2024) beträgt dieser sogenannte Selbstbehalt gegenüber dem getrennt lebenden Ehepartner nach der Düsseldorfer Tabelle im Falle der Erwerbstätigkeit des Unterhaltspflichtigen 1.600 € monatlich. Ist der Verpflichtete nicht erwerbstätig, beträgt der monatliche Eigenbedarf 1.475 €. In diesen Selbstbehaltsbeträgen sind jeweils bis 580 € für Unterkunft einschließlich umlagefähiger Nebenkosten und Heizung (Warmmiete) enthalten. Der Eigenbedarf soll erhöht werden, wenn die Wohnkosten (Warmmiete) 580 € übersteigen und nicht unangemessen sind.

3.2.6 Wann Ihr Unterhaltsanspruch herabgesetzt oder ausgeschlossen wird

Unter bestimmten Umständen kann der Trennungsunterhalt beschränkt oder versagt werden. So fällt der Anspruch automatisch weg, wenn die Scheidung rechtskräftig ist. Auch wenn sich die Eheleute ernsthaft wieder versöhnen und wieder zusammenziehen, erlischt der Anspruch. Ferner kann ein Unterhaltsanspruch versagt, herabgesetzt oder zeitlich begrenzt werden, soweit die Inanspruchnahme des Verpflichteten auch unter Wahrung der Belange eines dem Berechtigten zur Pflege oder Erziehung anvertrauten gemeinschaftlichen Kindes grob unbillig wäre, weil insbesondere

- der Berechtigte in einer verfestigten Lebensgemeinschaft lebt,
- der Berechtigte sich eines Verbrechens oder eines schweren vorsätzlichen Vergehens gegen den Verpflichteten oder einen nahen Angehörigen des Verpflichteten schuldig gemacht hat,

- der Berechtigte seine Bedürftigkeit mutwillig herbeigeführt hat,
- der Berechtigte sich über schwerwiegende Vermögensinteressen des Verpflichteten mutwillig hinweggesetzt hat,
- der Berechtigte vor der Trennung längere Zeit hindurch seine Pflicht, zum Familienunterhalt beizutragen, gröblich verletzt hat,
- dem Berechtigten ein offensichtlich schwerwiegendes, eindeutig bei ihm liegendes Fehlverhalten gegen den Verpflichteten zur Last fällt.

Achtung: Auf Trennungsunterhalt für die Zukunft können Sie weder ganz noch teilweise wirksam verzichten (§ 1614 Abs. 1 BGB). Der Grund liegt darin, dass der Gesetzgeber davon ausgeht, dass eine realistische Möglichkeit besteht, dass Sie sich während der Trennungszeit wieder mit Ihrem Ehepartner versöhnen. Die Versöhnung soll nicht daran scheitern, dass sich die Ehepartner zu weit voneinander entfernen, sodass sie keine Verantwortung mehr füreinander tragen müssen. Unter Umständen können Sie aber auf rückständigen Trennungsunterhalt verzichten.

3.2.7 Wann Ihr Unterhaltsanspruch endet

Mit dem Zeitpunkt der rechtskräftigen Scheidung endet der Anspruch auf Trennungsunterhalt. Danach besteht unter Umständen Anspruch auf nachehelichen Unterhalt (vgl. dazu 3.3).

Achtung: Der Anspruch auf Trennungsunterhalt erlischt auch, wenn sich die Eheleute nach vorheriger Trennung wieder versöhnen. In diesem Fall wird der Anspruch auf Trennungsunterhalt durch einen Anspruch auf Familienunterhalt ersetzt.

3.3 Unterhaltsanspruch gegen Ex-Ehepartner

Nach dem gesetzlichen Grundsatz der Eigenverantwortung obliegt es nach der Scheidung jedem Ehepartner, selbst für seinen Unterhalt zu sorgen (§ 1569 Satz 1 BGB). Dieser Grundsatz wird eingeschränkt durch das Prinzip der nachwirkenden Mitverantwortung des wirtschaftlich stärkeren Ehepartner für den anderen. Ist ein Ehepartner nicht in der Lage, selbst für seinen Unterhalt zu sorgen, gebietet es die nacheheliche Solidarität, vor allem den notwendigen Ausgleich für ehebedingte Nachteile zu leisten. Unterhaltsansprüche nach der Scheidung sollen aber die Ausnahme und nicht die Regel sein.

3.3.1 Anspruchsvoraussetzungen

Nur in den abschließend im Gesetz aufgeführten Fällen, können Sie nachehelichen Unterhalt von Ihrem geschiedenen Ehepartner verlangen, vorausgesetzt, Sie sind bedürftig und Ihr Ex-Ehepartner ist leistungsfähig.

Unterhalt wegen Betreuung eines Kindes

Sie können von Ihrem geschiedenen Ehepartner wegen der Pflege oder Erziehung eines Kindes für mindestens drei Jahre nach der Geburt Unterhalt verlangen (§ 1570 Abs. 1 Satz 1 BGB). Voraussetzung ist, dass es sich um ein gemeinschaftliches Kind handelt, also um ein Kind, das während der Ehe geboren wurde, oder um ein voreheliches Kind, dessen Vaterschaft vom späteren Ehepartner anerkannt oder gerichtlich festgestellt wurde.

Unterhalt wegen Alters

Ein Unterhaltsanspruch steht Ihnen gegen Ihren geschiedenen Ehepartner zu, soweit von Ihnen im Zeitpunkt der Scheidung, der Beendigung der Pflege oder Erziehung eines gemeinschaftlichen Kindes oder des Wegfalls der Voraussetzungen für einen Unterhaltsanspruch wegen Krankheit oder Gebrechen oder Erwerbslosigkeit wegen Ihres Alters eine Erwerbstätigkeit nicht mehr erwartet werden kann (§ 1571 BGB).

Unterhalt wegen Krankheit oder Gebrechen

Sie können von Ihrem Ex-Ehepartner Unterhalt verlangen, soweit von Ihnen vom Zeitpunkt der Scheidung, der Beendigung der Pflege oder Erziehung eines gemeinschaftlichen Kindes, der Beendigung der Ausbildung, Fortbildung oder Umschulung oder des Wegfalls der Voraussetzungen für einen Unterhaltsanspruch wegen Erwerbslosigkeit an wegen Krankheit oder anderer Gebrechen oder Schwäche Ihrer körperlichen oder geistigen Kräfte eine Erwerbstätigkeit nicht erwartet werden kann (§ 1572 BGB).

Unterhalt wegen Erwerbslosigkeit oder nicht ausreichender Einkünfte

Soweit Ihnen kein Unterhaltsanspruch wegen Kindesbetreuung, Alter oder Krankheit zusteht, können Sie gleichwohl Unterhalt verlangen, solange und soweit Sie nach der Scheidung keine angemessene Erwerbstätigkeit finden können. Entsprechendes gilt, wenn Ihre Einkünfte aus einer angemessenen Erwerbstätigkeit zum vollen Unterhalt nicht ausreichen; in diesem Fall können Sie den Unterschiedsbetrag zwischen seinen Einkünften und dem vollen Unterhalt verlangen (§ 1573 BGB).

Unterhalt wegen Wegfall einer nicht nachhaltig gesicherten Erwerbstätigkeit

Hatten Sie bei der Scheidung eine Ihren Bedarf deckende Erwerbstätigkeit und konnten Sie deshalb keinen Unterhalt beanspruchen, so besteht, wenn Sie später die Arbeit verlieren, mangels fortlaufender Unterhaltskette kein Unterhaltsanspruch. Eine Ausnahme besteht allerdings dann, wenn Ihre Einkünfte aus einer angemessenen Erwerbstätigkeit weggefallen sind, weil es Ihnen trotz Ihrer Bemühungen nicht gelungen war, Ihren Unterhalt durch die Erwerbstätigkeit nach der Scheidung nachhaltig zu sichern (§ 1573 Abs. 4 Satz 1 BGB).

Unterhalt zur Ausbildung, Fortbildung oder Umschulung

Wenn Sie in Erwartung der Ehe oder während der Ehe eine Schul- oder Berufsausbildung nicht aufgenommen oder abgebrochen haben, können Sie von Ihrem geschiedenen Ehepartner Unterhalt verlangen, wenn Sie diese oder eine entsprechende Ausbildung sobald wie möglich aufnehmen, um eine angemessene Erwerbstätigkeit, die den Unterhalt nachhaltig sichert, zu erlangen und der erfolgreiche Abschluss der Ausbildung zu erwarten ist (§ 1575 Abs. 1 Satz 1 BGB). Durch den Unterhaltsanspruch sollen ehebedingte Nachteile durch versäumte Ausbildungsmöglichkeiten ausglichen werden.

3.3.2 Bedürftigkeit des Unterhaltsberechtigten

Nachehelichen Unterhalt können Sie nur verlangen, wenn Sie bedürftig sind. Das ist nicht der Fall, solange und soweit Sie sich aus Ihren eigenen Einkünften und Ihrem Vermögen selbst unterhalten können. Das Maß des Unterhalts bestimmt sich nach den ehelichen Lebensverhältnissen und umfasst den gesamten, sich daraus ergebenden Lebensbedarf (vgl. dazu 3.3.3). Der danach zu bemessende Bedarf bildet den Maßstab für Ihre Bedürftigkeit. Anspruch auf Unterhalt besteht demnach nicht, wenn und solange Ihre Einkünfte und Ihr für den laufenden Lebensbedarf einzusetzendes Vermögen diesen Betrag zumindest erreicht. Eine Bedürftigkeit ist also nur dann gegeben, wenn Sie mit Ihrem in der Ehe angelegten und nicht angelegten Einkommen und durch Verwertung Ihres Vermögens den Ihnen zustehenden vollen Unterhalt nicht erreichen.

Verfügen Sie über eigene Erwerbseinkünfte, vermindern diese Ihre Unterhaltsbedürftigkeit. Und ein in ausreichender Höhe nachhaltig gesichertes Einkommen lässt Ihren Unterhaltsanspruch dauerhaft entfallen.

Sie müssen sich grundsätzlich alle Einkünfte in Geld oder Geldwert auf den Unterhalt anrechnen lassen. Das begründet Ihre Pflicht, die Unterhaltslast des Unterhaltsverpflichteten so niedrig wie möglich zu halten.

Grundsätzlich müssen Sie auch Ihren Vermögensstamm verbrauchen, bevor Sie Ihren geschiedenen Ehepartner in Anspruch nehmen. Alle Vermögenswerte sollen also in der Regel dazu dienen, ergänzend zu Ihren Einkünften den Unterhaltsbedarf auf Lebenszeit zu sichern. Ausnahmsweise brauchen Sie Ihr Vermögen nicht zu verwerten, wenn dies unwirtschaftlich oder unter Berücksichtigung der beiderseitigen wirtschaftlichen Verhältnisse unbillig wäre (§ 1577 Abs. 3 BGB). Unwirtschaftlich ist der Vermögensverbrauch dann, wenn er mit einem unvertretbaren wirtschaftlichen Nachteil verbunden wäre, wenn also beispielsweise der zu erwartende Verkaufserlös in keinem angemessenen Verhältnis zum Wert der Sache für den Bedürftigen steht.

Herr Bretzinger, gilt der Verbrauch des Vermögensstamms auch für Vermögen, das man selbst als Altersvorsorge angelegt hat?

Wie oben dargelegt, braucht der Bedürftige sein Vermögen nicht zu verwerten, wenn dies unter Berücksichtigung der beiderseitigen wirtschaftlichen Verhältnisse unbillig wäre. Dies zu beurteilen, liegt im Ermessen des Gerichts. Maßgebend sind immer die konkreten Umstände des Einzelfalls und in diesem Zusammenhang ist nicht zuletzt auch von Bedeutung, ob vorhandenes Vermögen für die Altersvorsorge angelegt und in welchem Umfang Altersvorsorgevermögen vorhanden ist. Andererseits sind auch die Belange des Unterhaltsverpflichteten zu berücksichtigen, wenn diesem beispielsweise bei Zahlung von Unterhalt nur der Mindestselbstbehalt verbleiben würde.

3.3.3 Höhe des nachehelichen Unterhalts

Die Höhe des Unterhalts eines geschiedenen Ehepartners bestimmt sich nach den ehelichen Lebensverhältnissen und umfasst den gesamten, sich daraus ergebenden Lebensbedarf (§ 1578 BGB). Das gilt sowohl für die Zeit des Getrenntlebens als auch für die Zeit nach der rechtskräftigen Scheidung der Ehe. Insoweit kann an dieser Stelle auf die Ausführungen unter 3.2.4 verwiesen werden.

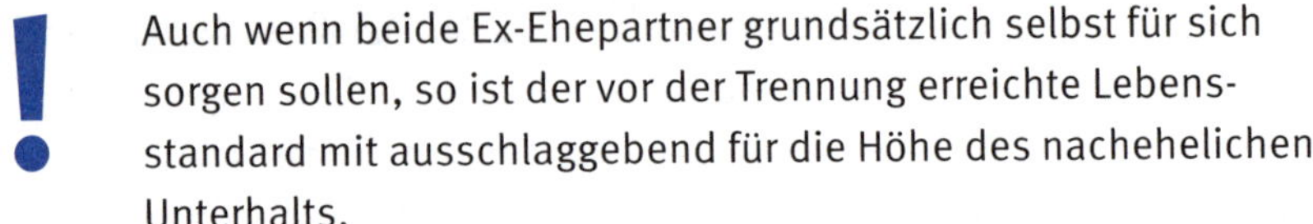

Auch wenn beide Ex-Ehepartner grundsätzlich selbst für sich sorgen sollen, so ist der vor der Trennung erreichte Lebensstandard mit ausschlaggebend für die Höhe des nachehelichen Unterhalts.

3.3.4 Leistungsfähigkeit des geschiedenen Ehepartners

Leistungsfähigkeit des Unterhaltspflichtigen bedeutet, dass dieser in der Lage ist, Ihren Unterhaltsbedarf zu zahlen. Nachehelichen Unterhalt muss Ihr Ex-Ehepartner nur leisten, wenn sein eigener Unterhalt gesichert ist. Ein bestimmter Betrag, der sogenannte Selbstbehalt, verbleibt dem Pflichtigen für seinen eigenen Lebensbedarf. Nur den übrigen Teil muss er für die Unterhaltsverpflichtung verwenden. Reicht die Verteilungsmasse nicht aus, liegt ein sogenannter Mangelfall vor (vgl. dazu auch 2.6.3).

Die Leistungsfähigkeit des Unterhaltsverpflichteten bestimmt sich nach seinem Einkommen und Vermögen sowie seiner Erwerbsfähigkeit.

Achtung: Im Rahmen seiner Unterhaltspflicht hat der Unterhaltsverpflichtete alle Möglichkeiten zur Erzielung von Einkünften durch Einsatz der eigenen Arbeitskraft auszunutzen. Die Erfüllung dieser sogenannten Erwerbsobliegenheit soll am Ende gewährleisten, dass die Einkünfte des Unterhaltsverpflichteten ausreichen, um seinen Zahlungsverpflichtungen in angemessener Weise nachzukommen. Die Erwerbsobliegenheit muss durch ernsthaftes Bemühen um Arbeit (z.B. Meldung bei der Arbeitsagentur, Bewerbungen usw.) erfüllt werden. Kommt der Verpflichtete seiner Erwerbsobliegenheit nicht nach, wird ein auf der Grundlage der persönlichen Erwerbsbiographie und der beruflichen Qualifikation auf dem Arbeitsmarkt erzielbares fiktives Einkommen angesetzt. Bei ungelernten Arbeitnehmern wird sich das Einkommen in der Regel am gesetzlichen Mindestlohn orientieren.

Herr Bretzinger, ein fiktives Einkommen zahlt keinen Unterhalt. Welche rechtlichen Möglichkeiten hat man, wenn der Unterhaltsverpflichtete nicht mehr arbeitet und somit nicht den vollen Unterhalt zahlt?

Wird der aufgrund der Erwerbsobliegenheit des Unterhaltspflichtigen geforderte und nach dessen fiktiven Einkommen berechnete erhöhte Unterhalt nicht freiwillig gezahlt, muss der Anspruch gerichtlich geltend gemacht werden. Der geforderte Betrag muss im Klageantrag genau beziffert werden. Liegt ein entsprechender Unterhaltstitel vor, kann der Anspruch vollstreckt werden (z.B. im Wege der Pfändung).

Den Ertrag vorhandenen Vermögens (z.B. Zinsen, Dividenden, Mieteinnahmen) muss der Verpflichtete zur Zahlung von Unterhalt einsetzen. Das gilt auch für den Stamm des Vermögens, es sei denn, dass die Verwertung unwirtschaftlich oder unter Berücksichtigung der beiderseitigen wirtschaftlichen Verhältnisse unbillig wäre (§ 1581 Satz 2 BGB). Im Grundsatz gelten somit dieselben Bedingungen für den Einsatz des Vermögensstamms wie beim Unterhaltsbedürftigen (vgl. dazu 3.3.2).

Die Leistungsfähigkeit des Unterhaltsverpflichteten wird durch den sogenannten Selbstbehalt begrenzt. Keine Leistungsfähigkeit besteht, wenn der eigene angemessene Unterhalt gefährdet ist, das heißt, wenn der monatliche Eigenbedarf unterschritten wird. Dabei ist das gesamte in der Ehe angelegte und nicht angelegte Einkommen des Unterhaltspflichtigen heranzuziehen.

Aktuell (2024) beträgt dieser sogenannte Selbstbehalt gegenüber dem geschiedenen Ehepartner nach der Düsseldorfer Tabelle im Falle der Erwerbstätigkeit des Unterhaltspflichtigen 1.600 € monatlich. Ist der Verpflichtete nicht erwerbstätig, beträgt der monatliche Eigenbedarf 1.475 €. In diesen Selbstbehaltsbeträgen sind jeweils bis 580 € für Unterkunft einschließlich umlagefähiger Nebenkosten und Heizung (Warmmiete) enthalten. Der Eigenbedarf soll erhöht werden, wenn die Wohnkosten (Warmmiete) 580 € übersteigen und nicht unangemessen sind.

3.3.5 Ende des Unterhaltsanspruchs

Die Unterhaltspflicht endet, wenn der Bedarf des Unterhaltsberechtigten wegfällt. Ferner endet der Unterhaltsanspruch mit der Wiederheirat oder dem Tod des Berechtigten (§ 1586 Abs. 1 BGB).

3.4 Die wichtigsten Fachbegriffe kurz erklärt

Auf einen Blick bekommst du hier die wichtigsten Fachbegriffe jeweils mit kurzer Erläuterung zum Unterhaltsanspruch für einen Elternteil zusammengefasst:

Betreuungsunterhalt

Alleinerziehende haben bis zum dritten Lebensjahr des Kindes Anspruch auf Betreuungsunterhalt vom Kindsvater, wenn sie nicht verheiratet waren. Unter Umständen kann dieser Anspruch auch über das dritte Lebensjahr des Kindes hinaus gehen.

Trennungsunterhalt

Getrennt lebende Ehepartner haben unter Umständen unabhängig von der Kinderbetreuung Anspruch auf Trennungsunterhalt, der sich nach den Lebens- sowie den Erwerbs- und Vermögensverhältnissen der Eheleute richtet.

Nachehelicher Unterhalt

Ist ein Ehepartner nach der Scheidung nicht in der Lage, selbst für seinen Unterhalt zu sorgen, gebietet es die nacheheliche Solidarität, vor allem den notwendigen Ausgleich für ehebedingte Nachteile zu leisten.

Erwerbsobliegenheit

Die Erwerbsobliegenheit bezeichnet die Verpflichtung, mögliche Einkünfte durch den Einsatz der eigenen Arbeitskraft zu erzielen.

4 Finanzielle Hilfen in der Schwangerschaft

Schon während der Schwangerschaft zu wissen, dass man mit der Geburt des Kindes alleinerziehend sein wird, ist leider keine Seltenheit. Immer mehr Mütter bringen ihr Kind ohne einen Partner oder Ehemann zur Welt. Das kann sowohl emotional als auch finanziell sehr belastend sein für die zukünftige Alleinerziehende. Daher greifen wir in diesem Kapitel zusätzliche finanzielle Hilfen auf, die dir bei Schwangerschaft und Geburt zustehen können. Die »Klassiker« wie Elterngeld und Mutterschaftsgeld gibt es natürlich auch noch (vgl. dazu 6.).

Herr Bretzinger, welche zusätzlichen finanziellen Hilfen gibt es bei Schwangerschaft und Geburt?

Um werdende Mütter schon während ihrer Schwangerschaft zu unterstützen und ihnen den Start in den neuen Lebensabschnitt zu erleichtern, gibt es bereits in einem frühen Stadium finanzielle Hilfen rund um die Geburt. Neben Leistungen der Krankenversicherung stehen werdenden Müttern eine Reihe weiterer finanzieller Hilfen zur Verfügung.

4.1 Leistungen der Krankenversicherung bei Schwangerschaft und Geburt

Der Leistungskatalog der gesetzlichen Krankenversicherung sieht eine Reihe von Leistungen vor, die Versicherte bei Schwangerschaft und Geburt in Anspruch nehmen können.

4.1.1 Ärztliche Betreuung und Hebammenhilfe

Sie haben während der Schwangerschaft, bei und nach der Entbindung Anspruch auf ärztliche Betreuung sowie auf Hebammenhilfe einschließlich der Untersuchungen zur Feststellung der Schwangerschaft und zur Schwangerenvorsorge (§ 24d SGB V).

Zur ärztlichen Betreuung gehören

- Untersuchungen und Beratungen während der Schwangerschaft,
- frühzeitige Erkennung und besondere Überwachung von Risikoschwangerschaften und Risikogeburten (z.B. Fruchtwasseruntersuchungen, Ultraschalldiagnostik, kardiotokographische Untersuchungen),
- serologische Untersuchungen auf Infektionen (z.B. Hepatitis B, Röteln),
- Blutgruppenserologische Untersuchungen nach der Geburt oder Fehlgeburt,
- Untersuchungen und Beratungen der Wöchnerin,
- medikamentöse Maßnahmen und Verordnungen von Verband- und Heilmitteln.

Zur Hebammenhilfe gehören

- Leistungen der Mutterschaftsvorsorge und Schwangerenbetreuung,
- Geburtshilfe,
- Leistungen während des Wochenbetts und
- sonstige Leistungen (z.B. Rückbildungsgymnastik, Beratung der Mutter bei Stillschwierigkeiten).

Der Anspruch auf Hebammenhilfe besteht während der Schwangerschaft und im Wochenbett bis zu zwölf Wochen nach der Entbindung. Darüber hinaus kann ein Anspruch auf Hebammenhilfe bestehen, wenn eine Beratung der Mutter aufgrund von Stillschwierigkeiten oder von Ernährungsproblemen des Neugeborenen erforderlich ist.

4.1.2 Versorgung mit Arznei-, Verband-, Heil- und Hilfsmitteln

Während der Schwangerschaft und im Zusammenhang mit der Entbindung haben Sie Anspruch auf Versorgung mit Arznei-, Verband-, Heil- und Hilfsmitteln (§ 24e SGB V).

Werden Arznei-, Verband-, Heil- und Hilfsmitteln aufgrund der Mutterschaft bzw. Entbindung erforderlich, müssen hierfür keine Zuzahlungen geleistet werden. Werden die Arznei-, Verband-, Heil- und Hilfsmitteln allerdings nicht wegen der Entbindung benötigt, sondern weil Schwangerschaftsbeschwerden vorliegen, die über das gewöhnliche Maß hinausgehen, liegt eine Krankenbehandlung vor, für die Zuzahlungen geleistet werden müssen (BSG, Az. 6 Rka 6/77).

4.1.3 Entbindung

Sie haben Anspruch auf Kostenübernahme für eine ambulante oder stationäre Entbindung. Ambulanten Entbindungen erfolgen in Form einer Hausgeburt oder in einer ärztlich geleiteten Einrichtung, durch Beleghebammen im Krankenhaus oder in einer von Hebammen geleiteten Einrichtung. Werden Sie zur stationären Entbindung in einem Krankenhaus oder in einer anderen stationären Einrichtung aufgenommen, hat sie für sich und das Neugeborene Anspruch auf Unterkunft, Pflege und Verpflegung (§ 24f SGB V).

4.1.4 Häusliche Pflege

Sie haben Anspruch auf häusliche Pflege, soweit diese wegen Schwangerschaft oder Entbindung erforderlich ist (§ 24g SGB V). Das ist beispielsweise vor der Entbindung der Fall, wenn eine Früh- oder Fehlgeburt droht und eine Bettruhe verordnet wird. Der Anspruch auf häusliche Pflege besteht nur, soweit eine in Ihrem Haushalt lebende Person Sie in dem erforderlichen Umfang nicht pflegen und versorgen kann. Nach der Entbindung haben Sie Anspruch auf häusliche Pflege für den Zeitraum, für den Sie durch die Entbindung oder auch deren Folgen noch geschwächt sind.

Eine zeitliche Begrenzung besteht für häusliche Pflege wegen Schwangerschaft oder Entbindung nicht. Die Leistung wird von der Krankenkasse so lange gewährt, wie sie von einem Arzt oder einer Hebamme als notwendig erachtet wird.

Häusliche Pflege müssen Sie bei Ihrer Krankenkasse grundsätzlich vor dem Tätigwerden der Pflegeperson beantragen. Dabei ist grundsätzlich eine Bescheinigung des Arztes erforderlich. Alternativ kann eine Hebamme eine entsprechende Bescheinigung ausstellen. Aus der Bescheinigung müssen sich der Grund, die Art, Intensität und die voraussichtliche Dauer der notwendigen häuslichen Pflege ergeben. Für die häusliche Pflege aufgrund von Schwangerschaft, Geburt oder Entbindung muss keine Zuzahlung geleistet werden.

4.1.5 Haushaltshilfe

Sie haben Anspruch auf eine Haushaltshilfe, soweit Ihnen wegen Schwangerschaft oder Entbindung die Weiterführung des Haushalts nicht möglich ist und auch keine andere im Haushalt lebende Person den Haushalt weiterführen kann (§ 24h SGB V). Im Gegensatz zur Haushaltshilfe wegen Krankenbehandlung (vgl. dazu 8.1.2) ist es nicht erforderlich, dass ein weiteres Kind im Haushalt lebt. Voraussetzung ist allein, dass Ihnen die Weiterführung des Haushalts wegen Schwangerschaft oder Entbindung nicht mehr möglich ist und auch eine andere im Haushalt lebende Person den Haushalt nicht mehr weiterführen kann.

Haushaltshilfe bei Schwangerschaft oder Entbindung unterliegt keiner zeitlichen Beschränkung, sie wird so lange geleistet, wie dies vom Arzt oder der Hebamme für notwendig erachtet wird. Auch nach der Entbindung besteht grundsätzlich Anspruch, wenn die Frau noch geschwächt ist und den Haushalt nicht weiterführen kann.

Die Haushaltshilfe umfasst die Dienstleistungen, die zur Weiterführung des Haushalts notwendig sind, zum Beispiel Beschaffung und Zubereitung der Mahlzeiten, Pflege der Kleidung und der Wohnräume. Darüber hinaus erstreckt sie sich auf die Betreuung und Beaufsichtigung der Kinder.

Haushaltshilfe wird durch die Krankenkasse entweder als Sachleistung oder im Wege der Kostenerstattung erbracht. Grundsätzlich wird die Haushaltshilfe von der Krankenkasse als Sachleistung zur Verfügung gestellt. Das heißt, dass die Krankenkasse für Sie eine Ersatzkraft zur Verfügung stellt. Kann die Krankenkasse keine Ersatzkraft stellen, können Sie sich die Haushaltshilfe auch selbst besorgen und sich die entstandenen Kosten erstatten lassen.

Eine Haushaltshilfe müssen Sie bei Ihrer Krankenkasse vor der Inanspruchnahme der Leistung beantragen. Grundsätzlich ist eine Bescheinigung des Arztes erforderlich. Alternativ kann eine Hebamme eine entsprechende Bescheinigung ausstellen. Als Nachweis über die Notwendigkeit der Haushaltshilfe müssen Sie eine Bescheinigung eines Arztes oder Hebamme vorlegen, mit der die voraussichtliche Dauer, der Umfang und die Erforderlichkeit bestätigt wird. Für die Haushaltshilfe aufgrund von Schwangerschaft, Geburt oder Entbindung muss keine Zuzahlung geleistet werden.

4.1.6 Mutterschaftsgeld

Als erwerbstätige Frau haben Sie unabhängig von ihrem Versichertenstatus während der Schutzfristen vor und nach der Entbindung sowie für den Entbindungstag Anspruch auf Mutterschaftsgeld von der Krankenkasse bzw. vom Bundesamt für Soziale Sicherung (BAS). Näheres dazu unter 6.1.

4.2 Hilfe aus der Bundesstiftung Mutter und Kind

Die »Bundesstiftung Mutter und Kind – Schutz des ungeborenen Lebens« hilft schwangeren Frauen in Notlagen schnell und unbürokratisch durch ergänzende finanzielle Unterstützung in Verbindung mit individueller Beratung. Hilfen der Bundesstiftung Kind können schwangere Frauen erhalten, wenn sie

- ihren Wohnsitz oder gewöhnlichen Aufenthalt in Deutschland haben,
- ein Schwangerschaftsattest (z.B. Mutterpass) besitzen und
- bei ihnen eine Notlage besteht, in der der Bedarf für Schwangerschaft, Geburt sowie Pflege und Erziehung des Kleinkindes nicht durch eigenes Einkommen oder anderweitige Unterstützungsleistungen gedeckt werden kann.

Die Bundesstiftung hilft schwangeren Frauen in Notlagen mit ergänzenden Zuschüssen, um ihnen die Fortsetzung der Schwangerschaft und die Betreuung des Kleinkindes zu erleichtern. Zuschüsse der Bundesstiftung sind aber nur möglich, wenn andere Sozialleistungen einschließlich der Sozialhilfe nicht ausreichen oder nicht rechtzeitig eintreffen.

Die Zuschüsse sind möglich für alle Aufwendungen, die im Zusammenhang mit der Schwangerschaft und der Geburt sowie der Pflege und Erziehung eines Kleinkindes entstehen (z.B. Aufwendungen für die Schwangerschaftskleidung, Babyerstausstattung, Wohnung und Einrichtung sowie für die Betreuung des Kleinkindes). Die Zuschüsse werden in der Regel nicht als Einkommen auf das Bürgergeld, die Sozialhilfe und andere Sozialleistungen angerechnet. Die Höhe und Dauer der Hilfe richten sich nach den persönlichen Umständen, aber auch nach der Gesamtzahl der Antragstellerinnen in Notlagen. Die Bundesstiftung begründet keine Rechtsansprüche.

Der Antrag auf finanzielle Unterstützung ist bei den Schwangerschaftsberatungsstellen, beispielsweise bei der Arbeiterwohlfahrt, der Caritas, dem Deutschen Paritätischen Wohlfahrtsverband, dem Deutschen Roten Kreuz, dem Diakonischen Werk oder bei den Schwangerschaftsberatungsstellen der Städte und Landkreise zu stellen (nicht bei der Bundesstiftung). Im Internetauftritt der Verbände sind Telefonnummern und Adressen der örtlichen Beratungsstellen zu finden.

Sie sollten sich rechtzeitig um einen Beratungstermin kümmern, da die Mittel vor der Geburt beantragt werden müssen. Antragsformulare erhalten Sie bei den Beratungsstellen. Weitergehende Informationen über die Bundesstiftung finden Sie unter www.bundesstiftung-mutter-und-kind.de.

4.3 Weitere finanzielle Hilfen

Neben Leistungen der Krankenversicherung kommen bei Schwangerschaft und Geburt unter Umständen weitere finanzielle Hilfen in Betracht.

4.3.1 Hilfen für Empfänger von Bürgergeld

Sind Sie erwerbsfähig und können Ihren Lebensunterhalt nicht aus eigenem Einkommen decken und sind andere, vorrangige Leistungen (z.B. Arbeitslosengeld, Wohngeld, Kinderzuschlag) nicht ausreichend, haben Sie Anspruch auf Bürgergeld (vgl. dazu auch 9.1.1). Zu den Bürgergeld-Leistungen zählt nicht nur der Regelbedarf, sondern auch ein eventueller Mehrbedarf für werdende Mütter. Zusätzlich zu den wiederkehrenden Leistungen wird Sonderbedarf für die Erstausstattung für die Schwangerschaft gewährt.

Mehrbedarf

Als werdende Mutter haben Sie nach der zwölften Schwangerschaftswoche einen Anspruch auf Mehrbedarf zusätzlich zum Regelsatz des Bürgergelds. Mit diesem Mehrbedarf sollen die besonderen Kosten, die Ihnen mit der Schwangerschaft entstehen, abgegolten werden. Zu diesem durch die Schwangerschaft verursachten Mehraufwendungen gehören etwa die Körperpflege, zusätzliche Fahrtkosten oder auch ein erhöhter Bedarf an Informationen.

Der Mehrbedarf für Schwangere beträgt 17 % der maßgeblichen Regelleistung. Der Regelsatz für eine alleinstehende Person beträgt aktuell (2024) 563 € monatlich. Mithin haben Sie einen Anspruch aus Zahlung von zusätzlich 95,71 € monatlich.

Den Mehrbedarf müssen Sie beim Jobcenter beantragen. Es genügt ein formloser Antrag.

Erstausstattungen bei Schwangerschaft und Geburt

Neben der Regelleistung und Leistungen wegen Mehrbedarfs können Ihnen auch Leistungen bei der Geburt eines Kindes zustehen. Diese werden einmalig gewährt. Die Schwangerschaftserstausstattung umfasst den Bedarf an Gegenständen wie Kinderwagen, Kinderbadewanne, Kinderbett, Bettwäsche, Wickelauflage, Hochstuhl und ähnlichen Gegenständen. Das Jobcenter kann Ihnen das Geld für die Beschaffung der Gegenstände zur Verfügung stellen, möglich ist es aber auch, dass die Erstausstattung als Sachleistung gewährt wird.

Den Sonderbedarf für Erstausstattungen müssen Sie beim Jobcenter beantragen. Es genügt ein formloser Antrag.

Herr Bretzinger, inwieweit wird hier zunächst der Kindsvater in die Pflicht genommen und wann übernimmt das Jobcenter die Kosten für die Erstausstattung?

Bürgergeld und mithin ein Sonderbedarf für Erstausstattungen wird gezahlt, wenn das Einkommen der Antragstellerin zusammen mit dem Unterhalt oder Unterhaltsvorschuss nicht ausreicht, um ihren Lebensunterhalt und den ihres Kindes zu zahlen. Es kommt also darauf an, ob der Bedarf ohne Bürgergeld gedeckt werden kann. Ist das nicht der Fall, besteht Anspruch auf Sonderbedarf für Erstausstattungen bei Schwangerschaft und Geburt. Unabhängig davon ist das Jobcenter für die Zeit, in der Bürgergeld bezogen wird, gesetzlich berechtigt und verpflichtet, gesetzmäßig geschuldete Unterhaltsansprüche zu prüfen und diese gegebenenfalls einzufordern. Gegebenenfalls gehen Ansprüche auf Kindesunterhalt auf die Agentur für Arbeit über.

4.3.2 Hilfen für Sozialhilfeempfänger

Beziehen Sie Sozialhilfe, haben Sie im Zusammenhang mit der Schwangerschaft und Geburt neben den Regelleistungen und dem Mehrbedarf für Alleinerziehende (vgl. dazu 9.2.2) Anspruch auf zusätzliche finanzielle Hilfen.

Bei Schwangerschaft und Geburt werden ärztliche Behandlung und Betreuung sowie Hebammenhilfe, Versorgung mit Arznei-, Verband- und Heilmitteln, Pflege in einer stationären Einrichtung und häusliche Pflege sowie die angemessenen Aufwendungen der Pflegeperson geleistet. Ferner haben Sie wie Bezieherinnen von Bürgergeld ab Beginn der 13. Schwangerschaftswoche Anspruch auf einen Mehrbedarf von 17 % der maßgebenden Regelbedarfsstufe und auf Schwangerschaftserstausstattungen (vgl. dazu auch 4.3.1).

4.3.3 Finanzielle Unterstützung für Schwangere im Studium

Als BAföG-Empfängerin erhalten Sie zwar während der Schwangerschaft keinen höheren BAföG-Satz, Sie haben jedoch Anspruch auf verschiedenen Leistungen vom Jobcenter. Dazu zählt insbesondere der Mehrbedarf für Schwangere, die Erstausstattung für das Kind und ein Zuschuss für Schwangerenbekleidung (vgl. dazu 4.3.1).

Daneben erhalten Sie folgende finanzielle Unterstützung:

- Nach der Geburt erhalten Sie einen Kinderbetreuungszuschlag in Höhe von 160 € im Monat zum regulären BAföG dazu. Der Zuschlag wird solange gewährt, wie Sie während Ihrer mit BAföG geförderten Ausbildung mit mindestens einem Kind unter 14 Jahren in einem Haushalt zusammenleben. Der Kinderbetreuungszuschlag muss nicht, auch nicht anteilig, zurückgezahlt werden.
- Grundsätzlich wird BAföG nur für ein tatsächlich betriebenes Studium gewährt. Sind Sie allerdings wegen ihrer Schwangerschaft daran gehindert, am Studium teilzunehmen, wird ausnahmsweise BAföG für maximal drei Monate fortgezahlt
- Wie lange BAföG gezahlt wird, richtet sich grundsätzlich nach der Regelstudienzeit des jeweiligen Studiengangs. Bei einer Schwangerschaft wird die Förderungshöchstdauer um ein Semester verlängert. Die Förderung für dieses zusätzliche Semester muss nicht zurückgezahlt werden.

5 Hilfen bei der Kinderbetreuung und -förderung

Die Vereinbarkeit von Familie und Beruf steht und fällt mit der Kinderbetreuung. Denn wenn du als alleinerziehender Elternteil arbeiten gehst, dann ist in der Regel niemand zu Hause, der sich um dein Kind kümmern kann. Gerade bei kleinen Kindern ein großes Problem. Und nein, Homeoffice ist keine adäquate Lösung und nicht geeignet, wenn du zeitgleich ein oder mehrere Kinder im Haushalt zu betreuen hast. Es ist maximal eine gute Ergänzung zu einer tragfähigen Kinderbetreuung und hilft Arbeitszeiten flexibler zu gestalten oder Anfahrtszeiten zu minimieren.

Herr Bretzinger, welche Möglichkeiten der Kinderbetreuung gibt es und was sind die Voraussetzungen dafür?

Bei der Betreuung Ihres Kindes erfahren Sie vielfältige Hilfen, egal, ob Ihre Erwerbstätigkeit die Kinderbetreuung verlangt, oder – auch wenn Sie nicht erwerbstätig sind – die Betreuung des Kindes durch andere Bezugspersonen oder eine Einrichtung erfolgen soll.

Unterstützung erhalten Sie auch, wenn Sie erwerbstätig sind und Ihr Kind wegen Krankheit der Betreuung bedarf oder wenn Sie selbst krank sind und Hilfe bei der Haushaltsführung benötigen.

5.1 Kinderbetreuung

Es bestehen verschiedene Möglichkeiten, wenn Ihr Kind außerhalb der Familie betreut werden soll. Nicht zuletzt ist in diesem Zusammenhang das Alter des Kindes von Bedeutung.

5.1.1 Kleinkinder

Ihr Kind kann ab der zehnten Lebenswoche bis zum dritten Lebensjahr in einer Kindestagesstätte durch pädagogisch ausgebildetes Personal betreut werden. Zu den Kindertagesstätten zählen Kinderkrippen, Kindergärten und Horte. Dort wird Ihr Kind frühzeitig gefördert und erlernt den Umgang mit anderen Kindern. Adressen von Kindertagesstätten erhalten Sie vom Jugendamt. Einen Antrag auf Aufnahme Ihres Kindes können Sie formlos bei der entsprechenden Einrichtung stellen. Zwar sind Plätze in Kindertagesstätten knapp, als alleinerziehender Elternteil haben Sie aber unter Umständen größere Chancen auf einen Krippenplatz.

Aus der Community: *Jede Einrichtung hat einen eigenen »Bewerberschlüssel«, sodass es bei manchen Anbietern eben keine Bevorzugung für Alleinerziehende gibt. Verlasse dich also bitte nicht darauf. Auf Anfrage kann man diese Aufschlüsselung der Rangreihenfolge bei der Kindertagesstätte einsehen oder findet ihn sogar auf der jeweiligen Website bzw. den Infos zum Anmelde-Formular.*

Eine Alternative zur Kindertagesstätte ist die Tagesbetreuung des Kindes. In diesem Fall wird Ihr Kind von einer Tagesmutter meistens mit anderen und ihren eigenen Kindern betreut. Die Kindertagespflege kann sowohl in Ihrem Haushalt als auch im Haushalt der Tagesmutter oder in anderen geeigneten Räumen erfolgen. Eine Tagesmutter ist regelmäßig flexibler, sodass Sie nicht von den Öffnungszeiten einer Kinderkrippe abhängig sind. Adressen von Tagesmüttern erhalten Sie beim Jugendamt oder Sozialdienst. Auch Wohlfahrtsverbände können Ihnen weiterhelfen.

5.1.2 Kindergartenkinder

Kindergärten werden von den Gemeinden und Städten, von Kirchen und von freien Trägern betrieben. Informationen über Kindergartenplätze erhalten Sie beim Jugendamt und den Betreuungseinrichtungen in den Gemeinden und Städten.

Praxis-Tipp:

Bevor du dich blind bei den Kindertagesstätten oder einer Tagesmutter anmeldest, nutze das Internet und schaue dir die Websites und Bilder der Anbieter genau an. Wenn der Weg nicht zu weit ist, dann schaue dir die Einrichtungen direkt vor Ort an. Am besten vormittags oder nachmittags unter der Woche, wenn dort auch Betrieb herrscht. Denn Kinderbetreuung ist nicht gleich Kinderbetreuung.

5.1.3 Schulkinder

Die Einschulung des Kindes ist häufig mit deutlichen Veränderungen der Betreuungssituation verbunden. Wenn Sie am Nachmittag arbeiten und Sie sich bisher auf den Kindergarten verlassen konnten, müssen Sie jetzt neue Wege gehen.

Die Betreuungsangebote von Grundschulkindern sind sehr unterschiedlich. Teilweise wird eine Nachmittagsbetreuung angeboten. Eine Alternative bieten in Gemeinden Betreuungseinrichtungen außerhalb der Schule, die die Zeit nach dem Unterricht bis zur Heimkunft der Eltern überbrücken. Handelt es sich bei der ausgewählten Schule um eine Ganztagsschule, findet nach dem regulären Unterricht eine Betreuung statt. In diesem Fall erhalten Kinder nicht nur ein Mittagessen, sondern werden zumeist auch bei den Hausaufgaben betreut und können mit ihren Klassenkameraden spielen. Die Betreuungszeiten richten sich in vielen Ganztagsschulen nach unterschiedlichen Modellen. Eltern können hier zwischen Modellen wählen, die bis in den frühen oder auch späten Nachmittag reichen und ihre Kinder dann in der Schule abholen. Wichtig ist, dass Sie sich schon rechtzeitig vor der Einschulung Gedanken über die Betreuung des Kindes machen. Allerdings haben Sie bei der Wahl der Grundschule weniger Entscheidungsfreiraum als bei der Wahl des Kindergartens, sodass es oft nicht möglich sein wird, die Schule in Abhängigkeit der Betreuung nach dem Unterricht auszuwählen.

Zwar besteht eine gesetzliche Verpflichtung, für Kinder im schulpflichtigen Alter ein bedarfsgerechtes Angebot an Tageseinrichtungen zu schaffen (§ 24 Abs. 4 SGB VIII), ein einklagbarer Rechtsanspruch ergibt sich aber hieraus nicht. Gesetzlich soll ein Anspruch auf ganztägige Förderung von Grundschulkindern eingeführt werden, allerdings stufenweise erst ab 2026. Danach sollen zunächst alle Kinder der ersten Klassenstufe einen Anspruch darauf haben, ganztägig gefördert zu werden. Der Anspruch soll in den Folgejahren um je eine Klassenstufe ausgeweitet werden, damit ab August 2029 jedes Grundschulkind der Klassenstufen 1 bis 4 einen Anspruch auf ganztägige Betreuung hat. Der Rechtsanspruch sieht einen Betreuungsumfang von acht Stunden an allen fünf Werktagen vor. Er soll auch in den Ferien gelten, dabei können Länder eine Schließzeit bis maximal vier Wochen regeln.

5.1.4 Anspruch auf Betreuung und Förderung in einer Tageseinrichtung

Ab dem ersten bis zum dritten Lebensjahr hat jedes Kind einen einklagbaren Anspruch auf frühkindliche Förderung in einer Tageseinrichtung oder in einer Kindertagespflege. Ein Kind, das das dritte Lebensjahr vollendet hat, hat bis zum Schuleintritt Anspruch auf Förderung in einer Tageseinrichtung. Die Träger der öffentlichen Jugendhilfe haben darauf hinzuwirken, dass für diese Altersgruppe ein bedarfsgerechtes Angebot an Ganztagsplätzen zur Verfügung steht (§ 24 Abs. 2 und 3 SGB VIII). Dieser Anspruch besteht unabhängig davon, ob Sie als alleinerziehender Elternteil einer Erwerbstätigkeit nachgehen oder nicht. Allerdings besteht kein Anspruch auf eine ganztägige Betreuung. Mindestens besteht allerdings ein Anspruch auf 20 Stunden Betreuungszeit pro Woche. Je nach Arbeitssituation sind auch längere Betreuungszeiten möglich – bei einer Vollzeitbeschäftigung des alleinerziehenden Elternteils bis zu 45 Stunden pro Woche.

Grundsätzlich hat das Jugendamt zu gewährleisten, dass ein Kitaplatz in zumutbarer Entfernung zur Verfügung steht. Unzumutbar sind in der Regel Entfernungen zwischen Wohnort, Ort der Betreuung und Arbeitsstätte, die mehr als 30 Minuten dauern (OVG Sachsen, Az. 4 B 40/18). Im Einzelfall kann aber bereits eine kürzere Wegzeit unzumutbar sein.

Unabhängig vom bestehenden Anspruch auf einen Kita- bzw. Kindergartenplatz müssen Sie sich frühzeitig um eine entsprechende Betreuung kümmern. Je nach Platzsituation kann eine Anmeldung bereits vor der Geburt des Kindes sinnvoll sein. Ist die Suche nach einem Betreuungsplatz erfolglos, müssen Sie sich an das zuständige Jugendamt wenden. Nachdem Sie dort Ihr Anliegen vorgetragen haben, muss das Jugendamt für Sie tätig werden und Ihnen passende Kita- bzw. Kindergartenplätze vorschlagen. Dafür hat das Amt zwei bis drei Monate Zeit. Gegen einen ablehnenden Bescheid des Jugendamts können Sie innerhalb eines Monats Widerspruch erheben. Ist der Widerspruch erfolglos, können Sie den Kita- bzw. Kindergartenplatz beim für Ihren Wohnort zuständigen Verwaltungsgericht einklagen. Lässt sich Ihr Anspruch auch mit einer Klage nicht durchsetzen, können Sie unter Umständen Ersatz Ihrer Aufwendungen für ein alternatives Betreuungsmodell (z.B. privater Kindergarten, Tagesmutter) geltend machen.

5.1.5 Zuschüsse zur Kinderbetreuung

Die Betreuung des Kindes in einer Kita oder einem Kindergarten ist häufig mit hohen Kosten verbunden. Besonders teuer sind Ganztagsplätze für Kinder wegen des strengeren Personalschlüssels. Aber auch Kitas für Kinder im Vorschulalter inklusive Mittagessen können ein großes Loch in der Haushaltskasse hinterlassen. Allerdings haben Sie mehrere Möglichkeiten, Zuschüsse zur Kinderbetreuung zu erhalten oder Umständen sogar die Kosten vollständig finanziert zu bekommen.

- **Kostenübernahme durch Jugendamt:** Das Jugendamt kann die Kinderbetreuungskosten ganz oder teilweise übernehmen, wenn Ihnen die finanzielle Belastung nicht zuzumuten ist und der Besuch der Betreuungseinrichtung der Förderung des Kindes dient (§ 90 SGB VIII). Für die Kostenübernahme sind die Höhe Ihres Einkommens, die Anzahl der Kinder und der Umfang der in Anspruch genommenen Leistungen maßgebend. Den Antrag auf Kostenübernahme müssen Sie beim zuständigen Jugendamt stellen.

- **Übernahme der Mittagsverpflegung:** Das Jugendamt übernimmt regelmäßig nur die reinen Kitakosten, nicht dagegen die Kosten für die Mittagsverpflegung. Die Kosten für das Mittagessen in Schule, Hort, Kita oder der Tagesmutter können über das Bildungs- und Teilhabepaket bezuschusst werden (vgl. dazu 9.3). Einen entsprechenden Antrag müssen Sie beim Sozial- und Jugendamt stellen, wenn Sie Bürgergeld beziehen, ist das Jobcenter zuständig.
- **Kostenübernahme bei Arbeitslosigkeit:** Das Arbeitsagentur übernimmt im Rahmen einer Weiterbildungsmaßnahme die Kosten für die Betreuung eines aufsichtsbedürftigen Kindes in Höhe von 160 € monatlich je Kind.
- **Zuschuss des Arbeitgebers:** Nicht selten hat Ihr Arbeitgeber ein Interesse daran, dass Ihr Kind während Ihrer Arbeitszeit gut versorgt wird. Deshalb bieten immer mehr Arbeitgeber einen Betreuungsplatz in der Betriebs-Kita an oder reservieren für Kinder Ihrer Mitarbeiter Plätze in Kitas oder Kindergärten. Alternativ kann sich Ihr Arbeitgeber an den Kosten für die Betreuung Ihres Kindes beteiligen und Ihnen einen entsprechenden Zuschuss zahlen. Dabei handelt es sich um eine steuer- und beitragsfreie Arbeitgeberleistung, die allerdings Ihre als Sonderausgaben abziehbaren Kinderbetreuungskosten mindern.

! Zum Mehrbedarf gehören auch Kindergartengebühren und Kosten für eine Hort-Betreuung, nicht dagegen die Kosten für eine Tagesmutter (vgl. dazu Abschnitt 2.6.2).

Aus der Community: *Seit einigen Jahren ist es keine Seltenheit, das Kitas bzw. Kindergärten die Betreuungszeiten teils sehr kurzfristig oder wochenlang einschränken, zum Beispiel durch Personalmangel oder hohen Krankenstand. Da hilft auch alle Beteuerung aus der Politik nichts, dass die Kinderbetreuung ausgebaut wird – wenn die Kita zu ist, ist sie zu und man hat sich selbst um die Kinderbetreuung zu kümmern.*

Herr Bretzinger, kann man eine privat organisierte Kinderbetreuung zum Beispiel durch Angehörige oder Freunde finanziell bzw. steuerlich geltend machen?

Die Kosten für den Kindergarten, den Hort, die Tagesmutter oder eine andere privat organisierte Kinderbetreuung können als Sonderausgaben steuerlich geltend gemacht werden. Mithin können also bis zu 4.000 € jährlich abgesetzt werden. Absetzbar sind auch die Kosten der Kinderbetreuung durch einen Babysitter. Nicht von Bedeutung ist, ob der Nachwuchs von Großeltern, Nachbarn oder Fremden betreut wird. Einzige Voraussetzung ist, dass die Person, die das Kind betreut, nicht im Haushalt der Eltern des Kindes lebt.

5.2 Wenn das Kind krank ist

Wenn das Kind krank ist, drängt sich – je nach Alter des Kindes – die Frage der Betreuung auf. Organisatorisches Talent ist gefordert, wenn Sie berufstätig sind. Doch häufig versagt in derartigen Situationen das Netzwerk: Die Großeltern können nicht einspringen und ein Babysitter kann erst am Abend. Also muss Mama oder Papa zuhause bleiben. Mitglieder der gesetzlichen Krankenkasse können sich in solchen Fällen unbezahlt vom Arbeitgeber freistellen lassen. Und die Krankenkasse zahlt in dieser Zeit Krankengeld.

5.2.1 Anspruch auf Freistellung durch den Arbeitgeber

Ist Ihr Kind krank, haben Sie gegenüber Ihrem Arbeitgeber unter folgenden Voraussetzungen einen Freistellungsanspruch:

- Das Kind darf noch keine zwölf Jahre alt sein.
- Die Betreuung muss aus ärztlicher Sicht erforderlich sein.
- Über die Krankheit müssen Sie Ihrem Arbeitgeber ein ärztliches Zeugnis vorlegen.
- In Ihrem Haushalt darf keine andere Person leben, die das Kind betreuen kann.

Die Verhinderungsdauer der Arbeitnehmerin darf nur eine verhältnismäßig kurze nicht erhebliche Zeit betragen. Als Anhaltspunkt kann die Dauer des Arbeitsverhältnisses genommen werden. Je kürzer das Arbeitsverhältnis bisher gedauert hat, um so kürzer darf auch nur die Dauer der bezahlten Arbeitsverhinderung sein. Bei der Erkrankung von Kindern sind bei alleinerziehenden Arbeitnehmerinnen regelmäßig 20 Arbeitstage angemessen.

Häufig finden sich in Tarifverträgen und Arbeitsverträgen Sonderreglungen zur Freistellung und Fortzahlung der Vergütung im Fall der persönlichen Arbeitsverhinderung, auch im Fall erkrankter Familienangehöriger. Es werden Höchstgrenzen an Tagen geregelt, für die der Arbeitgeber die Vergütung fortzahlen muss. Andererseits kann der Vergütungsanspruch auch im Arbeitsvertrag ganz ausgeschlossen sein.

Achtung: Wie bei jeder Arbeitsunfähigkeit müssen Sie Ihren Arbeitgeber möglichst noch vor Arbeitsbeginn, spätestens jedoch in der Regel zwei Stunden nach dem eigentlichen Arbeitsbeginn über die Erkrankung des Kindes benachrichtigen. Andernfalls kann dies zu einer Abmahnung und im Wiederholungsfall auch zu einer Kündigung des Arbeitsverhältnisses führen.

Herr Bretzinger, spielt beim Freistellungsanspruch das Sorgerecht eine Rolle bzw. hat auch der Kindsvater die Möglichkeit, das kranke Kind zu pflegen und dafür freigestellt zu werden?

Das Sorgerecht hat keine Bedeutung. Der Freistellungsanspruch kann auch dann geltend gemacht werden, wenn dem Arbeitnehmer das Sorgerecht nicht zusteht und er sein Kind wegen Krankheit betreuen muss.

5.2.2 Anspruch auf Kinderkrankengeld

Sind Sie in der gesetzlichen Krankenversicherung versichert, haben Sie Anspruch auf Kinderkrankengeld, wenn Sie

- zur Beaufsichtigung, Betreuung oder Pflege des erkrankten und versicherten Kindes der Arbeit fernbleiben müssen,
- eine andere in ihrem Haushalt lebende Person das Kind nicht betreuen oder pflegen kann und
- das Kind das zwölfte Lebensjahr noch nicht vollendet hat (§ 45 SGB V).

Anspruch auf Krankengeld besteht bei Erkrankung eines Kindes auch dann, wenn zwar das Kind das zwölfte Lebensjahr vollendet hat, aber behindert und auf Hilfe angewiesen ist. Die Aufhebung der Altersgrenze gilt für behinderte Kinder, bei denen die Behinderung bis zum 18. Lebensjahr, bei Schul- oder Berufsausbildung bis zum 25. Lebensjahr eingetreten ist.

Für den alleinerziehenden Elternteil besteht Anspruch auf Krankengeld in jedem Kalenderjahr für jedes Kind längstens für 30 Arbeitstage. Der Anspruch besteht allerdings für nicht mehr als 70 Arbeitstage je Kalenderjahr (das gilt für die Jahre 2024 und 2025). Daneben bestehen folgende Sonderregelungen:

- Anspruch auf Kinderkrankengeld besteht auch bei Erkrankung des Kindes bei medizinisch notwendiger Mitaufnahme von Versicherten während der stationären Behandlung ihres versicherten Kindes, sofern das Kind das zwölfte Lebensjahr noch nicht vollendet hat oder behindert und auf Hilfe angewiesen ist. Eine gesetzlich vorgegebene Höchstanspruchsdauer gibt es nicht.

- Ein unbegrenzter Anspruch auf Kinderkrankengeld besteht auch, wenn ein Elternteil zur Beaufsichtigung, Betreuung oder Pflege des schwerstkranken und versicherten Kindes der Arbeit fernbleibt. Voraussetzung ist, dass das Kind das zwölfte Lebensjahr noch nicht vollendet hat.

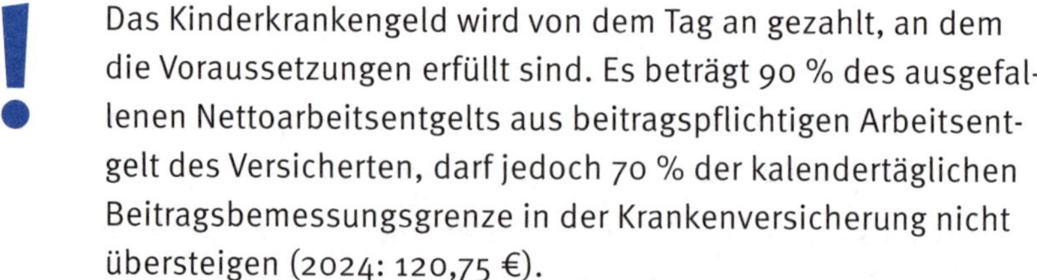

Das Kinderkrankengeld wird von dem Tag an gezahlt, an dem die Voraussetzungen erfüllt sind. Es beträgt 90 % des ausgefallenen Nettoarbeitsentgelts aus beitragspflichtigen Arbeitsentgelt des Versicherten, darf jedoch 70 % der kalendertäglichen Beitragsbemessungsgrenze in der Krankenversicherung nicht übersteigen (2024: 120,75 €).

5.2.3 Anspruch auf Leistungsfortzahlung bei Arbeitslosigkeit

Sind Sie arbeitslos, dann verlieren Sie Ihren Anspruch auf Arbeitslosengeld nicht während der Zeit, in der Sie ein erkranktes Kind, das noch keine zwölf Jahre alt oder behindert und auf Hilfe angewiesen ist, beaufsichtigen, betreuen oder pflegen müssen. Voraussetzung ist ein ärztliches Zeugnis und es darf in Ihrem Haushalt keine andere Person vorhanden sein, die diese Aufgabe übernehmen könnte. Als alleinerziehender Elternteil haben Sie für jedes Kind Anspruch auf Leistungsfortzahlung für 30 Tage, maximal allerdings für 70 Tage in jedem Kalenderjahr (das gilt für die Jahre 2024 und 2025).

5.3 Wenn Mutter oder Vater krank sind

Für den alleinerziehenden Elternteil kann eine Haushaltshilfe wichtig sein, die im Notfall die tägliche Arbeit im Haushalt erledigt. Gesetzlich Krankenversicherte haben deshalb Anspruch auf Haushaltshilfe, wenn sie wegen einer Krankenhausbehandlung oder wegen häuslicher Krankenpflege, einer Müttergenesungskur oder einer

Vorsorge- bzw. Rehabilitationskur den Haushalt nicht weiterführen können. Voraussetzung ist ferner, dass im Haushalt ein Kind lebt, das bei Beginn der Haushaltshilfe das zwölfte Lebensjahr noch nicht vollendet hat oder das behindert und auf Hilfe angewiesen ist. Der Anspruch auf Haushaltshilfe besteht nur, soweit eine im Haushalt lebende Person den Haushalt nicht weiterführen kann.

Für die Haushaltshilfe haben Versicherte, die das 18. Lebensjahr vollendet haben, 10 % der kalendertäglichen Kosten zu tragen. Ihre Zuzahlung beläuft sich aber pro Tag auf mindestens fünf und höchstens 10 €.

Näheres zur Haushaltshilfe als Leistung der gesetzlichen Krankenversicherung unter 8.1.2.

5.4 Betreuung und Versorgung des Kindes in Notfallsituationen

Fallen Sie als alleinerziehender Elternteil aus gesundheitlichen oder anderen zwingenden Gründen aus, so soll das Kind im elterlichen Haushalt versorgt und betreut werden, wenn und solange dies für sein Wohl erforderlich ist (§ 20 SGB V). Voraussetzung für die Hilfe ist, dass die Förderung des Kindes in einer Tageseinrichtung oder einer Kindertagespflege nicht ausreicht. Dies wird in schweren Krankheitsfällen und bei dauernder Abwesenheit immer anzunehmen zu sein. Anspruchsberechtigte Person ist bei Ausfall des alleinerziehenden Elternteils das Kind selbst.

Die Art und Weise der Unterstützung und der zeitliche Umfang der Betreuung und Versorgung des Kindes richtet sich nach dem Bedarf im Einzelfall. Die Leistung umfasst die Bereiche, die zur Betreuung, Versorgung und Erziehung des Kindes im Haushalt erforderlich sind. In Betracht kommen unter anderem

- die Versorgung und altersgemäße Tagesstrukturierung von Kindern,
- die Ernährung und Zubereitung der Mahlzeiten des Kindes einschließlich Einkauf,

- die Gesundheitsvorsorge und Körperpflege des Kindes,
- die hauswirtschaftliche Versorgung,
- die Unterstützung bzw. Vertretung der Eltern bei der Beaufsichtigung des Kindes und elterlichen Erziehungsaufgaben wie beispielsweise Gewährleistung der Teilnahme an Tagesbetreuung, am Schulbesuch, altersentsprechende Freizeitgestaltung und Hausaufgabenhilfe.

Achtung: Die Hilfe müssen Sie beim zuständige Jugendhilfeträger beantragen. Sie ist allerdings nachrangig gegenüber Sozialleistungen anderer Träger der Gesundheitshilfe. Dazu gehören insbesondere Leistungen der gesetzlichen Krankenversicherung, beispielsweise in Form der Haushaltshilfe.

5.5 Betreuung und Pflege eines behinderten Kindes

Besondere Betreuung und Unterstützung bedürfen Kinder mit Behinderungen und pflegebedürftige Kinder. In diesem Fall helfen vor allem Leistungen der sozialen Pflegeversicherung. Die Vereinbarkeit von Beruf und Pflege werden durch die Pflegezeit und die Familienpflegezeit unterstützt.

5.5.1 Leistungen der Pflegeversicherung

Die soziale Pflegeversicherung ist eine Pflichtversicherung. Es gilt der Grundsatz: »Pflegeversicherung folgt der Krankenversicherung.« Sind Sie in der gesetzlichen Krankenversicherung pflichtversichert, sind Sie auch in der sozialen Pflegeversicherung pflichtversichert. Einen gesonderten Antrag müssen Sie nicht stellen. Wie in der gesetzlichen Krankenversicherung besteht auch in der sozialen Pflegeversicherung die Möglichkeit einer Familienversicherung. Ihr Kind ist also auch in der sozialen Pflegeversicherung beitragsfrei mitversichert.

Leistungen der sozialen Pflegeversicherung müssen beantragt werden. Der Antrag muss bei der Pflegekasse gestellt werden. Privatversicherte müssen bei ihrem privaten Versicherungsunternehmen den Antrag stellen. Mit dem Antrag beginnt das Verfahren zur Feststellung der Pflegebedürftigkeit und des Pflegegrads. Sobald der Antrag bei der Pflegekasse eingegangen ist, beauftragt diese den Medizinischen Dienst (MD) oder andere unabhängige Gutachter mit der Begutachtung zur Feststellung der Pflegebedürftigkeit und gegebenenfalls eines Pflegegrads. Das Ergebnis der Begutachtung teilt der Gutachter als Empfehlung der Pflegekasse mit. Diese entscheidet dann über den Pflegeantrag des Pflegebedürftigen.

Bei der Pflege stehen Ihnen umfangreiche Hilfs- und Beratungsangebote zur Verfügung. Sozialdienste bei den Krankenhäusern, die Pflegeberatung der Pflegekasse und der Pflegestützpunkt vor Ort begleiten den Pflegebedürftigen und die Pflegeperson von Beginn an mit Beratung und konkreten Hilfen. Darüber bestehen zahlreiche weitere Beratungsangebote. Die Beratungs- und Hilfsangebote betreffen nicht nur die Formalitäten beim Umgang mit der Pflegekasse und Behörden (z.B. Sozialversicherungsträger, Sozialamt), Beratung und Hilfe erfolgen insbesondere auch bei der organisatorischen Bewältigung der anstehenden Pflegeaufgaben.

Leistungen bei häuslicher Pflege

Wird der Pflegebedürftige zu Hause gepflegt, kann er Pflegesachleistungen (z.B. für Pflegeeinsätze zugelassener ambulanter Pflegedienste) oder als Geldleistung Pflegegeld in Anspruch nehmen. Es besteht auch die Möglichkeit, Pflegegeld und Pflegesachleistung miteinander zu kombinieren. Ist die private Pflegeperson durch Krankheit oder aus anderen Gründen vorübergehend an der Pflege gehindert, übernimmt die Pflegekasse für eine bestimmte Zeit die Kosten einer Ersatzpflege.

Pflegegeld

Pflegebedürftige der Pflegegrade 2 bis 5, die zu Hause von ehrenamtlichen Pflegepersonen gepflegt werden, haben Anspruch auf Pflegegeld, das auf Antrag des Pflegebedürftigen von der Pflegekasse gewährt wird. In diesem Fall muss der Pflegebedürftige mit dem Pflegegeld die erforderlichen körperbezogenen Pflegemaßnahmen und pflegerischen Betreuungsmaßnahmen sowie Hilfen bei der Haushaltsführung in geeigneter Weise selbst sicherstellen.

Pflegesachleistung

Die Pflegeversicherung übernimmt für Pflegebedürftige mit mindestens Pflegegrad 2 als ambulante Pflegesachleistungen die Kosten für die Inanspruchnahme eines Pflegedienstes für körperbezogene Pflegemaßnahmen (z.B. Hilfen bei der Benutzung der Toilette oder beim An- und Auskleiden), pflegerische Betreuungsmaßnahmen (z.B. Begleitung bei Spaziergängen) und Hilfen bei der Haushaltsführung (z.B. Kochen, Waschen und Wechseln der Kleidung) bis zu einem gesetzlich festgelegten Höchstbetrag. Die Kosten für einen ambulanten Pflegedienst werden von der Pflegeversicherung übernommen. Das Geld wird also nicht auf das Konto des Pflegebedürftigen überwiesen. Vielmehr rechnet der Pflegedienst direkt mit der Pflegekasse ab.

Kombination von Pflegegeld und Pflegesachleistung

Bei häuslicher Pflege können Pflegesachleistung und Pflegegeld miteinander kombiniert und so eine auf die individuellen Bedürfnisse des Pflegebedürftigen zugeschnittene Pflege sichergestellt werden. In diesem Fall vermindert sich das Pflegegeld anteilig im Verhältnis zum Wert der in Anspruch genommen ambulanten Sachleistungen.

Verhinderungspflege

Ist eine Pflegeperson wegen Erholungsurlaubs, Krankheit oder aus anderen Gründen an der Pflege gehindert, übernimmt die Pflegekasse die nachgewiesenen Kosten einer notwendigen Verhinderungspflege für längstens sechs Wochen je Kalenderjahr. Voraussetzung ist, dass der Pflegebedürftige mindestens in Pflegegrad 2 eingestuft ist und die Pflegeperson den Pflegebedürftigen vor der erstmaligen Verhinderung mindestens sechs Monate in seiner häuslichen Umgebung gepflegt hat.

Pflegehilfsmittel

Pflegebedürftige aller Pflegegrade haben Anspruch auf Versorgung mit Pflegehilfsmitteln, wenn diese dazu beitragen, die Pflege zu erleichtern, Beschwerden zu lindern oder ihnen eine selbstständigere Lebensführung zu ermöglichen. Die Kosten werden von der Pflegeversicherung aber nur übernommen, wenn die Krankenversicherung nicht zur Leistung verpflichtet ist.

Entlastungsbetrag

Pflegebedürftige in den Pflegegraden 1 bis 5 haben Anspruch auf einen Entlastungsbetrag in Höhe von 125 € monatlich, wenn die Pflege ambulant, also im häuslichen Bereich erfolgt. Mit dem Entlastungsbetrag werden die ambulanten und teilstationären Pflegeleistungen im häuslichen Bereich ergänzt. Ausgeschlossen ist der Anspruch bei stationärer Pflege.

Zuschuss für wohnumfeldverbessernde Maßnahmen

Wird der Pflegebedürftige zu Hause gepflegt und betreut, kann es notwendig sein, die Wohnung an die besonderen Belange des Pflegebedürftigen anzupassen. Hierzu leistet die Pflegeversicherung unter bestimmten Voraussetzungen Zuschüsse. Voraussetzung dafür ist, dass dadurch im Einzelfall die häusliche Pflege ermöglicht, erheblich erleichtert oder eine möglichst selbstständige Lebensführung des Pflegebedürftigen wiederhergestellt wird.

Leistungen zur Unterstützung der häuslichen Pflege

Neben den Pflegeleistungen, die unmittelbar der Pflege zu Hause zugutekommen, gibt es Leistungen, die die häusliche Pflege begleitend unterstützen können. In Betracht kommen die teilstationäre Versorgung der Tages- oder Nachtpflege und die vorübergehende vollstationäre Versorgung in Kurzzeitpflege.

- **Teilstationäre Pflege:** Die Tages- und Nachtpflege gehört zu den teilstationären Pflegeleistungen, die Pflegebedürftigen zugutekommt, die zu Hause versorgt werden. Die teilstationäre Pflege soll die ambulante Versorgung des Pflegebedürftigen ergänzen und die häusliche Pflege stärken. Häufig lässt sich dadurch ein Einzug in ein Heim verhindern oder verzögern. Teilstationäre Pflege liegt vor, wenn sich der Pflegebedürftige nur einen Teil des Tages in einer Pflegeeinrichtung aufhält, während er den anderen Teil des Tages im eigenen Haushalt oder im Haushalt einer Pflegeperson verbringt, in den er aufgenommen worden ist. Pflegebedürftige der Pflegegrade 2 bis 5 haben Anspruch auf teilstationäre Pflege in Einrichtungen der Tages- oder Nachtpflege, wenn häusliche Pflege nicht in ausreichendem Umfang sichergestellt werden kann oder wenn dies zur Ergänzung oder Stärkung der häuslichen Pflege erforderlich ist. Pflegebedürftige des Pflegegrads 1 können den ihnen zustehenden Entlastungsbetrag für Leistungen der Tages- und Nachtpflege einsetzen.
- **Kurzzeitpflege:** Können Pflegebedürftige vorübergehend nicht zu Hause betreut werden, besteht die Möglichkeit, sie für kurze Zeit stationär in einer Pflegeeinrichtung unterzubringen. Durch die sogenannte Kurzzeitpflege sollen Pflegepersonen, die die häusliche Pflege sicherstellen, entlastet und verhindert werden, dass der Pflegebedürftige bei Ausfall der Pflegeperson auf Dauer in vollstationäre Pflege überwechseln muss. Anspruch auf Pflege in einer vollstationären Einrichtung besteht für Pflegebedürftige der Pflegegrade 2 bis 5, wenn die häusliche Pflege zeitweise nicht, noch nicht oder nicht im erforderlichen Umfang erbracht werden kann und auch teilstationäre Pflege nicht ausreicht.

Leistungen bei vollstationärer Pflege im Heim

Wegen des Vorrangs häuslicher und teilstationärer Pflege vor vollstationärer Pflege besteht ein Anspruch auf Pflege in vollstationären Einrichtungen erst, wenn häusliche und teilstationäre Pflege nicht möglich sind oder wegen Besonderheiten des einzelnen Falls nicht in Betracht kommt. Der Anspruch besteht nur für Pflegebedürftige der Pflegegrade 2 bis 5. Einen Zuschuss erhalten Pflegebedürftige des Pflegegrads 1, die vollstationäre Pflege wählen.

Vollstationäre Pflege kommt in Betracht, wenn Pflegepersonen mit der Pflege überfordert sind bzw. eine Überforderung droht. Möglich ist die vollstationäre Versorgung auch dann, wenn die räumlichen Gegebenheiten im häuslichen Bereich keine Pflege zu Hause ermöglichen und auch durch bauliche Veränderungen nicht verbessert werden können.

Die Pflegekasse übernimmt bei vollstationärer Versorgung für pflegebedingte Aufwendungen einschließlich der Aufwendungen für Betreuung und die Aufwendungen für Leistungen der medizinischen Behandlungspflege pauschale Beträge, die sich nach Pflegegraden richten.

5.5.2 Freistellungsanspruch

Es gibt mehrere gesetzliche Möglichkeiten, zur Pflege Ihres Kindes vorübergehend aus dem Job auszusteigen oder die Arbeitszeit zu reduzieren.

- Sie können sich bis zu zehn Tage je Kalenderjahr von der Arbeit freistellen lassen, wenn sie Zeit für die Organisation einer akut auftretenden Pflegesituation benötigen.
- Wenn Sie Ihr minderjähriges pflegebedürftiges Kind betreuen möchten, haben Sie die Möglichkeit, Pflegezeit oder Familienpflegezeit in Anspruch zu nehmen. In diesem Fall besteht der Anspruch auch dann, wenn die Betreuung nicht zu Hause erfolgt.

Kurzzeitige Arbeitsverhinderung

Sie haben bei einer akut aufgetretenen Pflegesituation das Recht, bis zu zehn Tage je Kalenderjahr der Arbeit fernzubleiben, wenn dies erforderlich ist, um eine bedarfsgerechte Pflege für Ihr Kind zu organisieren oder eine pflegerische Versorgung in dieser Zeit sicherzustellen. Eine akute Pflegesituation liegt dann vor, wenn sie plötzlich, also unvermittelt und unerwartet auftritt.

Sie müssen Ihrem Arbeitgeber Ihre Verhinderung an der Arbeitsleistung und deren voraussichtliche Dauer unverzüglich, das heißt ohne schuldhaftes Zögern, mitteilen. Auf Verlangen des Arbeitgebers müssen Sie eine ärztliche Bescheinigung über die Pflegebedürftigkeit des Kindes und die Notwendigkeit der pflegerischen Versorgung vorlegen.

Ab dem Zeitpunkt der Ankündigung, höchstens jedoch zwölf Wochen vor dem angekündigten Beginn, bis zur Beendigung der kurzzeitigen Arbeitsverhinderung, darf der Arbeitgeber das Beschäftigungsverhältnis pflegender Angehöriger nicht kündigen. Das Kündigungsverbot betrifft alle Arten der Kündigung, umfasst also neben der ordentlichen oder außerordentlichen Kündigung auch die Änderungskündigung. Nur in besonderen Fällen kann die Kündigung von der für den Arbeitsschutz zuständigen Stelle ausnahmsweise für zulässig erklärt werden (z.B. betriebsbedingt bei einem erheblichen Auftragsrückgang).

Anspruch auf Fortzahlung der Bezüge haben Sie nur, wenn Ihr Arbeitgeber dazu aufgrund des Arbeitsvertrags, einer Betriebsvereinbarung oder eines Tarifvertrags verpflichtet ist. Andernfalls wird Ihnen zur Finanzierung der Auszeit Pflegeunterstützungsgeld als Entgeltersatzleistung der Pflegekasse gewährt. Der Anspruch ist auf zehn Tage begrenzt (vgl. dazu unten).

Pflegezeit

Sie können von ihrem Arbeitgeber eine bis zu 6-monatige teilweise oder vollständige Freistellung verlangen, wenn Sie Ihr pflegebedürftiges Kind betreuen wollen. Der Anspruch auf Freistellung gilt für alle Pflegegrade. Er besteht allerdings nur gegenüber Arbeitgebern mit mehr als 15 Arbeitnehmern. Eine bestimmte Dauer der Betriebszugehörigkeit ist gesetzlich nicht vorgeschrieben. Die Pflegebedürftigkeit des Kindes muss durch eine Bescheinigung der Pflegekasse oder des Medizinischen Dienstes der Krankenversicherung nachweisen.

Wie bei der kurzzeitigen Arbeitsverhinderung darf der Arbeitgeber ab dem Zeitpunkt der Ankündigung bis zur Beendigung der Pflegezeit das Arbeitsverhältnis weder ordentlich noch außerordentlich kündigen. Nur in besonderen Fällen kann die Kündigung von der für den Arbeitsschutz zuständigen Stelle ausnahmsweise für zulässig erklärt werden.

Sie müssen die Pflegezeit gegenüber Ihrem Arbeitgeber spätestens zehn Arbeitstage vor deren Beginn schriftlich ankündigen. Hierbei haben Sie gegenüber dem Arbeitgeber zu erklären, für welchen Zeitraum Sie Pflegezeit in Anspruch nehmen wollen und ob Sie vollständige oder teilweise Freistellung wählen. Wenn Sie nur teilweise Freistellung in Anspruch nehmen wollen, müssen Sie auch die gewünschte Dauer und Verteilung der Arbeitszeit angeben.

Nehmen Sie nur eine teilweise Freistellung in Anspruch, haben Sie mit Ihrem Arbeitgeber über die Verringerung und die Verteilung der Arbeitszeit eine schriftliche Vereinbarung zu treffen. Hierbei hat der Arbeitgeber Ihren Wünschen zu entsprechen, wenn dem keine dringenden betrieblichen Gründe entgegenstehen.

Familienpflegezeit

Sie haben gegenüber Ihrem Arbeitgeber Anspruch auf teilweise Freistellung für die Betreuung Ihres Kindes von bis zu 24 Monaten bei einer wöchentlichen Mindestarbeitszeit von 15 Stunden. Haben Sie die Höchstdauer der Familienpflegezeit nicht ausgeschöpft, können Sie gegenüber Ihrem Arbeitgeber die Verlängerung auf insgesamt maximal 24 Monate geltend machen. Die Zustimmung des Arbeitgebers ist hierfür nicht erforderlich. Allerdings besteht ein Anspruch auf Familienpflegezeitverlängerung ohne Zustimmung des Arbeitgebers, wenn ein vorgesehener Wechsel in der Person des Pflegenden aus einem wichtigen Grund nicht durchführbar ist.

Der Anspruch auf Freistellung gilt für alle Pflegegrade. Er besteht allerdings nur gegenüber Arbeitgebern mit mehr als 25 Beschäftigten. Eine bestimmte Betriebszugehörigkeit ist gesetzlich nicht vorgeschrieben. Sie müssen die Pflegebedürftigkeit Ihres Kindes durch eine Bescheinigung der Pflegekasse oder des Medizinischen Dienstes nachweisen.

Die Familienpflegezeit müssen Sie gegenüber Ihrem Arbeitgeber spätestens acht Wochen vor dem gewünschten Beginn schriftlich ankündigen. Hierbei müssen Sie festlegen, für welchen Zeitraum und in welchem Umfang innerhalb der gesetzlichen zulässigen Höchstdauer Sie Familienpflegezeit in Anspruch nehmen wollen. Auch die gewünschte Verteilung der Arbeitszeit müssen Sie angeben.

Arbeitgeber und Beschäftigter müssen über die Verringerung und die Verteilung der Arbeitszeit eine schriftliche Vereinbarung treffen. Hierbei hat der Arbeitgeber den Wünschen des Beschäftigten zu entsprechen, wenn dem keine dringenden betrieblichen Gründe entgegenstehen. Dabei muss es sich um gewichtige Gründe handeln, die Vorrang vor den Interessen an der häuslichen Pflege verdienen.

Wie bei der kurzzeitigen Arbeitsverhinderung und der Pflegezeit darf der Arbeitgeber ab dem Zeitpunkt der Ankündigung bis zur Beendigung der Familienpflegezeit das Beschäftigungsverhältnis nicht kündigen.

Finanzielle Absicherung der Freistellung

Bei kurzzeitiger Arbeitsverhinderung wird von der Pflegekasse Pflegeunterstützungsgeld gewährt, wenn kein Anspruch auf Fortzahlung der Bezüge besteht. Beschäftigte, die Pflegezeit oder Familienpflegezeit in Anspruch nehmen, können ein zinsloses Darlehen beim Bundesamt für Familie und zivilgesellschaftliche Aufgaben (BAFzA) beantragen.

Pflegeunterstützungsgeld

Wenn Sie Zeit für die Organisation einer akut aufgetretenen Pflegesituation eines Kindes benötigen, können bis zu zehn Tage je Kalenderjahr von der Arbeit fernbleiben (siehe oben). In diesen Fällen haben Sie Anspruch auf Pflegeunterstützungsgeld als Lohnersatzleistung. Anspruch auf Pflegeunterstützungsgeld besteht nicht, wenn ein Anspruch auf Entgeltfortzahlung gegenüber dem Arbeitgeber besteht. Ein entsprechender Anspruch kann sich aus dem Arbeitsvertrag, einer Betriebsvereinbarung oder aus einem Tarifvertrag ergeben.

Das Pflegeunterstützungsgeld wird wie das Kinderkrankengeld berechnet. Es beträgt brutto

- 90 % des ausgefallenen Nettoarbeitsentgelts bzw. 100 % des ausgefallenen Nettoarbeitsentgelts, wenn in den letzten zwölf Kalendermonaten vor der Freistellung eine beitragspflichtige Einmalzahlung gezahlt wurde,
- höchstens jedoch das Höchstkrankengeld von 70 % der kalendertäglichen Beitragsbemessungsgrenze (2024: 120,75 €).

! Das Pflegeunterstützungsgeld müssen Sie bei der Pflegekasse beantragen. Im Regelfall muss der Pflegekasse ein ärztliches Attest über die Pflegebedürftigkeit des Kindes vorgelegt werden.

Zinsloses staatliches Darlehen

Wenn Sie sich im Rahmen der Pflegezeit oder der Familienpflegezeit für die vollständige oder teilweise Freistellung entscheiden, haben Sie Anspruch auf Förderung durch ein zinsloses Darlehen des Bundesamts für Familie und zivilgesellschaftliche Aufgaben.

Das Darlehen wird in monatlichen Raten ausgezahlt. Die Höhe des Darlehens richtet sich nach der Höhe des Lohnausfalls. Grundsätzlich wird die Hälfte der Gehaltsdifferenz zwischen dem pauschalierten monatlichen Nettoentgelt vor und während der Freistellung als monatliches Darlehen ausbezahlt. Auf entsprechenden Antrag kann auch eine niedrigere monatliche Darlehensrate in Anspruch genommen werden

Wenn der Antrag auf Bewilligung des zinslosen Darlehens innerhalb von drei Monaten vor dem Zeitpunkt des Vorliegens der Anspruchsvoraussetzungen gestellt wird, wird das Darlehen ab dem Zeitpunkt des Vorliegens der Voraussetzungen gezahlt, andernfalls erfolgt die Zahlung an Beginn des Monats der Antragstellung.

Die Rückzahlung des Darlehens beginnt in dem Monat, der auf das Ende der Förderung der Freistellungen nach dem Pflegezeitgesetz oder dem Familienpflegezeitgesetz folgt. Im Anschluss an die Freistellungen ist das Darlehen innerhalb von 48 Monaten nach Beginn der Freistellung zurückzuzahlen.

Bei Vorliegen einer besonderen Härte kann auf Antrag die Rückzahlung des Darlehens gestundet und so die Fälligkeit hinausgeschoben werden. Als besondere Härte gelten unter anderem der Bezug von Leistungen zur Sicherung des Lebensunterhalts, zur Grundsicherung im Alter oder bei Erwerbsminderung oder eine mehr als 180 Tage dauernde ununterbrochene Arbeitsunfähigkeit. Die Rückzahlung kann auch ausgesetzt werden, wenn sich der Darlehensnehmer wegen unverschuldeter finanzieller

Belastungen vorübergehend in ernsthaften Zahlungsschwierigkeiten befindet, oder zu erwarten ist, dass er durch die Rückzahlung des Darlehens in der vorgesehenen Form in solche Schwierigkeiten gerät.

Unter Umständen erlischt die Darlehensschuld, soweit sie noch nicht fällig ist. Das ist unter anderem der Fall, wenn der Darlehensnehmer ununterbrochen seit mindestens zwei Jahren bestimmte Sozialleistungen bezieht (z.B. Hilfe zum Lebensunterhalt, Grundsicherung im Alter oder bei Erwerbsminderung), ferner, wenn der Darlehensnehmer stirbt.

5.6 Die wichtigsten Fachbegriffe kurz erklärt

Die wichtigsten Fachbegriffe hier noch einmal auf einen Blick:

Kinderkrankengeld

Ist das Kind krank, besteht für den alleinerziehenden Elternteil, ein Anspruch auf Krankengeld in jedem Kalenderjahr für jedes Kind längstens für 30 Arbeitstage, wenn er in der gesetzlichen Krankenversicherung versichert ist. Bei mehreren Kindern besteht der Anspruch allerdings für nicht mehr als 70 Arbeitstage je Kalenderjahr.

Pflegegeld

Pflegebedürftige der Pflegegrade 2 bis 5, die zu Hause von ehrenamtlichen Pflegepersonen gepflegt werden, haben Anspruch auf Pflegegeld, das auf Antrag des Pflegebedürftigen von der Pflegekasse gewährt wird.

Pflegesachleistung

Die Pflegeversicherung übernimmt für Pflegebedürftige mit mindestens Pflegegrad 2 als ambulante Pflegesachleistungen die Kosten für die Inanspruchnahme eines Pflegedienstes, pflegerische Betreuungsmaßnahmen und Hilfen bei der Haushaltsführung.

Verhinderungspflege

Ist eine Pflegeperson an der Pflege gehindert, übernimmt die Pflegekasse die nachgewiesenen Kosten einer notwendigen Verhinderungspflege für Pflegebedürftige, die mindestens in Pflegegrad 2 eingestuft wurden.

Pflegezeit

Sie können von Ihrem Arbeitgeber eine bis zu 6-monatige teilweise oder vollständige Freistellung verlangen, wenn sie Ihr pflegebedürftiges Kind betreuen wollen.

Familienpflegezeit

Sie haben gegenüber Ihrem Arbeitgeber Anspruch auf teilweise Freistellung für die Betreuung Ihres Kindes von bis zu 24 Monaten bei einer wöchentlichen Mindestarbeitszeit von 15 Stunden.

Pflegeunterstützungsgeld

Wenn Sie Zeit für die Organisation einer akut aufgetretenen Pflegesituation Ihres Kindes benötigen, können Sie bis zu zehn Tage je Kalenderjahr von der Arbeit fernbleiben und können Pflegeunterstützungsgeld als Lohnersatzleistung bekommen.

6 Finanzielle Familienleistungen

Neben dem Kindesunterhalt und eventuell dem eigenen Unterhalt vom Kindsvater sind die Familienleistungen ein weiterer wichtiger Sockel in deiner Haushaltskasse. Diese finanziellen Leistungen sind allerdings unabhängig vom Familienstatus und stehen allen Familien zu bzw. sind an ein Bundesland gebunden.

Herr Bretzinger, welche finanziellen Familienleistungen gibt es?

Neben Hilfen bei der Schwangerschaft und Geburt haben Sie Anspruch auf eine Reihe weiterer finanzieller Familienleistungen. Dazu gehören insbesondere Mutterschaftsgeld vor und nach der Geburt, Kindergeld, Kinderzuschlag bei geringem Einkommen und Elterngeld für die Zeit nach der Geburt.

6.1 Mutterschaftsgeld

Sind Sie berufstätig, haben Sie unabhängig von Ihrem Versichertenstatus während der Schutzfristen vor und nach der Entbindung sowie für den Entbindungstag Anspruch auf Mutterschaftsgeld von der Krankenkasse bzw. vom Bundesamt für Soziale Sicherung (BAS). Darüber hinaus sind Sie durch den Arbeitgeberzuschuss finanziell abgesichert.

6.1.1 Mutterschaftsgeld der gesetzlichen Krankenversicherung

Stehen Sie in einem Beschäftigungsverhältnis und sind Sie Mitglied in der gesetzlichen Krankenversicherung haben Sie während der Schutzfristen Anspruch auf Mutterschaftsgeld von täglich 13 € von Ihrer Krankenkasse und einen Zuschuss zum Mutterschaftsgeld Ihres Arbeitgebers. Die Schutzfrist beginnt sechs Wochen vor dem errechneten Entbindungstermin und endet normalerweise acht Wochen nach der Geburt des Kindes. Bei Mehrlings- oder Frühgeburten verlängert sich die Schutzfrist auf zwölf Wochen nach der Geburt.

Herr Bretzinger, wird bei Frühgeburten die verkürzte Schutzfrist vor der Geburt zusätzlich noch an die Schutzfrist nach der Geburt drangehängt?

Ja, das ist richtig. Zu den zwölf Wochen kommen noch die Mutterschaftswochen vor der Geburt hinzu, die wegen der verfrühten Geburt nicht in Anspruch genommen werden konnten.

Anspruch auf Mutterschaftsgeld haben Sie, wenn Sie in der gesetzlichen Krankenversicherung versichert sind, unabhängig davon, ob Sie dort kraft Gesetzes oder freiwillig versichert sind. Kein Mutterschaftsgeld von der gesetzlichen Krankenversicherung erhalten Sie, wenn Sie in einem Beschäftigungsverhältnis stehen, aber privat krankenversichert sind. In diesem Fall erhalten Sie das Mutterschaftsgeld vom Bundesamt für Soziale Sicherung (vgl. dazu 6.1.3).

Wenn Sie erst nach Beginn der Schutzfrist das Arbeitsverhältnis beginnen, haben Sie Anspruch auf Mutterschaftsgeld ab dem Beginn des Arbeitsverhältnisses, wenn Sie bei Beginn des Arbeitsverhältnisses Mitglied der gesetzlichen Krankenversicherung sind.

Ein Anspruch auf Mutterschaftsgeld besteht auch, wenn das Arbeitsverhältnis während der Schwangerschaft zulässig vom Arbeitgeber aufgelöst worden ist.

Zwar besteht dann ab dem Ende des Beschäftigungsverhältnisses kein Anspruch auf Zahlung des Arbeitgeberzuschusses, das Mutterschaftsgeld wird jedoch ab Beendigung des Arbeitsverhältnisses bis zum Ende der Schutzfrist gezahlt.

Endet das Beschäftigungsverhältnis (etwa wegen der Befristung des Arbeitsvertrags) unmittelbar vor Beginn der Schutzfrist vor der Entbindung und waren Sie am letzten Tag des Beschäftigungsverhältnisses Mitglied der Krankenkasse, erhalten Sie Mutterschaftsgeld in Höhe des Krankengelds.

In welcher Höhe Sie Mutterschaftsgeld erhalten, hängt von Ihrem um die gesetzlichen Abzüge verminderten Arbeitsentgelt der letzten drei abgerechneten Kalendermonate ab. Es beträgt jedoch höchstens

13 € pro Kalendertag; den Rest, also den Unterschied zwischen den kalendertäglichen 13 € und dem letzten Einkommen, bezahlt der Arbeitgeber (vgl. dazu 6.1.2).

Vera Meister hat vor Beginn der Schutzfrist in den letzten drei Monaten jeweils 850 € netto verdient. Umgerechnet auf einen Kalendertag sind das 28,33 € (850 € × 3 : 90 Tage). Sie erhält 13 € pro Kalendertag von ihrer Krankenkasse und den Arbeitgeberzuschuss.

Auch wenn Sie eine geringfügige Beschäftigung ausüben, also bis aktuell (2024) 538 € pro Monat verdienen, und selbst Mitglied in der gesetzlichen Krankenversicherung sind, haben Sie Anspruch auf Mutterschaftsgeld in Höhe von täglich bis zu 13 € von Ihrer Krankenkasse und auf einen Zuschuss zum Mutterschaftsgeld von ihrem Arbeitgeber.

Susi Peter arbeitet in einem Minijob und ist gesetzlich krankenversichert. Sie hat vor Beginn der Schutzfrist in den letzten drei Monaten jeweils 330 € netto verdient. Umgerechnet auf einen Kalendertag sind das 11 €. Sie erhält 11 € pro Kalendertag von ihrer Krankenkasse. Daneben hat sie Anspruch auf den Arbeitgeberzuschuss in Höhe der Differenz zum ihrem durchschnittlichen Nettoarbeitsentgelt.

Für arbeitslose Frauen gilt Folgendes:

- Frauen, die Arbeitslosengeld beziehen, bekommen Mutterschaftsgeld in Höhe des Arbeitslosengeldes.
- Werdende alleinerziehende Mütter, die Bürgergeld beziehen, erhalten kein Mutterschaftsgeld. Sie bekommen aber ab der zwölften Schwangerschaftswoche bis zum Ende des Monats, in welchen die Entbindung fällt, zusätzlich einen Mehrbedarf in Höhe von 17 % des maßgebenden Regelbedarfs von aktuell (2024) 563 €. Darüber hinaus werden auf Antrag gesonderte Leistungen zur Erstausstattung für Bekleidung und Erstausstattung für Gegenstände bei Schwangerschaft und Geburt durch die Jobcenter erbracht.

6.1.2 Zuschuss des Arbeitgebers

Haben Sie Anspruch auf Mutterschaftsgeld erhalten Sie während des bestehenden Arbeitsverhältnisses für die Zeit der Schutzfristen sowie für den Entbindungstag von Ihrem Arbeitgeber einen Zuschuss zum Mutterschutzgeld. Dieser ist so bemessen, dass er die Differenz zwischen 13 € und dem durchschnittlichen kalendertäglichen Nettolohn ausgleicht. Der Zuschuss wird immer zu dem Termin fällig, zu welchem zuvor das Arbeitsentgelt fällig war. Keinen Anspruch auf den Zuschuss haben selbstständig erwerbstätige und arbeitslose Frauen. Ebenfalls keinen Anspruch haben Frauen während des Zeitraums, in dem sie Elternzeit in Anspruch nehmen.

Kirsten Kaiser hat vor Beginn der Schutzfrist in den letzten drei Monaten jeweils 960 € netto verdient. Umgerechnet auf einen Kalendertag sind das 32 € (960 € × 3 : 90 Tage). Sie erhält 13 € pro Kalendertag von ihrer Krankenkasse und weitere 19 € von ihrem Arbeitgeber als Zuschuss.

Neben der regelmäßigen festen Vergütung (Monats-, Wochen- oder Stundenlohn) und regelmäßig gezahlten leistungsabhängigen Entgeltbestandteilen (z.B. Provisionen) zählen auch Zulagen (z.B. Erschwerniszulagen) und Zuschläge (z.B. für Überstunden) zum Arbeitsentgelt, das berücksichtigt werden muss. Üben Sie neben einer hauptberuflichen noch eine Nebentätigkeit aus, so sind auch die Nebentätigkeitsbezüge für die Berechnung des Arbeitsentgelts zu berücksichtigen. Der Arbeitgeberzuschuss ist von den Arbeitgebern anteilig in dem Verhältnis zu zahlen, in dem die Nettobezüge zueinander stehen.

Ist das Arbeitsverhältnis während der Schwangerschaft oder während der Schutzfrist nach der Entbindung ausnahmsweise zulässig aufgelöst worden, so finanziert der Bund (Bundesamt für Soziale Sicherung) den Zuschuss. Eine zulässige Auflösung liegt vor, wenn der Arbeitgeber nach Zustimmung der Aufsichtsbehörde das Arbeitsverhältnis gekündigt hat. Ein Arbeitsverhältnis kann während der

Schwangerschaft durch Auflösungsvertrag beendet werden. Dann entfällt jedoch der Anspruch auf Mutterschaftsgeld. Bei einem zulässig aufgelösten Arbeitsverhältnis zahlt die Krankenkasse den Zuschuss für ihre Mitglieder oder das Bundesamt für Soziale Sicherung an familien- und privat krankenversicherte Arbeitnehmerinnen (vgl. unten). Der Zuschuss wird bis zum Ende der Schutzfrist nach der Entbindung gezahlt.

Ebenfalls vom Bund finanziert wird der Arbeitgeberzuschuss, wenn Ihr Arbeitgeber in Insolvenz gegangen ist und daher seine Zahlungsverpflichtungen nicht erfüllen kann.

Bestand zwischen Ihnen und Ihrem Arbeitgeber ein befristetes Arbeitsverhältnis, das nach Beginn der Mutterschutzfrist endet, so wird bis zur Beendigung des Arbeitsverhältnisses Mutterschaftsgeld und der entsprechende Arbeitgeberzuschuss gezahlt. Anschließend erhalten Sie von der Krankenkasse Mutterschaftsgeld, und zwar in Höhe des Krankengeldes bis zum Ende der Mutterschutzfrist.

6.1.3 Mutterschaftsgeld für familien- und privat krankenversicherte Arbeitnehmerinnen

Sind Sie nicht selbst Mitglied in einer gesetzlichen Krankenkasse, also zum Beispiel privat krankenversichert oder in der gesetzlichen Krankenversicherung familienversichert (vgl. dazu 8.1.1), erhalten Sie ein verringertes Mutterschaftsgeld. Es beträgt einmalig 210 €. Das Mutterschaftsgeld zahlt nicht die Krankenkasse, sondern das Bundesamt für Soziale Sicherung.

Wenn Sie privat krankenversichert sind, sollten Sie sich mit Ihrer Versicherung in Verbindung setzen und sich danach erkundigen, welche Leistungen Sie aufgrund Ihres Versicherungsvertrags erhalten.

6.1.4 Antrag

Das Mutterschaftsgeld müssen Sie bei Ihrer Krankenkasse beantragen, den Zuschuss bei Ihrem Arbeitgeber. Das Mutterschaftsgeld kann frühestens sieben Wochen vor dem errechneten Entbindungstermin beantragt werden, da die notwendige Bescheinigung des Arztes frühestens eine Woche vor Beginn der Schutzfrist ausgestellt werden darf. Im Antrag muss das Nettogehalt angegeben und belegt werden. Unter Umständen zahlt die Krankenkasse einen Teil des Mutterschaftsgeldsauch als Vorschuss.

Das vom Bundesamt für Soziale Sicherung zu zahlende Mutterschaftsgeld wird ebenfalls nur auf Antrag gewährt. Der Antrag ist an das Bundesamt für Soziale Sicherung (Mutterschaftsgeldstelle), Friedrich-Ebert-Allee 38, 53113 Bonn, zu richten. Antragsformulare stehen auch im Internet zur Verfügung (www.bundesamtsozialesicherung.de)

6.1.5 Mutterschutzlohn

Keine finanziellen Nachteile erleiden Frauen bei einem mutterschutzbedingten Arbeitsplatzwechsel oder einem (teilweisen oder vollständigen) Beschäftigungsverbot außerhalb der Schutzfristen vor oder nach der Entbindung. Sie haben einen Anspruch auf den sogenannten Mutterschutzlohn und erhalten damit mindestens ihren vor Beginn der Schwangerschaft erzielten Durchschnittsverdienst.

Als Mutterschutzlohn wird das durchschnittliche (Brutto-)Arbeitsentgelt der letzten drei abgerechneten Kalendermonate vor dem Eintritt der Schwangerschaft gezahlt. Dies gilt auch, wenn wegen dieses Verbots die Beschäftigung oder die Entlohnungsart wechselt. Beginnt das Beschäftigungsverhältnis erst nach Eintritt der Schwangerschaft, ist das durchschnittliche Arbeitsentgelt aus dem Arbeitsentgelt der ersten drei Monate der Beschäftigung zu berechnen.

Der Mutterschutzlohn gilt als normaler Lohn und ist damit steuer- und sozialabgabenpflichtig.

6.2 Kindergeld

Der Anspruch auf Kindergeld ist im Einkommensteuergesetz geregelt. Denn es ist eine Ausgleichszahlung, um das steuerliche Existenzminimum des Kindes zu sichern.

Das Existenzminimum des Kindes muss nach dem Willen des Bundesverfassungsgerichts steuerfrei bleiben. Das Kindergeld soll somit die Grundversorgung für jedes Kind gewährleisten. Es ist ein Ausgleich dafür, dass durch die Besteuerung des Einkommens der Eltern auch das Existenzminimum des Kindes besteuert wird. Dieses Existenzminimum soll durch das Kindergeld gesichert werden. Das Kindergeld ist quasi eine Vorauszahlung auf die Steuererstattung, die wegen der Steuerfreiheit des Existenzminimums des Kindes sonst am Ende des Jahres fällig wäre. Somit handelt es sich beim Kindergeld eigentlich auch nicht um eine staatliche Sozialleistung, sondern um eine steuerliche Ausgleichszahlung.

Da das Existenzminimum des Kindes steuerfrei bleiben muss, gibt es Kinderfreibeträge (vgl. dazu 11.2). Während des Jahres wird für das Kind nur Kindergeld gezahlt. Erst im Rahmen der jährlichen Steuerveranlagung überprüft das Finanzamt automatisch, ob sich durch die Freibeträge betragsmäßig ein höherer Steuervorteil ergibt als durch das Kindergeld (sog. Günstigerprüfung). Bei einem sehr hohen Einkommen ist die steuerliche Entlastung durch den Freibetrag höher als das Kindergeld. Ist der Steuervorteil geringer als das gezahlte Kindergeld, wird dies nicht zurückgefordert oder angerechnet. Nur soweit das Kindergeld über den Betrag hinausgeht, den die Eltern als Steuern zu viel gezahlt haben, ist es eine staatliche Förderung der Familien.

Für die Steuerpflichtigen ist das Kindergeld deshalb auch im Einkommensteuergesetz geregelt. Nur für die nicht steuerpflichtigen Anspruchsberechtigten und für Vollwaisen, die das Kindergeld selbst erhalten, sind statt des Einkommensteuergesetzes die Regelungen des Bundeskindergeldgesetzes anzuwenden. Beide Gesetze enthalten jedoch im Kern identische Regelungen.

Aus der Community: *Obwohl diese Familienleistung Kindergeld heißt, wird diese Bezeichnung von vielen Alleinerziehenden kritisiert. Das liegt daran, dass das Kindergeld zur Hälfte wieder vom Kindesunterhalt abgezogen wird (= Zahlbetrag). Und das unabhängig davon, wie viel sich der andere Elternteil am Umgang beteiligt – auch wenn gar kein Umgang stattfindet! Somit entspricht es eher einem finanziellen Eltern- statt Kinderbonus (vgl. dazu 2.6.2).*

6.2.1 Berechtigte

Gesetzlich steht nur einem Elternteil der Anspruch auf Kindergeld zu. Die Kindergeldleistungen werden bei Alleinerziehenden bzw. getrennt lebenden Eltern in voller Höhe an den Elternteil erbracht, in dessen Haushalt das Kind lebt und gemeldet ist.

Praxis-Tipp

Als Alleinerziehende solltest du dir das Kindergeld auszahlen lassen, da es mittels Zahlbetrag mit dem Bedarfssatz des Kindesunterhalts nach Düsseldorfer Tabelle »verrechnet« wird. Außerdem bekommst du einige finanzielle Beihilfen nur, wenn du die Bezieherin des Kindergeldes bist. Wenn das Kindergeld vor der Trennung an den Kindsvater ausgezahlt wurde, kannst du die Abänderung der Auszahlung bei der Familienkasse beantragen.

6.2.2 Kindergeld für minderjährige Kinder

Bis zur Vollendung des 18. Lebensjahres wird das Kindergeld für alle Kinder gezahlt. Der Berechtigte erhält es

- für Kinder, die mit ihm im ersten Grad verwandt sind (also seine ehelichen, für ehelich erklärten, nichtehelichen oder adoptierten Kinder), und

- für Kinder seines Ehepartners (Stiefkinder), Enkel- und Pflegekinder, die er in seinem Haushalt aufgenommen hat. Die Pflegekinder müssen wie eigene Kinder zur Familie gehören. Ein Obhuts- oder Betreuungsverhältnis zu den leiblichen Eltern darf nicht mehr bestehen.

6.2.3 Kindergeld für erwachsene Kinder

Für Kinder, die das 18. Lebensjahr bereits vollendet haben, wird Kindergeld nur unter bestimmten zusätzlichen Voraussetzungen gezahlt.

Volljährige Kinder bis zur Vollendung des 25. Lebensjahrs

Für ein über 18 Jahre altes Kind kann bis zur Vollendung des 25. Lebensjahres Kindergeld weitergezahlt werden,

- solange es für einen Beruf ausgebildet wird. In einer Berufsausbildung befindet sich derjenige, der das Berufsziel noch nicht erreicht hat, sich aber ernsthaft darauf vorbereitet. Zur Ausbildung für einen Beruf gehören der Besuch allgemeinbildender Schulen, die betriebliche Ausbildung, eine weiterführende Ausbildung sowie die Ausbildung für einen weiteren Beruf;
- wenn es eine Berufsausbildung mangels Ausbildungsplatzes nicht beginnen oder fortsetzen kann. Voraussetzung für den Kindergeldanspruch ist, dass trotz ernsthafter Bemühungen die Suche nach einem Ausbildungsplatz zum frühestmöglichen Zeitpunkt bisher erfolglos verlaufen ist;
- wenn es ein freiwilliges soziales oder ökologisches Jahr im Sinne des Jugendfreiwilligendienstgesetzes oder Bundesfreiwilligendienst ableistet.

! Kindergeld wird auch für eine Übergangszeit (Zwangspause) von bis zu vier Kalendermonaten gezahlt (z.B. zwischen Schulabschluss und Beginn der Berufsausbildung vor und auch nach dem freiwilligen Wehrdienst oder einem Freiwilligendienst).

Wegfall des Kindergeldanspruchs bei abgeschlossener Erstausbildung und Erwerbstätigkeit

In den oben genannten Fällen wird ein Kind nach Abschluss einer erstmaligen Berufsausbildung oder eines Erststudiums nur berücksichtigt, wenn es keiner Erwerbstätigkeit nachgeht. Dies gilt auch dann, wenn die erstmalige Berufsausbildung bereits vor Vollendung des 18. Lebensjahres abgeschlossen worden ist. Eine Erwerbstätigkeit liegt vor, wenn das Kind einer Beschäftigung nachgeht, die darauf ausgerichtet ist, Einkünfte zu erzielen und den Einsatz seiner persönlichen Arbeitskraft erfordert.

Trotz Erwerbstätigkeit besteht ein Kindergeldanspruch, wenn

- die Erwerbstätigkeit im Rahmen eines Ausbildungsverhältnisses ausgeübt wird,
- die Erwerbstätigkeit geringfügig ist, weil das Arbeitsentgelt aus der Beschäftigung regelmäßig im Monat 538 € nicht überschreitet (Minijob-Verdienstgrenze) oder
- die regelmäßige wöchentliche Arbeitszeit insgesamt nicht mehr als 20 Stunden beträgt.

Volljährige Kinder bis zur Vollendung des 21. Lebensjahres

Kindergeld wird auch für ein über 18 Jahre altes Kind bis zur Vollendung des 21. Lebensjahres gezahlt, wenn es nicht in einem Beschäftigungsverhältnis steht und bei einer Agentur für Arbeit im Inland als Arbeitsuchender gemeldet ist. Unschädlich ist eine geringfügige Tätigkeit. Eine solche liegt vor, wenn die Bruttoeinnahmen im Monatsdurchschnitt nicht mehr als 538 € betragen (Minijob-Verdienstgrenze).

Volljährige behinderte Kinder

Für ein über 18 Jahre altes Kind wird Kindergeld gezahlt, wenn es wegen einer körperlichen, geistigen oder seelischen Behinderung nicht in der Lage ist, sich selbst zu unterhalten. Das heißt, dass die ihm zur Verfügung stehenden finanziellen Mittel nicht reichen, um den gesamten notwendigen Lebensbedarf zu bestreiten. Die Behinderung des Kindes muss vor Vollendung des 25. Lebensjahres eingetreten sein. Für die Bezugsdauer gibt es in diesen Fällen keine altersbedingte Grenze.

6.2.4 Höhe des Kindergeldes

Das Kindergeld beträgt aktuell (2024) für jedes Kind 250 € im Monat, mithin 3.000 € im Jahr, bei zwei Kindern 6.000 €, bei drei Kindern 9.000 € im Jahr.

Auf lange Sicht ist die Einführung einer allgemeinen Kindergrundsicherung geplant. Diese soll das derzeitige Kindergeld ablösen und verschiedene Familienleistungen bündeln. In Betracht gezogen wird ein einkommensunabhängiger Garantiebetrag für Kinder und Jugendliche, wobei Familien mit niedrigem Einkommen Zusatzbeiträge erhalten sollen. Eine erste Auszahlung aus der Grundsicherung ist für das Jahr 2025 vorgesehen.

6.2.5 Beginn und Ende des Kindergeldanspruchs

Sobald die Voraussetzungen auf Kindergeld wenigstens an einem Tag eines Monats vorgelegen haben, besteht grundsätzlich auch der Kindergeldanspruch für den ganzen Monat. Grundsätzlich wird das Kindergeld rückwirkend gewährt, jedoch höchstens für die letzten sechs Kalendermonate vor dem Eingang des Kindergeldantrags bei der Familienkasse.

Kindergeld wird bis zum Ende des Monats gewährt, in dem die Anspruchsvoraussetzungen wegfallen. Der Anspruch endet grundsätzlich mit dem Ablauf des Monats, in dem das Kind das 18. Lebensjahr vollendet hat. Wenn der 18. Geburtstag des Kindes auf den ersten Tag des Monats fällt, endet der Anspruch auf Kindergeld bereits mit dem Ende des Vormonats.

6.2.6 Auszahlung des Kindergeldes

Das Kindergeld wird monatlich durch die Familienkasse der Agentur für Arbeit ausgezahlt. Bei Angehörigen des öffentlichen Dienstes und Empfängern von Versorgungsbezügen wird das Kindergeld in der Regel von ihren Dienstherren oder Arbeitgebern in deren Eigenschaft als Familienkasse festgesetzt und monatlich ausgezahlt.

Praxis-Tipp

Das Kindergeld wird nicht standardmäßig am Ersten des Monats ausgezahlt. Die letzte Ziffer der Kindergeldnummer entscheidet, wann das Kindergeld ausgezahlt wird. Je höher diese Ziffer, desto später kommt das Geld im Monat auf das Konto. Du bekommst das Kindergeld aber für alle Kinder, solltest du mehrere haben, zusammen an einem Auszahlungstermin ausgezahlt.

6.2.7 Kindergeldantrag

Kindergeld wird nur aufgrund eines schriftlichen Antrags bei der Familienkasse der zuständigen Agentur für Arbeit bewilligt. Für Angehörige des öffentlichen Dienstes und Empfänger von Versorgungsbezügen ist die zuständige Familienkasse in der Regel die Stelle des öffentlich-rechtlichen Arbeitgebers oder Dienstherrn, die die Bezüge festsetzt.

Die Kinder müssen beim Antrag durch amtliche Urkunden nachgewiesen werden. Für über 18 Jahre alte Kinder sind zusätzlich Schulbescheinigungen oder Ausbildungsverträge notwendig.

6.2.8 Berücksichtigung des Kindergelds bei Sozialleistungen

Beim Bezug von Sozialhilfe wird das Kindergeld als Einkommen angerechnet und von der Sozialhilfe abgezogen. Auch beim Bezug von Bürgergeld wird das Kindergeld als Einkommen des Kindes bewertet, soweit das Kind das Kindergeld für den Lebensunterhalt benötigt. Hat das Kind etwa durch Unterhalt seinen Lebensunterhalt gedeckt, so wird das Kindergeld bei den Eltern angerechnet und bei deren Anspruch abgezogen.

Keine Anrechnung des Kindergelds erfolgt bei der Bewilligung des Elterngelds, bei der Berechnung der Ausbildungsförderung und des Wohngelds.

6.3 Kinderzuschlag bei geringem Einkommen

Der Kinderzuschlag ist eine Familienleistung des Staates, die Alleinerziehende und Familien mit geringem Einkommen unterstützen soll. Viele erwerbstätige Eltern brauchen den Kinderzuschlag als zusätzliche finanzielle Unterstützung neben dem Kindergeld, weil ihr Einkommen nicht ausreicht, um auch den Unterhalt ihrer Kinder ausreichend zu sichern. Vor allem Familien mit mehreren Kindern profitieren von dieser Leistung. Ohne Kinderzuschlag wären die Eltern zusätzlich auf Bürgergeld angewiesen.

Selbst wenn Ihr Anspruch auf Kinderzuschlag gering ist, kann es sich für Sie lohnen, den Kinderzuschlag zu beantragen. Beziehen Sie für das Kind Kinderzuschlag, besteht auch Anspruch auf sogenannte Bildungs- und Teilhabeleistungen (vgl. dazu 9.3) und unter Umständen auch auf einmalige Leistungen nach dem SGB II.

Praxis-Tipp

Der Kinderzuschlag, auch KiZ genannt, wirkt wie ein Zuschlag zum Kindergeld und wird daher zusätzlich zum Kindergeld ausgezahlt. Der KiZ wird nicht nur in voller Höhe, sondern auch anteilig ausgezahlt je nach individueller Einkommenssituation. Wundere dich daher nicht, wenn der Kinderzuschlag bei dir geringer ausfällt.

6.3.1 Berechtigte

Den Kinderzuschlag können einkommensschwache Eltern erhalten, die mit ihrem unverheirateten Kind, das noch keine 25 Jahre alt ist, in einem Haushalt leben. Den Kinderzuschlag erhält aber nur, wer auch Kindergeld oder einen entsprechenden Ersatz erhält. Voraussetzung für den Anspruch ist, dass das Kind gemeinsam mit dem Berechtigten in dessen Wohnung lebt und dort betreut und versorgt wird.

Für ein und dasselbe Kind kann immer nur eine Person Kinderzuschlag erhalten. In aller Regel wird dieser an denjenigen Elternteil gezahlt, der auch das Kindergeld bezieht.

6.3.2 Höhe

Der Höchstbetrag des Kinderzuschlags liegt aktuell (2024) bei 292 € pro Kind und Monat. Bei mehreren Kindern wird ein Gesamtbetrag ausgezahlt.

Das Einkommen und Vermögen der Eltern und des Kindes werden auf den Kinderzuschlag in unterschiedlichem Umfang angerechnet und reduzieren die Höhe des Zuschlags.

Einkommen und Vermögen der Eltern

Zu berücksichtigendes Einkommen der Eltern reduziert den Kinderzuschlag, wenn es höher ist als der Familienbedarf. Bei der Ermittlung des eigenen Bedarfs der Eltern wird auch ein prozentualer Anteil an den Bedarfen für Unterkunft und Heizung berücksichtigt. Hier wird aber nur der Anteil der Wohnkosten angesetzt, der auf die Eltern entfällt. Danach ergeben sich folgende Anteile:

Alleinstehende Eltern mit	Wohnanteil des Elternteils
1 Kind	77 %
2 Kindern	63 %
3 Kindern	53 %
4 Kindern	46 %
5 Kindern	50 %

Einkommen der Eltern aus einer Erwerbstätigkeit (auch einer selbstständigen Tätigkeit) wird nur zu 45 % auf den Kinderzuschlag angerechnet. Andere Einnahmen (z.B. Krankengeld, Arbeitslosengeld) werden voll angerechnet.

Vermögen wird – soweit es berücksichtigt wird – voll auf die Kinderzulage angerechnet.

- Ist das zu berücksichtigende Vermögen niedriger als der monatliche Anspruch auf Kinderzuschlag, wird der Kinderzuschlag im ersten Monat des Bewilligungszeitraums um das entsprechende Vermögen gemindert. Ab dem Folgemonat wird das Vermögen als verbraucht behandelt, sodass Kinderzuschlag in der Höhe gezahlt wird, die sich ohne Vermögensanrechnung ergibt.
- Ist das zu berücksichtigende Vermögen höher als der monatliche Anspruch auf Kinderzuschlag, entfällt der Anspruch auf Kinderzuschlag. Sobald das Vermögen verbraucht ist, kann ein erneuter Anspruch auf Kinderzuschlag gestellt werden.

Herr Bretzinger, welches Vermögen wird denn nicht berücksichtigt?

Nur »erhebliches« Vermögen wird berücksichtigt. Das ist der Fall, wenn es in der Summe 40.000 € für die leistungsberechtigte Person sowie 15.000 € für jede weitere in der Bedarfsgemeinschaft lebende Person übersteigt. Beim Kinderzuschlag werden nicht als Vermögen berücksichtigt:

- angemessener Hausrat (alle Gegenstände, die zur Haushaltsführung notwendig oder üblich sind),
- zur Altersvorsorge bestimmtes Vermögen von nicht Rentenversicherungspflichtigen in angemessener Höhe,
- eine selbst bewohnte Immobilie von angemessener Größe.

Einkommen und Vermögen des Kindes

Verfügt das Kind über eigenes Einkommen, wird dies zu 45 % auf den Kinderzuschlag angerechnet.

Das Kind erhält monatlich Unterhalt in Höhe von 400 €. Davon werden 45 %, also 180 € auf den Kinderzuschlag von 250 € angerechnet. Es wird mithin ein Kinderzuschlag von höchstens 70 € im Monat gezahlt.

Eigenes Vermögen des Kindes wird, soweit es zu berücksichtigen ist und den Freibetrag übersteigt, voll auf den Kinderzuschlag angerechnet.

- Ist das den Freibetrag übersteigende Vermögen höher als der monatliche Anspruch auf Kinderzuschlag, entfällt der Anspruch auf Kinderzuschlag. Sobald das Vermögen verbraucht ist, kann ein erneuter Antrag auf Kinderzuschlag gestellt werden.
- Ist das den Freibetrag übersteigende Vermögen niedriger als der monatliche Anspruch auf Kinderzuschlag, wird der Kinderzuschlag im ersten Monat des Bewilligungszeitraums um das entsprechende Vermögen gemindert. Ab dem Folgemonat wird das Vermögen als verbraucht behandelt, sodass Kinderzuschlag ohne Vermögensanrechnung gezahlt wird.

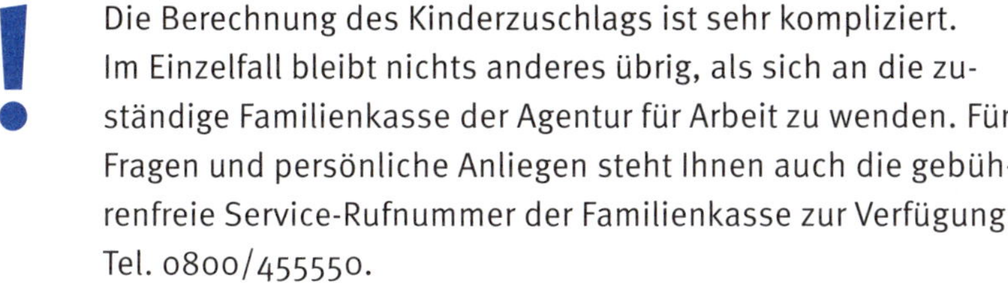

Die Berechnung des Kinderzuschlags ist sehr kompliziert. Im Einzelfall bleibt nichts anderes übrig, als sich an die zuständige Familienkasse der Agentur für Arbeit zu wenden. Für Fragen und persönliche Anliegen steht Ihnen auch die gebührenfreie Service-Rufnummer der Familienkasse zur Verfügung: Tel. 0800/455550.

Praxis-Tipp

Von der Bundesagentur für Arbeit gibt es im Internet den KiZ-Lotsen: www.arbeitsagentur.de/familie-und-kinder/kinderzuschlag-verstehen/kiz-lotse. Dort findest du unter anderem einen Online-Rechner, der eine erste Einschätzung gibt, ob dir Kinderzuschlag zusteht.

6.3.3 Voraussetzungen

Anspruch auf Kinderzuschlag für unverheiratete, unter 25 Jahre alte Kinder, die in Ihrem Haushalt leben, besteht, wenn

- Sie für diese Kinder Kindergeld oder eine vergleichbare Leistung (beispielsweise aus dem Ausland) beziehen,
- Ihre monatlichen Einnahmen die Mindesteinkommensgrenze erreichen,
- der Bedarf der Familie durch die Zahlung von Kinderzuschlag und eventuell zustehendem Wohngeld (vgl. dazu 8.3) gedeckt ist und deshalb kein Anspruch auf Bürgergeld besteht,
- das Einkommen, das auf das Kindergeld angerechnet wird, nicht so hoch ist, dass sich der Kinderzuschlag auf null reduziert.

Laut Agentur für Arbeit gilt folgende Faustregel: Eltern mit Kindern, die nur Bürgergeld oder Sozialhilfe beziehen und sonst kein Einkommen bzw. Vermögen haben, können daneben nur das Kindergeld, aber keinen Kinderzuschlag erhalten.

Mindesteinkommen der Eltern

Für Alleinerziehende gilt eine Mindesteinkommensgrenze von 600 €. Den Kinderzuschlag können Sie nur dann beanspruchen, wenn Ihre monatlichen Einnahmen (Bruttoeinkommen aus Erwerbstätigkeit, Arbeitslosengeld, Krankengeld etc.) diese Mindesteinkommensgrenze erreichen. Kindergeld und Wohngeld zählen nicht zum Mindesteinkommen dazu.

Ob es sinnvoll ist, Kinderzuschlag zu beantragen, wenn Sie tatsächlich nur 600 € brutto im Monat haben, steht auf einem anderen Blatt. Was günstiger und möglich ist, muss man im Einzelfall genau durchrechnen. Hilfe erhalten Sie dabei von der Agentur für Arbeit.

Bedarf der Familie muss gedeckt sein

Der errechnete Kinderzuschlag wird nur gezahlt, wenn dieser zusammen mit anderem Einkommen und Vermögen und eventuell zustehendem Wohngeld ausreicht, den Bedarf der gesamten Familie zu gewährleisten, sodass kein Anspruch auf Bürgergeld besteht.

Der Gesamtbedarf der Familie setzt sich zusammen aus den Regelbedarfen, möglichen Mehrbedarfen und den Wohnkosten der Familie.

Zunächst gehören zur Bemessungsgrenze die pauschalierten Bedarfe zur Sicherung des Lebensunterhalts (Regelbedarf und ggf. Mehrbedarfe). Diese bemessen sich zurzeit (2024) wie folgt:

Berechtigte	
Alleinstehende Personen	563 €
Volljährige Partner innerhalb einer Bedarfsgemeinschaft	506 €
Kinder bis fünf Jahre	357 €
Kinder (6 bis 13 Jahre)	390 €
Kinder (14 bis 17 Jahre	471 €
Volljährige bis zur Vollendung des 25. Lebensjahres in einer Bedarfsgemeinschaft	451 €

Zu diesen Regelbedarfen kommen unter Umständen noch besondere Mehrbedarfe. Zum Beispiel werden zusätzlich zugebilligt

- einer werdenden Mutter nach der zwölften Schwangerschaftswoche ein Mehrbedarf von 17 % der Regelleistung,
- einer Alleinerziehenden ein Mehrbedarf von 12 % der Regelleistung,
- einer Alleinerziehenden mit einem Kind unter sieben Jahren oder mehreren Kindern unter 16 Jahren ein Mehrbedarf von 36 % der Regelleistung,
- einem Menschen mit Behinderung ein Mehrbedarf von 35 % der Regelleistung.

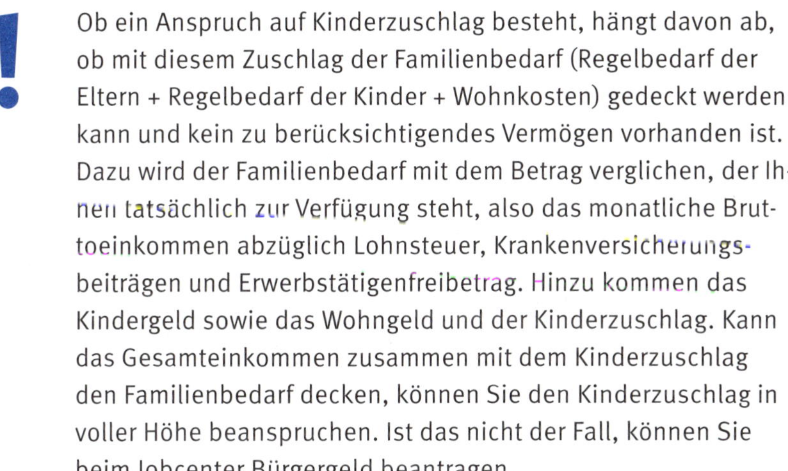
Ob ein Anspruch auf Kinderzuschlag besteht, hängt davon ab, ob mit diesem Zuschlag der Familienbedarf (Regelbedarf der Eltern + Regelbedarf der Kinder + Wohnkosten) gedeckt werden kann und kein zu berücksichtigendes Vermögen vorhanden ist. Dazu wird der Familienbedarf mit dem Betrag verglichen, der Ihnen tatsächlich zur Verfügung steht, also das monatliche Bruttoeinkommen abzüglich Lohnsteuer, Krankenversicherungsbeiträgen und Erwerbstätigenfreibetrag. Hinzu kommen das Kindergeld sowie das Wohngeld und der Kinderzuschlag. Kann das Gesamteinkommen zusammen mit dem Kinderzuschlag den Familienbedarf decken, können Sie den Kinderzuschlag in voller Höhe beanspruchen. Ist das nicht der Fall, können Sie beim Jobcenter Bürgergeld beantragen.

Wenn kein Bürgergeld bezogen wird und auch aktuell nicht beantragt wurde, kann stattdessen Kinderzuschlag gezahlt werden. Voraussetzung für den erweiterten Zugang zum Kinderzuschlag ist, dass dem Antragsteller mit Erwerbseinkommen, Kinderzuschlag und gegebenenfalls Wohngeld höchstens 100 € fehlen, um den Bedarf der Familie zu decken.

6.3.4 Antrag

Den Kinderzuschlag müssen Sie bei der Familienkasse der Agentur für Arbeit beantragen. Einkommen und Vermögen müssen Sie grundsätzlich durch entsprechende Nachweise belegen. Welche Unterlagen im Einzelnen erforderlich sind, ergibt sich aus dem Antrag auf Kinderzuschlag.

Der Kinderzuschlag wird für sechs Monate bewilligt. Der Bewilligungszeitraum beginnt mit dem Monat, in dem der Antrag gestellt wurde.

Stellen Sie den Antrag so schnell wie möglich, weil für Monate vor der Antragstellung grundsätzlich kein Kinderzuschlag gezahlt wird.

6.4 Elternzeit und Elterngeld

Wichtige staatliche Leistungen für Sie als alleinerziehendes Elternteil sind die Elternzeit und das Elterngeld. Durch die Elternzeit können Sie sich eine Auszeit vom Berufsleben nehmen, um Ihr Kind selbst zu betreuen und zu erziehen. Durch das Elterngeld können Sie fehlendes Einkommen ausgleichen, wenn Sie nach der Geburt Ihres Kindes zu Hause bleiben und Ihr Kind betreuen wollen.

6.4.1 Elternzeit

Wollen Sie Ihr Kind selbst betreuen und erziehen, können Sie sich für einen bestimmten Zeitraum von Ihrem Arbeitgeber von der Arbeit freistellen lassen und Elternzeit verlangen. Als Ausgleich für die unbezahlte Auszeit können Sie Elterngeld beantragen.

Voraussetzungen

Elternzeit können Sie in jedem Arbeitsverhältnis nehmen. Keine Bedeutung hat also, ob Sie in Teilzeit, in einem Minijob oder in einem befristeten Arbeitsverhältnis arbeiten. Anspruch auf Elternzeit haben Sie, wenn

- Sie als Arbeitnehmer Ihr Kind selbst betreuen und erziehen wollen,
- Sie zusammen mit Ihrem Kind in einem gemeinsamen Haushalt leben und
- Sie während der Elternzeit entweder überhaupt nicht erwerbstätig sind oder höchstens 32 Stunden pro Woche arbeiten.

! Wollen Sie Elternzeit nehmen, benötigen Sie nicht die Zustimmung Ihres Arbeitgebers. Dieser kann Ihnen die Elternzeit auch nicht verweigern. Sie müssen Ihrem Arbeitgeber nur rechtzeitig mitteilen, dass Sie in Elternzeit gehen möchten.

Herr Bretzinger, können auch Selbstständige Elternzeit nehmen?

Auch Selbstständige haben Anspruch auf Elternzeit. Im Gegensatz zu Arbeitnehmern müssen Sie die Elternzeit allerdings nicht beantragen, sondern können einfach eine Auszeit nehmen. Selbstständige haben auch Anspruch auf Elterngeld, wenn die gesetzlichen Voraussetzungen vorliegen (vgl. dazu 6.4.2).

Dauer

Die Elternzeit umfasst maximal drei Jahre und beginnt frühestens mit der Geburt des Kindes. Bei mehreren Kindern besteht der Anspruch auf Elternzeit für jedes Kind, auch wenn sich die Zeiträume überschneiden. Die Elternzeit endet spätestens am Tag vor dem achten Geburtstag des Kindes.

Als Mutter können Sie frühestens im Anschluss an den Mutterschutz mit der Elternzeit beginnen, also grundsätzlich ab der neunten Woche nach der Geburt. Die Zeit der Mutterschutzfrist wird auf die

Dauer der Elternzeit angerechnet. Mithin betragen Elternzeit und Mutterschutz zusammen drei Jahre. Wenn Sie also die Elternzeit direkt im Anschluss an den Mutterschutz beginnen, können Sie bis zum Tag vor dem dritten Geburtstag Ihres Kindes in Elternzeit bleiben.

Sie müssen die Elternzeit allerdings nicht unmittelbar im Anschluss an das Ende der Mutterschutzfristen nehmen. Nach der Geburt bzw. nach Ende der Mutterschutzfrist können Sie also zunächst wieder arbeiten oder Erholungsurlaub in Anspruch nehmen.

Sinnvoll ist es, dass Sie die Elternzeit erst nach dem Mutterschutz beginnen, weil Ihnen andernfalls der Arbeitgeberzuschuss zum Mutterschaftsgeld nicht zusteht.

Grundsätzlich steht es in Ihrem Belieben, ob Sie die Elternzeit an einem Stück nehmen oder nur in Teilabschnitten. Elternzeit können Sie sogar für einzelne Monate, Wochen oder sogar Tage nehmen.

- Vor dem dritten Geburtstag Ihres Kindes entscheiden Sie, wann Ihre Elternzeit beginnen und wann sie enden soll. Sie können Ihre gesamte Elternzeit entweder am Stück nehmen oder in zwei oder drei Zeitabschnitte aufteilen. Die Aufteilung in mehr als drei Zeitabschnitte ist nur möglich, wenn Ihr Arbeitgeber damit einverstanden ist.
- Elternzeit können Sie auch in den Zeitraum ab dem dritten Geburtstag bis einschließlich zum Tag vor dem achten Geburtstag Ihres Kindes nehmen. In diesem Zeitraum können Sie allerdings Elternzeit höchstens für 24 Monate nehmen. Wenn Sie Ihre Elternzeit unterbrochen haben und der dritte Zeitabschnitt erst am dritten Geburtstag Ihres Kindes oder danach beginnen soll, kann Ihr Arbeitgeber den dritten Zeitabschnitt aus dringenden betrieblichen Gründen ablehnen.

Anmeldung

Elternzeit müssen Sie bei Ihrem Arbeitgeber anmelden. Elternzeit vor dem dritten Geburtstag des Kindes müssen Sie spätestens sieben Wochen vor Beginn der Elternzeit anmelden. Wenn die Elternzeit am Tag der Geburt beginnen soll, bedeutet das: sieben Wochen vor dem berechneten Geburtstermin. Elternzeit im Zeitraum vom dritten Geburtstag bis zum Tag vor dem achten Geburtstag müssen Sie spätestens 13 Wochen vor Beginn dieser Elternzeit anmelden.

Achtung: Sie müssen die Elternzeit schriftlich bei Ihrem Arbeitgeber anmelden. Die Anmeldung per Fax oder E-Mail ist nicht ausreichend. Wenn Sie Elternzeit vor dem dritten Geburtstag Ihres Kindes anmelden, dann müssen Sie sich bei der Anmeldung verbindlich festlegen, für welche Zeiträume Sie in den nächsten beiden Jahren Elternzeit nehmen wollen. Wenn Sie für einen Teil der nächsten beiden Jahre keine Elternzeit anmelden, folgt daraus, dass Sie auf die Möglichkeit verzichten, in den nächsten beiden Jahren weitere Elternzeit zu nehmen.

Nachträglich verlängern oder verkürzen können Sie Ihre Elternzeit grundsätzlich nur, wenn Ihr Arbeitgeber damit einverstanden ist. Nur in Ausnahmefällen haben Sie gegenüber Ihrem Arbeitgeber einen Anspruch auf Verkürzung oder Verlängerung der Elternzeit. So kann etwa Ihr Arbeitgeber die vorzeitige Beendigung wegen der Geburt eines weiteren Kindes oder in Fällen besonderer Härte, insbesondere bei Eintritt einer schweren Krankheit oder bei erheblich gefährdeter wirtschaftlicher Existenz der Eltern nach Inanspruchnahme der Elternzeit nur innerhalb von vier Wochen aus dringenden betrieblichen Gründen schriftlich ablehnen.

Kündigungsschutz

Nehmen Sie Elternzeit in Anspruch, genießen Sie gegenüber Ihrem Arbeitgeber gesetzlichen Kündigungsschutz, allerdings frühestens eine Woche vor Beginn der Anmeldefrist, also acht Wochen vor Beginn der Elternzeit, die Sie vor dem dritten Geburtstag Ihres Kindes nehmen, und 14 Wochen vor dem Beginn der Elternzeit, die Sie im Zeitraum vom dritten Geburtstag bis zum Tag vor dem achten Geburtstag Ihres Kindes nehmen. Nur in besonderen Ausnahmefällen kann eine Kündigung auf Antrag des Arbeitgebers von der Behörde für Arbeitsschutz während des Kündigungsschutzes zugelassen werden.

Herr Bretzinger, welche Vorteile genießt man zusätzlich in der Elternzeit?

Während der Elternzeit wird zwar die Fortsetzung des Arbeitsentgelts unterbrochen, das Arbeitsverhältnis und damit die Sozialversicherung bleiben aber bestehen. In der Elternzeit bleibt die Mitgliedschaft in der gesetzlichen Krankenkasse bei pflichtversicherten Arbeitnehmern beitragsfrei bestehen. Bei freiwillig gesetzlich versicherten Beschäftigten prüft die Krankenkasse, ob die Mitgliedschaft beitragsfrei fortgesetzt werden kann. Das ist zum Beispiel möglich, wenn keine anderen Einkünfte vorhanden sind und der Ehepartner auch gesetzlich versichert ist. Während der Elternzeit werden Erziehenden während der ersten drei Lebensjahre des Kindes sogenannte Kinderziehungszeiten in der gesetzlichen Rentenversicherung gutgeschrieben. Diese Zeiten sind Pflichtbeitragszeiten. Sie wirken rentenbegründend und rentensteigernd. Sie zählen bei der Erfüllung der sogenannten Wartezeit (Mindestversicherungszeit) mit.

Teilzeitarbeit während der Elternzeit

Wenn Sie Elternzeit in Anspruch nehmen, sind Sie nicht zwangsläufig gezwungen, völlig auf Arbeit zu verzichten. Vielmehr dürfen Sie während der Elternzeit eine Teilzeittätigkeit ausüben, sei es bei Ihrem Arbeitgeber, bei einem fremden Arbeitgeber oder als selbstständige Tätigkeit.

Teilzeitarbeit beim eigenen Arbeitgeber

Außer in Kleinunternehmen haben Sie nach dem Teilzeit- und Befristungsgesetz unter Umständen für die Dauer der Elternzeit einen gesetzlichen Rechtsanspruch auf Reduzierung Ihrer bisherigen Arbeitszeit, vorausgesetzt, im Betrieb sind in der Regel mehr als 15 Arbeitnehmer beschäftigt. Darüber hinaus müssen folgende Voraussetzungen erfüllt sein:

- Sie arbeiten bereits länger als sechs Monate ohne Unterbrechung bei diesem Arbeitgeber.
- Sie wollen mindestens zwei Monate lang Teilzeit arbeiten, und zwar mindestens 15 und maximal 32 Stunden pro Woche.
- Gegen die Teilzeitarbeit sprechen keine dringenden betrieblichen Gründe (z.B. dass der Arbeitsplatz für Teilzeit ungeeignet ist).

Sind diese Voraussetzungen erfüllt, können Sie von Ihrem Arbeitgeber Teilzeitarbeit verlangen, und zwar während der gesamten Elternzeit.

Achten Sie darauf, dass Sie die Teilzeit rechtzeitig beantragen. Die Fristen sind dieselben wie bei der Anmeldung der Elternzeit (vgl. oben). In dem Antrag müssen Sie angeben, wann die Teilzeitarbeit beginnen soll und wie viele Stunden Sie arbeiten möchten.

Teilzeitarbeit bei anderem Arbeitgeber

Sie können während der Elternzeit auch bei einem anderen Arbeitgeber Teilzeit arbeiten, wenn Ihr Arbeitgeber damit einverstanden ist. Maximal dürfen Sie aber 32 Stunden pro Woche arbeiten. Einen entsprechenden Antrag müssen Sie bei Ihrem Arbeitgeber stellen.

Herr Bretzinger, wenn man während der Elternzeit nicht arbeiten möchte und das Elterngeld ausgelaufen ist, kann man dann Bürgergeld beantragen?

Wer dem Grunde nach erwerbsfähig ist und seinen Lebensunterhalt nicht aus eigenem Einkommen decken kann, hat einen Anspruch auf Bürgergeld. Das gilt sowohl dann, wenn die Bedürftigkeit während der Elternzeit vorhanden ist, als auch nach Beendigung der Elternzeit. Elternzeit ist also kein Ausschlussgrund für den Bezug von Bürgergeld.

Praxis-Tipp

Die Elternzeit hat unter anderem den Vorteil, dass du für die Erziehungszeiten Rentenpunkte bekommst, auch wenn du nicht arbeitest. Damit diese Zeiten auch richtig erfasst werden, musst du bei der Rentenversicherung den Antrag auf Feststellung von Kindererziehungszeiten stellen. Die Antragsformulare gibt es auf der Website der Rentenversicherung: www.deutsche-rentenversicherung.de unter Online-Services.

6.4.2 Elterngeld

Mit dem Elterngeld will der Staat Sie in der Frühphase ihrer Elternschaft finanziell unterstützen und dazu beitragen, dass Sie sich in diesem Zeitraum selbst um die Betreuung Ihres Kindes kümmern können. Wenn Sie Ihre Erwerbstätigkeit unterbrechen oder reduzieren, erhalten Sie einen an Ihrem individuellen Einkommen orientierten Ausgleich dafür, dass Sie im ersten Lebensjahr des Kindes weniger arbeiten. Damit soll das Elterngeld Ihnen die Entscheidung für eine berufliche Auszeit nach der Geburt Ihres Kindes erleichtern.

Wusstest du ...

... dass man als Alleinerziehende auch Anspruch auf die zwei Partnerschaftsmonate beim Elterngeld hat?

Berechtigte

Als alleinerziehender Elternteil haben Sie Anspruch auf Elterngeld, wenn

- Sie Ihren Wohnsitz oder Ihren gewöhnlichen Aufenthalt in Deutschland haben,
- Sie mit Ihrem Kind in einem Haushalt leben,
- dieses Kind selbst betreuen und erziehen und
- Sie keine oder keine volle Erwerbstätigkeit ausüben.

Keine volle Erwerbstätigkeit liegt vor, wenn die wöchentliche Arbeitszeit 32 Wochenstunden im Durchschnitt nicht übersteigt oder eine Beschäftigung zur Berufsausbildung ausgeübt wird. Wer mehr als 32 Stunden pro Woche arbeitet, gilt als voll erwerbstätig und hat keinen Anspruch auf Elterngeld.

Als alleinerziehend beim Elterngeld gelten Sie, wenn

- der andere Elternteil weder mit Ihnen noch mit dem Kind zusammenwohnt und
- Sie im steuerrechtlichen Sinne als alleinerziehend gelten, Sie also den Entlastungsbetrag für Alleinerziehende bekommen (vgl. dazu 11.2.2).

Um Elterngeld zu beziehen, muss keine Elternzeit genommen werden. Anspruch auf Elterngeld hat also auch eine Hausfrau oder eine selbstständige Person, ebenso ein Auszubildender oder Studierender. Eine Arbeitnehmerin bzw. ein Arbeitnehmer muss jedoch im Regelfall den Anspruch auf Elternzeit geltend machen, um die Arbeitszeit in dem oben genannten Umfang zu reduzieren.

Elterngeld steht Ihnen auch dann zu, wenn Sie aus einem wichtigen Grund mit der Betreuung Ihres Kindes nicht sofort beginnen können (z.B. wegen eines verlängerten Krankenhausaufenthalts nach einer Frühgeburt) oder die Betreuung Ihres Kindes unterbrechen müssen (z.B. wegen einer Erkrankung oder einer notwendigen Kur).

Achtung: Der Anspruch auf Elterngeld entfällt, wenn die berechtigte Person im letzten abgeschlossenen Veranlagungszeitraum vor der Geburt des Kindes ein zu versteuerndes Einkommen in Höhe von mehr als 250.000 € erzielt hat. Erfüllt auch eine andere Person die Voraussetzungen auf Elterngeld, entfällt der Anspruch, wenn die Summe des zu versteuernden Einkommens beider Personen mehr als 300.000 € beträgt. Für Geburten ab dem 1.4.2024 wird die Einkommensgrenze, ab der der Anspruch auf Elterngeld entfällt, für gemeinsam Elterngeldberechtigte von 300.000 € auf 200.000 € gesenkt. Zum 1.4.2025 wird sie für Paare nochmals auf 175.000 € abgesenkt.

Dauer des Bezugs

Elterngeld gibt es in drei Varianten:

- Basiselterngeld
- ElterngeldPlus
- Partnerschaftsbonus.

Elterngeld kann ab dem Tag der Geburt bezogen werden. Es wird monatsweise gezahlt, allerdings nicht nach Kalendermonaten, sondern nach Lebensmonaten des Kindes. Diese beginnen nicht am Ersten des Kalendermonats, sondern je nach Geburtstag des Kindes (ist das Kind z.B. am 13. März geboren, dann ist der erste Lebensmonat vom 13. März. bis zum 12. April). Bei Adoptivkindern ist nicht der Geburtstag, sondern der Tag maßgebend, in dem das Kind in den Haushalt aufgenommen wurde.

Basiselterngeld

Basiselterngeld kann bis zu zwölf Lebensmonate bezogen werden. Wenn es beide Eltern beantragen und ein Elternteil nach der Geburt weniger Einkommen hat als davor, sogar für bis zu 14 Monate. Diese zwei zusätzlichen Monate nennt man Partnermonate.

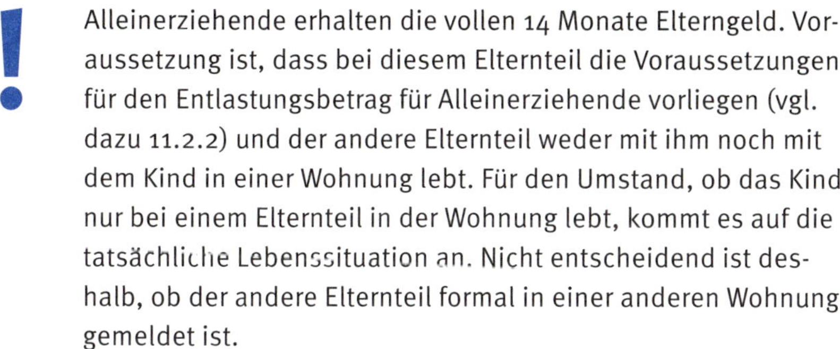

Alleinerziehende erhalten die vollen 14 Monate Elterngeld. Voraussetzung ist, dass bei diesem Elternteil die Voraussetzungen für den Entlastungsbetrag für Alleinerziehende vorliegen (vgl. dazu 11.2.2) und der andere Elternteil weder mit ihm noch mit dem Kind in einer Wohnung lebt. Für den Umstand, ob das Kind nur bei einem Elternteil in der Wohnung lebt, kommt es auf die tatsächliche Lebenssituation an. Nicht entscheidend ist deshalb, ob der andere Elternteil formal in einer anderen Wohnung gemeldet ist.

ElterngeldPlus

Mit dem ElterngeldPlus kann doppelt so lange Elterngeld bezogen werden. Als alleinerziehender Elternteil können Sie sich anstelle eines Lebensmonats mit Basiselterngeld für zwei Lebensmonate mit ElterngeldPlus entscheiden und so bis zu 28 Monate Elterngeld erhalten.

Mit ElterngeldPlus kann das Elterngeldbudget besser ausgenutzt werden. Davon profitieren Sie, wenn Sie während der Elternzeit arbeiten wollen. Es wird dann leichter, Elterngeld und Teilzeitarbeit miteinander zu kombinieren. Arbeiten Sie nach der Geburt des Kindes in Teilzeit bis zu 32 Wochenstunden, kann das monatliche ElterngeldPlus genauso hoch sein wie das monatliche Basiselterngeld mit Einkommen. Und das ElterngeldPlus wird doppelt so lange gezahlt wie das Basiselterngeld.

Praxis-Tipp

Teilzeitarbeit zur Verlängerung des Elterngeldes hört sich zwar gut an, aber bei Alleinerziehenden ist eben kein zweiter Elternteil zu Hause, der das Kind während der eigenen Arbeitszeit betreuen kann. Wenn beispielsweise deine Eltern oder der Kindsvater die Betreuung sicher gewährleisten können, ist das gut. Aber wenn dein Kind in der Zeit auf einen Kinderbetreuungsplatz angewiesen ist, kann der finanzielle Nutzen durch sehr hohe Kosten bei der Kleinkinderbetreuung schnell aufgefressen werden. Hier solltest du in aller Ruhe die Zahlen durchrechnen und abwägen, was für dich wirklich Sinn macht. Bedenke, dass auch ein Kinderbetreuungsplatz in der aktuellen Zeit durch Personalmangel und Krankenstand keine sichere Betreuung gewährleistet.

Wenn Sie als alleinerziehender Elternteil Mutterschaftsgeld beziehen, haben Sie in dieser Zeit keinen Anspruch auf ElterngeldPlus, sondern nur auf Basiselterngeld. In der Regel ist das in den ersten beiden Lebensmonaten nach der Geburt des Kindes der Fall. Diese gehören bereits zur Elterngeld-Bezugszeit und reduzieren den Anspruch auf Basiselterngeld auf zwölf Monate. Der Bezug von ElterngeldPlus ist also bis zu 24 Monate lang möglich.

Partnerschaftsbonus

Mit dem sogenannten Partnerschaftsbonus macht der Gesetzgeber den Eltern das Angebot, sich ihre familiären und beruflichen Aufgaben partnerschaftlich untereinander aufzuteilen. Der Partnerschaftsbonus gilt auch für Eltern, die ihr Kind getrennt erziehen. Möglich ist so die partnerschaftliche Betreuung des Kindes und die Familie bleibt während der Teilzeittätigkeit finanziell abgesichert.

Mit dem Partnerschaftsbonus können Eltern bis zu vier ElterngeldPlus-Monate bekommen. Sie können den Partnerschaftsbonus aber nur beziehen, wenn sie ihn jeweils für mindestens zwei Lebensmonate in Anspruch nehmen. Die Eltern können den Partnerschaftsbonus nur gleichzeitig und in aufeinander folgenden Lebensmonaten beziehen. Beide Elternteile müssen in dieser Zeit in Teilzeitarbeit arbeiten, und zwar jeder mindestens 24 und höchstens 32 Stunden pro Woche arbeiten.

Als alleinerziehender Elternteil können Sie den Partnerschaftsbonus auch alleine nutzen. Dazu genügt es, wenn nur Sie 24 bis 32 Stunden pro Woche arbeiten.

Wie ElterngeldPlus kann der Partnerschaftsbonus auch noch nach dem 14. Lebensmonat des Kindes beansprucht werden, maximal aber bis das Kind zwei Jahre und acht Monate alt ist.

Höhe des Elterngelds

Die Höhe des Elterngelds hängt davon ab,

- ob Sie Basiselterngeld, ElterngeldPlus oder den Partnerschaftsbonus beantragen,
- wie viel Einkommen Sie vor dem Antrag hatten,
- wie viel Einkommen Sie haben, während Sie Elterngeld beziehen,
- ob noch andere staatliche Leistungen gezahlt werden,
- ob mehr als ein Kind vorhanden ist.

Je nach Einkommen beträgt das Basiselterngeld zwischen 300 € und 1.800 € monatlich und das ElterngeldPlus zwischen 150 € und 900 € monatlich. Wenn mehrere Kinder vorhanden sind, gibt es einen Geschwisterbonus.

Wie hoch das Elterngeld in Ihrem konkreten Fall ist, können Sie unter www.familienportal.de unverbindlich ausrechnen lassen.

Basiselterngeld

Je nach Einkommen beträgt Basiselterngeld zwischen 300 € und 1.800 € monatlich. Das Basiselterngeld wird in Höhe von 67 % des Einkommens aus Erwerbstätigkeit vor der Geburt des Kindes gezahlt. Für Eltern, die vor der Geburt mehr als 1.200 € verdient haben, sinkt der Prozentsatz aber auf 65 %.

Einkommen unter 1.000 €

In den Fällen, in denen das durchschnittlich erzielte monatliche Einkommen aus Erwerbstätigkeit vor der Geburt geringer als 1.000 € war, erhöht sich der Prozentsatz um 0,1 Prozentpunkte für je 2 €, um die das maßgebliche Einkommen den Betrag von 1.000 € unterschreitet, auf bis zu 100 %. Diese Obergrenze von 100 % erreicht man bei einem Einkommen von 340 € vor der Geburt, sodass der Elterngeldberechtigte, der vor der Geburt mehr als 300 € verdient hat, nach der Geburt auch Elterngeld in Höhe von 300 € erhalten wird. Je niedriger also das Einkommen des Elternteils vor der Geburt war, desto höher ist der prozentuale Ausgleich, den er für das weggefallene Erwerbseinkommen erhält.

Simone Karcher hat vor der Geburt ihrer Tochter 800 € monatlich verdient. Ihr Anspruch auf Elterngeld erhöht sich damit auf 77 % des wegfallenden Einkommens.

Rechenweg:
1.000 € – 800 € = 200 €
200 € : 2 € = 100 €
100 € × 0,1 Prozentpunkte = 10 Prozentpunkte
67 % + 10 Prozentpunkte = 77 %

Einkommen zwischen 1.000 € und 1.200 €

Hatten Sie vor der Geburt Ihres Kindes ein durchschnittliches Nettoeinkommen zwischen 1.000 € und 1.200 €, erhalten Sie den Regelsatz von 67 %.

Einkommen über 1.200 €

Ab einem zu berücksichtigenden Einkommen von 1.200 € monatlich verringert sich der Prozentsatz um 0,1 Prozentpunkte für je 2 €, um die das maßgebliche Einkommen den Betrag von 1.200 € überschreitet, auf bis zu 65 %.

Tina Kurz hat vor der Geburt Ihres Sohnes 1.240 € monatlich verdient. Ihr Anspruch auf Elterngeld mindert sich damit auf 65 %, also insgesamt 806 € monatlich.

Rechenweg:
1.240 € – 1.200 € = 40 €
40 € : 2 € = 20 €
20 € × 0,1 Prozentpunkte = 2 Prozentpunkte
67 % – 2 Prozentpunkte = 65 %

Teilzeitarbeit

Einkommen aus der Teilzeitarbeit ist in die Berechnung des Elterngelds einzubeziehen und auf die Höhe des Elterngelds anzurechnen. Das Elterngeld wird dann als Ersatz für das entfallende Einkommen, also für die Differenz zwischen dem durchschnittlichen Einkommen vor der Geburt und dem voraussichtlich durchschnittlich erzielten Einkommen während des Bezugs von Elterngeld gezahlt. Damit erhält der Bezugsberechtigte 65 bzw. 67 % und bei einem Einkommen von unter 1.000 € bis zu 100 % der Differenz zwischen dem vor und dem nach der Geburt zu berücksichtigendem Einkommen. Als bereinigtes Nettoeinkommen vor der Geburt werden maximal 2.770 € berücksichtigt. Auch bei Teilzeiteinkommen während des Elterngeldbezugs beträgt das Elterngeld mindestens 300 € monatlich.

Vor der Geburt haben Sie ein Nettoeinkommen von 2.600 € monatlich bezogen, nach der Geburt verdienen Sie 1.000 € netto. Die Differenz beträgt 1.600 €. Das Elterngeld beläuft sich auf 1.040 € (65 % von 1.600 €).

ElterngeldPlus und Partnerschaftsbonus

Je nach Einkommen beträgt das ElterngeldPlus zwischen 150 € und 900 € monatlich. Es wird wie das Basiselterngeld berechnet. Wird nach der Geburt des Kindes kein Einkommen erzielt, ist das ElterngeldPlus halb so hoch wie das Basiselterngeld. Es kann aber doppelt solange bezogen werden wie das Basiselterngeld. Das Elterngeld wird also in diesem Fall insgesamt nicht weniger, sondern nur auf einen längeren Zeitraum verteilt

ElterngeldPlus kann sich insbesondere lohnen, wenn Sie nach der Geburt Ihres Kindes Einkommen (z.B. aus einer Teilzeitbeschäftigung) haben. In diesem Fall kann es sein, dass das ElterngeldPlus genauso hoch ist wie das Basiselterngeld mit Einkommen. Gleichwohl können Sie ElterngeldPlus doppelt solange beziehen wie Basiselterngeld.

Der Partnerschaftsbonus wird genauso berechnet wie das ElterngeldPlus.

Mindest- und Höchstbetrag

Basiselterngeld wird mindestens in Höhe von 300 € gezahlt, und zwar auch dann, wenn die berechtigte Person vor der Geburt des Kindes kein Einkommen aus Erwerbstätigkeit erzielt hat oder wenn nach der Geburt kein Einkommen wegfällt, weil der Berechtigte weiter in gleicher Teilzeit arbeitet. Basiselterngeld wird bis zu einem Höchstbetrag von 1.800 € monatlich für volle Lebensmonate gezahlt.

ElterngeldPlus und der Partnerschaftsbonus betragen mindestens 150 € und höchstens 900 €.

Mehr Elterngeld bei Geschwistern

Wenn in Ihrem Haushalt weitere Kinder leben, können Sie einen Geschwisterbonus erhalten. Dieser beträgt 10 % des nach den allgemeinen Regeln zu errechnenden Elterngelds, mindestens aber 75 € monatlich.

Anspruch auf den Erhöhungsbetrag besteht so lange, bis das ältere Geschwisterkind drei Jahre alt ist. Sind drei oder mehr Kinder im Haushalt, genügt es, wenn mindestens zwei Geschwisterkinder das sechste Lebensjahr nicht vollendet haben. Mit dem Ende des Bezugsmonats, in dem das ältere Geschwisterkind sein drittes bzw. sechstes Lebensjahr vollendet, entfällt der Erhöhungsbetrag.

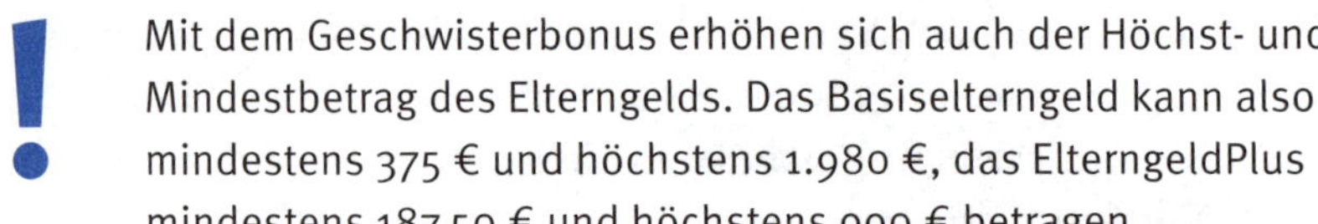

Mit dem Geschwisterbonus erhöhen sich auch der Höchst- und Mindestbetrag des Elterngelds. Das Basiselterngeld kann also mindestens 375 € und höchstens 1.980 €, das ElterngeldPlus mindestens 187,50 € und höchstens 990 € betragen.

Bestimmung des bisherigen Einkommens als Berechnungsgrundlage

Das Elterngeld wird auf der Grundlage Ihres bisherigen Einkommens auf einen Zeitraum von zwölf Monaten vor der Geburt des Kindes berechnet. Es wird Einkommen aus nichtselbstständiger und selbstständiger Tätigkeit berücksichtigt.

Zum Einkommen aus nichtselbstständiger Tätigkeit gehören auch Nebeneinkünfte, beispielsweise aus einem Minijob. Nicht berücksichtigt werden Abfindungen, Provisionen, 13. Monatsgehälter, Urlaubs- und Weihnachtsgelder, ebenso Entgeltersatzleistungen wie Arbeitslosengeld, Kurzarbeitergeld und Krankengeld. Auch Bürgergeld wird nicht berücksichtigt. Als Einkommen aus selbstständiger Tätigkeit werden insbesondere Gewinne aus selbstständiger Arbeit oder aus einem Gewerbebetrieb berücksichtigt.

Die Höhe des Elterngelds richtet sich nach dem Nettoeinkommen. Grundlage der Ermittlung der Einnahmen aus nichtselbstständiger Tätigkeit sind die Angaben in den für die maßgeblichen Kalendermonate erstellten Lohn- und Gehaltsbescheinigungen des Arbeitgebers.

Die Elterngeldstelle berechnet das Elterngeld aus dem Bruttoeinkommen und ermittelt das Nettoeinkommen durch den Abzug von Steuern und Sozialabgaben in pauschaler Form.

- Vom Bruttomonatseinkommen werden pauschal die Einkommensteuer und gegebenenfalls die Kirchensteuer abgezogen.
- Außerdem werden vom durchschnittlichen Bruttomonatseinkommen Beträge für Sozialabgaben, nämlich 9 % für die Kranken- und Pflegeversicherung, 10 % für die Rentenversicherung und 2 % für die Arbeitslosenversicherung abgezogen. Diese Beträge werden allerdings nur abgezogen, wenn in der jeweiligen Versicherung Versicherungspflicht bestand. So wird beispielsweise für die Kranken- und Pflegeversicherung nichts abgezogen, wenn der Arbeitnehmer privat krankenversichert war.

Nach den Abzügen für Steuern und Sozialabgaben erhält man das monatliche Elterngeld-Netto. Davon werden maximal 2.770 € berücksichtigt. Was Sie darüber hinaus als Einkommen hatten, wird also nicht durch das Elterngeld ersetzt.

Herr Bretzinger, was passiert, wenn bei einem weiteren Kind die Berechnungsbasis des Elterngeldes in einen Elterngeldbezugszeitraum fällt?

Mit dem Elterngeld-Antrag muss der Antragsteller eine Prognose abgeben, wie viel Einkommen er voraussichtlich während des Elterngeld-Bezugs haben wird. Das Elterngeld wird dann auf Grundlage dieser Prognose vorläufig gezahlt. Nach dem Ende des Elterngeld-Bezugs muss dann nachgewiesen werden, wie viel Einkommen in dieser Zeit tatsächlich erzielt wurde. Dieser Nachweis kann unter anderem mit einer Einnahmen-Überschuss-Rechnung oder mit einer Bilanz erfolgen.

Bei Selbstständigen wird das Einkommen berücksichtigt, das sie im Kalenderjahr vor der Geburt ihres Kindes hatten. Der Bemessungszeitraum kann auf das vorletzte Kalenderjahr vor der Geburt verschoben werden, falls die Berechtigte im letzten Kalenderjahr vor der Geburt im Mutterschutz war, Elterngeld für ein älteres Kind in dessen ersten 14 Lebensmonaten bekommen hat oder aufgrund einer Schwangerschaft erkrankt war und deswegen weniger oder gar kein Einkommen hat.

Berücksichtigung von Einkommen während des Elterngeldbezugs

Wird Einkommen während des Elterngeld-Bezugs erzielt, wird dieses für das Elterngeld berücksichtigt. Das Elterngeld wird dann aus dem Unterschiedsbetrag zwischen dem Einkommen vor und nach der Geburt berechnet wird.

Verrechnung von anderen Leistungen mit Elterngeld

Das Elterngeld wird mit verschiedenen anderen Leistungen verrechnet. Die Verrechnung erfolgt nach zwei Arten: Entweder die andere Leistung wird auf das Elterngeld angerechnet. Dann wird das Elterngeld weniger, aber die andere Leistung bleibt unverändert. Oder umgekehrt: Das Elterngeld wird auf die andere Leistung angerechnet.

Dann wird die andere Leistung weniger, aber das Elterngeld bleibt unverändert. Konkret gilt Folgendes:

- Auf das Elterngeld angerechnet werden sogenannte Entgeltersatzleistungen, also Leistungen, die als Ersatz für das Erwerbseinkommen gedacht sind (z.B. Mutterschaftsgeld, Arbeitslosengeld, Kurzarbeitergeld, Krankengeld). Allerdings werden diese Leistungen nur auf einen Teil des Elterngelds angerechnet. Nicht angerechnet werden sie auf 300 € in den Monaten, in denen Basiselterngeld und 150 € in den Monaten, in denen ElterngeldPlus gewährt wird.
- Mutterschaftsleistungen wie etwa das Mutterschaftsgeld der gesetzlichen Krankenkassen und der Arbeitgeberzuschuss zum Mutterschaftsgeld werden auf das Elterngeld angerechnet. In diesem Zusammenhang ist von Bedeutung, ob Ihnen Mutterschaftsleistungen für dasselbe Kind oder für ein anderes Kind gewährt werden. Mutterschaftsleistungen, die für dasselbe Kind gewährt werden, für das auch Elterngeld gezahlt wird, werden komplett auf das Elterngeld angerechnet.
- Während des Bezugs von Arbeitslosengeld können Sie zusätzlich Elterngeld erhalten, mindestens in Höhe des Mindestbetrags. Das sind 300 € monatlich beim Basiselterngeld und 150 € monatlich beim ElterngeldPlus.
- Wenn Krankengeld während des Bezugs von Elterngeld bezahlt wird, wird das Krankengeld auf das Elterngeld angerechnet, und zwar als Entgeltersatzleistung (vgl. dazu oben). Zusätzlich zum Krankengeld werden dann mindestens 300 € Basiselterngeld oder 150 € ElterngeldPlus monatlich gezahlt.
- Bürgergeld, Sozialhilfe und Kinderzuschlag werden komplett als Einkommen berücksichtigt.
- Wird Wohngeld oder BAföG gewährt, wird Elterngeld wie Einkommen behandelt und auf die Leistung angerechnet. Angerechnet wird aber nicht das ganze Elterngeld, sondern nur ein

Teil. Nicht angerechnet wird der Elterngeldmindestbetrag, also 300 € in den Monaten, in denen Basiselterngeld und 150 € in den Monaten, in denen ElterngeldPlus bezogen wird.

Antrag

Elterngeld müssen Sie beantragen. Den Antrag sollten Sie gleich nach der Geburt des Kindes stellen, damit das Elterngeld rechtzeitig ausgezahlt wird. Es wird rückwirkend nur für die letzten drei Lebensmonate vor Beginn des Lebensmonats geleistet, in dem der Antrag auf Elterngeld eingegangen ist.

Antragsvordrucke gibt es bei den Elterngeldstellen (z.B. in Nordrhein-Westfalen bei den Versorgungsämtern, in Bayern bei den Bezirksregierungen, in Baden-Württemberg bei der Landeskreditbank Baden-Württemberg). Sie können aber auch bei Ihrer Gemeindeverwaltung, bei Krankenkassen oder Krankenhäusern Vordrucke erhalten. In einigen Bundesländern kann das Elterngeld auch online beantragt werden.

Bei der Antragstellung sind folgende Unterlagen vorzulegen:

- Geburtsurkunde oder Geburtsbescheinigung des Kindes,
- Einkommensnachweise (erfolgt in der Regel durch Vorlage der Lohn- und Gehaltsabrechnungen),
- Bescheinigung der Krankenkasse über das Mutterschaftsgeld,
- Bescheinigung über den Arbeitgeberzuschuss zum Mutterschaftsgeld,
- Bestätigung der beabsichtigten Arbeitszeit während des Elterngeldbezugs.

Die im Antrag getroffenen Entscheidungen können Sie bis zum Ende des Bezugszeitraums ändern. Das ist immer möglich, wenn die Änderungen nur zukünftige Lebensmonate betreffen. Eine rückwirkende Änderung ist nur für die letzten drei Lebensmonate vor Beginn des

Lebensmonats möglich, in dem der Änderungsantrag eingegangen ist. Für die Monate, für die das Elterngeld bereits ausgezahlt wurde, sind Änderungen nur in besonderen Härtefällen möglich, etwa bei schwerer Krankheit.

Für Monate, in denen Sie ElterngeldPlus bekommen haben, können Sie nachträglich Basiselterngeld bekommen, auch wenn das ElterngeldPlus bereits ausgezahlt wurde.

Praxis-Tipp

Da man mit dem Antrag des Elterngeldes noch nicht alle Eventualitäten für die erste Zeit mit Baby überblicken kann, sind Änderungen beim Elterngeld kein Problem. Melde dich einfach zeitnah bei deiner Elterngeldstelle oder lass dich dort beraten. Nach Ende der Elternzeit wird durch einen abschließenden Elterngeldbescheid noch einmal geprüft, ob zu viel oder zu wenig ausbezahlt wurde.

Herr Bretzinger, wie wird das Elterngeld versteuert?

Das Elterngeld selbst ist zwar steuerfrei, es erhöht aber den sogenannten Progressionsvorbehalt. Das bedeutet, dass das Elterngeld dann steuerlich berücksichtigt wird, wenn übriges Einkommen erzielt wird. Dann wird das Elterngeld auf alle anderen Einkommen mit der Folge angerechnet, dass ein höherer Steuersatz Anwendung findet. In diesem Fall muss der Steuerpflichtige für sein übriges Einkommen mehr Steuern zahlen. Deshalb muss das Elterngeld auch in der Steuererklärung angegeben werden.

6.5 Familiengeld und Erziehungsgeld in Bayern bzw. Sachsen

In Bayern und Sachsen können Sie Familiengeld bzw. Erziehungsgeld erhalten. Voraussetzung ist, dass Sie Ihren Wohnsitz oder gewöhnlichen Aufenthalt in dem betreffenden Bundesland haben.

6.5.1 Familiengeld in Bayern

Anspruch auf Familiengeld haben Sie, wenn

- Sie Ihre Hauptwohnung oder Ihren gewöhnlichen Aufenthalt in Bayern haben,
- mit Ihrem Kind in einem Haushalt leben und
- dieses Kind selbst erziehen und für eine förderliche frühkindliche Betreuung des Kindes sorgen.

Das Familiengeld beträgt

- für das erste und zweite Kind des Berechtigten jeweils 250 € pro Monat,
- für das dritte und jedes weitere Kind des Berechtigten jeweils 300 € pro Monat.

Familiengeld kann in der Zeit vom ersten Tag des 13. Lebensmonats bis zur Vollendung des 36. Lebensmonats des Kindes bezogen werden.

Familiengeld müssen Sie unter Verwendung der bereitgestellten Formulare beantragen. Wurde oder wird in Bayern Elterngeld bewilligt, gilt der zugrundeliegende Antrag auch als Antrag auf Familiengeld. Das Familiengeld wird rückwirkend nur für die letzten drei Lebensmonate vor Beginn des Lebensmonats geleistet, in dem der Antrag eingegangen ist.

6.5.2 Erziehungsgeld in Sachsen

Anspruch auf Landeserziehungsgeld haben Sie, wenn

- Sie Ihren Hauptwohnsitz oder Ihren gewöhnlichen Aufenthalt in Sachsen haben,
- Sie mit Ihrem Kind, für das Ihnen die Personensorge zusteht, zusammen in einem Haushalt leben,
- Sie dieses Kind selbst betreuen und erziehen,
- Sie für dieses Kind keinen mit staatlichen Mitteln geförderten Platz in einer Kindertageseinrichtung oder staatlich geförderten Kindertagespflege in Anspruch nehmen (in besonderen Fällen sind Ausnahmen möglich, etwa wenn Sie sich in Ausbildung befinden),
- Sie während des Bezugs von Landeserziehungsgeld nicht oder höchstens 30 Stunden pro Woche arbeiten.

Die Höhe des Erziehungsgelds ist abhängig davon, wie viele Kinder Sie haben. Es beträgt monatlich

- für das erste Kind monatlich 150 €,
- für das zweite Kind monatlich 200 € und
- ab dem dritten Kind monatlich 300 €.

Das Erziehungsgeld ist eine einkommensabhängige Leistung. Die Leistung wird in voller Höhe bis zu einem pauschalierten jährlichen Nettoeinkommen von bis zu 21.600 € bei Alleinerziehenden ausgezahlt. Für jedes Kind erhöht sich die Einkommensgrenze um je 3.140 €.

Landeserziehungsgeld wird im dritten Lebensjahr des Kindes, längstens bis zur Vollendung des dritten Lebensjahres gewährt. Die Leistungsdauer beträgt beim ersten und beim zweiten Kind neun Monate, ab dem dritten Kind zwölf Monate, wenn für dieses Kind seit seinem vollendeten 14. Lebensmonat kein mit staatlichen Mitteln geförderter Platz in einer Kindertageseinrichtung oder staatlich geförderte Kindertagespflege beansprucht wurde. Andernfalls beträgt die Leistungsdauer beim ersten Kind fünf Monate, beim zweiten Kind sechs Monate und ab dem dritten Kind sieben Monate.

Das Landeserziehungsgeld wird auf Antrag gewährt. Die Leistungen können rückwirkend nur für den Monat vor Antragstellung gezahlt werden. Der Antrag ist schriftlich zu stellen, frühestens jedoch drei Monate vor Beginn des gewünschten Leistungszeitraumes. Zuständig für die Gewährung von Landeserziehungsgeld ist die Elterngeld- bzw. Landeserziehungsgeldstelle des Landkreises bzw. der kreisfreien Stadt, in der Sie Ihren Wohnsitz oder gewöhnlichen Aufenthalt haben.

6.6 Die wichtigsten Fachbegriffe kurz erklärt

Kurz-Überblick über die wichtigsten finanziellen Familienleistungen:

Mutterschaftsgeld

Sind Sie berufstätig, haben Sie unabhängig von Ihrem Versichertenstatus während der Schutzfristen vor und nach der Entbindung sowie für den Entbindungstag Anspruch auf Mutterschaftsgeld.

Mutterschutzlohn

Anspruch auf Mutterschutzlohn besteht bei einem mutterschutzbedingten Arbeitsplatzwechsel oder einem (teilweisen oder vollständigen) Beschäftigungsverbot außerhalb der Schutzfristen vor oder nach der Entbindung und beträgt mindestens den vor Beginn der Schwangerschaft erzielten Durchschnittsverdienst.

Kindergeld

Das ist eine gesetzliche Ausgleichszahlung, um das steuerliche Existenzminimum des Kindes zu sichern und wird für alle Kinder ausgezahlt. Unter bestimmten Voraussetzungen kann das Kindergeld noch bis zur Vollendung des 25. Lebensjahrs ausgezahlt werden.

Kinderzuschlag

Der Kinderzuschlag, auch KiZ genannt, wirkt wie ein Zuschlag zum Kindergeld und steht erwerbstätigen Eltern zu, bei denen das Einkommen nicht ausreicht, um auch den Unterhalt ihrer Kinder ausreichend zu sichern.

Elternzeit

Durch die Elternzeit können Sie sich maximal drei Jahre eine Auszeit vom Berufsleben nehmen, um Ihr Kind selbst zu betreuen und zu erziehen.

Elterngeld

Durch das Elterngeld können Sie fehlendes Einkommen ausgleichen, wenn Sie nach der Geburt Ihres Kindes zu Hause bleiben und Ihr Kind betreuen wollen. Elterngeld gibt es in drei Varianten: Basiselterngeld, ElterngeldPlus und Partnerschaftsbonus.

Familiengeld

Wenn Sie in Bayern Ihren Wohnsitz oder gewöhnlichen Aufenthalt haben, können Sie unter bestimmten Voraussetzungen Familiengeld erhalten.

Erziehungsgeld

Das Landeserziehungsgeld können Sie nur in Sachsen erhalten, wenn Sie dort Ihren Wohnsitz oder gewöhnlichen Aufenthalt haben und die Voraussetzungen erfüllen.

7 Staatliche Förderung der Vermögensbildung und Altersvorsorge

Ein ganz neues Thema ist für viele Alleinerziehende der eigene finanzielle Vermögensaufbau und die Beschäftigung mit der eigenen Altersvorsorge. Denn dieses Feld überlassen viele Frauen leider immer noch gerne dem Partner und fühlen sich vor allem mit Ehemann und Eigenheim finanziell gut abgesichert. Spätestens nach der Trennung bzw. Scheidung solltest du hier Eigenverantwortung übernehmen und zusätzlich die staatliche Förderung nutzen.

Herr Bretzinger, welche Möglichkeiten der staatlichen Förderung gibt es und wer bekommt sie?

Der Staat fördert die Vermögensbildung der Arbeitnehmer durch eine Geldzulage, die sogenannte Arbeitnehmersparzulage. Mit der Wohnungsbauprämie möchte der Staat den Wohnungsbau subventionieren und fördert damit Sparanlagen, die für Bau- und Sanierungsvorhaben bestimmt sind. Daneben fördert der Staat die private Altersvorsorge durch Zulagen oder steuerliche Ersparnisse; von Bedeutung sind in diesem Zusammenhang insbesondere die Riester-Förderung und die Förderung der betrieblichen Altersvorsorge.

7.1 Arbeitnehmersparzulage als Zuschuss für vermögenswirksame Leistungen

Vermögenswirksame Leistungen können vom Arbeitgeber aufgrund des Arbeitsvertrags, einer Betriebsvereinbarung oder eines Tarifvertrags zusätzlich zum Grundgehalt des Arbeitnehmers erbracht werden. Es kann auch zwischen Arbeitgeber und Arbeitnehmer vereinbart werden, dass ein Teil des Nettogehalts – nach Abzug von Steuern und Sozialversicherung – in einen Sparvertrag überwiesen wird. Je nach Sparform und Einkommen besteht dann Anspruch auf Arbeitnehmersparzulage.

Herr Bretzinger, was muss man machen, um die vermögenswirksamen Leistungen zu bekommen?

Um vermögenswirksame Leistungen vom Arbeitgeber zu erhalten, müssen Arbeitnehmer einen speziellen Sparplan abschließen. Die Optionen reichen dabei von der laufenden Baufinanzierung über Bausparvertrag und Banksparplan bis zu einem Aktienfondssparplan. So funktioniert der Vermögensaufbau: Wenn sich der Sparer entschieden hat, in welcher Anlageform er sparen will, schließt er einen Vertrag bei der Bank, Bausparkasse, etc. ab. Die Durchschrift des VL-Sparplans wird dann beim Arbeitgeber eingereicht. Der überweist die monatliche Sparrate künftig direkt in den Vertrag. Der Vertrag läuft insgesamt sieben Jahre. Sechs Jahre werden Beiträge gezahlt, ein Jahr ruht der Vertrag. Dies ist eine Art Sperrfrist. Nach den sieben Jahren kann über das Geld verfügt werden.

Praxis-Tipp

Die vermögenswirksamen Leistungen sind ein guter Start in deinen Vermögensaufbau, denn auch kleine monatliche Spar-Beträge können über eine lange Ansparzeit durch den Zinseszinseffekt zu einem kleinen Vermögen anwachsen: 40 € monatliche Sparrate bei 6 % Zinsen und 25 Jahren Ansparzeit ergeben ein Vermögen von 27.190,85 € (vor Steuern). Der reine Sparanteil beträgt dabei nur 12.000 € und die Zinsen insgesamt 15.190,85 €!

7.1.1 Voraussetzungen

Arbeitnehmersparzulage zahlt der Staat nur an Arbeitnehmer mit niedrigem Einkommen: Ledige dürfen bis zu 40.000 €, Verheiratete bis zu 80.000 € im Jahr verdienen. Diese Werte gelten unabhängig von der Sparform.

Maßgebend ist das zu versteuernde Einkommen. Steuerliche Abzüge wie Werbungskosten, Sonderausgaben oder Kinderfreibeträge werden also vom Bruttoeinkommen abgezogen.

7.1.2 Höhe

Für eine Anlagesumme von bis zu 470 € für Ledige bzw. 940 € für Verheiratete pro Jahr gibt es 9 % Arbeitnehmersparzulage, wenn die Raten für sogenannte wohnwirtschaftliche Zwecke verwendet werden. Dazu zählt unter anderem das Besparen eines Bausparvertrags. Die Zulage beträgt damit maximal 43 € für Ledige und 86 € für Verheiratete.

Mit 20 % wird das Aktiensparen oder der Erwerb von Beteiligungen oder Belegschaftsaktien gefördert. Hier gilt ein Höchstbetrag von 400 € für Ledige bzw. 800 € für Verheiratete pro Jahr. Die Zulage beträgt dann höchstens 80 € (Ledige) bzw. 160 € (Verheiratete).

Werden beide Anlageformen kombiniert, können Singles jährlich insgesamt 123 € staatliche Prämie erhalten, Ehepaare sogar 246 €.

7.1.3 Antrag

Die Arbeitnehmersparzulage wird auf Antrag von dem Finanzamt festgesetzt, das für die Besteuerung des Arbeitnehmers zuständig ist. Grundsätzlich erhalten Sparer von ihrem Anlageinstitut nach Ablauf des Jahres eine Anlage VL. Diese ist ausgefüllt der Einkommensteuererklärung beizufügen. Wer keine Einkommensteuererklärung abgibt, muss beim Finanzamt einen gesonderten Antrag auf Arbeitnehmersparzulage stellen.

7.2 Wohnungsbauprämie zur Förderung des Bausparens

Wohnungsbauprämie wird als staatliche Förderleistung für das Bausparen gewährt. Die Prämie wird nur auf solche Sparleistungen gezahlt, die nicht bereits schon im Rahmen der vermögenswirksamen Leistungen gefördert worden sind.

7.2.1 Voraussetzungen

Wohnungsbauprämie kann beantragen, wer

- mindestens 16 Jahre alt ist,
- mindestens 50 € im Jahr auf einen Bausparvertrag einzahlt und
- ein zu versteuerndes Einkommen hat, das 35.000 € (Ledige) bzw. 70.000 € (Verheiratete) im Jahr nicht übersteigt.

Wohnungsbauprämie wird nur gezahlt, wenn das Kapital in eine sogenannte wohnwirtschaftliche Verwendung fließt. Dazu zählt nicht nur die Neu- und Anschlussfinanzierung der selbst genutzten oder vermieteten Wohnimmobilie. Auch die Investition in Renovierung und Modernisierung fällt darunter. Für junge Sparer unter 25 Jahren entfällt diese Zweckbindung. Sie dürfen bei Auszahlung nach sieben Jahren frei über das Guthaben verfügen.

7.2.2 Höhe

Aktuell (2024) werden 10 % der förderberechtigten Einzahlungen berücksichtigt. Förderberechtigt sind aber höchstens 700 € (bei Ehepartnern bis zu 1.400 €) jährlich. Voraussetzung ist, dass für diese Beiträge nicht bereits die Arbeitnehmersparzulage in Anspruch genommen wird. Eine Doppelförderung derselben Beiträge ist nicht möglich.

Maximal können Sie also 70 € bzw. bei Ehepaaren 140 € jährlich als Wohnungsbauprämie erhalten.

7.2.3 Antrag

Um die Wohnungsbauprämie zu erhalten, muss für jedes Sparjahr auf einem amtlich vorgeschriebenen Vordruck ein Wohnungsbauprämien-Antrag an die Bausparkasse gestellt werden. Letzte Frist für den Prämienantrag ist der 31. Dezember des zweiten Jahres, das auf das Sparjahr folgt. Die Bausparkasse meldet dann die gesamte Prämie beim zuständigen Finanzamt zur Auszahlung an, erhält die Prämie ausgezahlt und schreibt sie auf dem Bausparvertrag gut.

Herr Bretzinger, wenn in der Ehe gemeinsame Verträge zum Vermögensaufbau bestanden haben, wie sollte man nach der Trennung dann damit verfahren?

Im Fall der Scheidung werden grundsätzlich alle Versorgungen ausgeglichen, die im Alter eine Rente zahlen, also nicht nur die Renten aus der gesetzliche Rentenversicherung, sondern auch Betriebsrenten, private Renten, Lebensversicherungen auf Rentenbasis und Riester- und Rürup-Renten. Ein solcher Versorgungsausgleich findet bei einer Scheidung automatisch statt. Regelmäßig erhalten die Ehepartner im Rahmen einer internen Teilung Anwartschaften zu gleichen Teilen. Das heißt, dass beim selben Versorgungsträger Rentenansprüche auf den ausgleichsberechtigten Partner übertragen und gegebenenfalls ein neuer Vertrag abgeschlossen wird.

7.3 Wie Ihre private Altersvorsorge staatlich gefördert wird

Zwar ist die gesetzliche Rente das Kernstück Ihrer Altersversorgung, sie wird aber in vielen Fällen nicht ausreichen, um Ihren Lebensstandard während des Erwerbslebens auch im Alter zu sichern. Deshalb sollten Sie jede Möglichkeit nutzen, neben der verpflichtenden gesetzlichen Rente freiwillig eine Zusatzrente aufzubauen. Das kann insbesondere über eine Riester-Rente oder eine Betriebsrente geschehen.

7.3.1 Riester-Rente

Die Riester-Rente ist eine Variante der privaten Altersvorsorge, mit der Arbeitnehmer persönliche Versorgungslücken bei der gesetzlichen Rente schließen können. Finanzielle Zuschüsse und unter Umständen besondere Steuerersparnisse machen den Abschluss attraktiv. Besonders lohnend ist das Riester-Sparen für Sparer mit Kindern, die ein mittleres oder unterdurchschnittliches Einkommen haben, weil ihnen im Verhältnis zur Sparrate eine hohe Förderung durch den Staat zukommt.

Förderberechtigte Personen

Zu den förderberechtigten Personen gehören unter anderem in der gesetzlichen Rentenversicherung pflichtversicherte Arbeitnehmer, Auszubildende, Beamte, Bezieher von Arbeitslosengeld oder Bürgergeld. Geringfügig Beschäftigte (Minijobber) können riestern, wenn sie auf die Sozialversicherungsfreiheit verzichten und Rentenversicherungsbeiträge entrichten. Auch Selbstständige werden gefördert (z.B. Handwerker), die in der gesetzlichen Rentenversicherung pflichtversichert sind.

Förderfähige Sparformen

Nicht jede Anlageform wird mit der Riester-Zulage gefördert. Nur eine kleine Auswahl von Anlageprodukten kommt infrage:

- **Riester-Banksparpläne:** Bei Banksparplänen handelt es sich um langfristige Ratensparverträge, die mit einer variablen Verzinsung ausgestattet sind und am Ende der Sparphase in einen Auszahlplan oder eine Rentenversicherung umgewandelt werden. Banksparpläne eignen sich vor allem für Anleger mit hohem Sicherheitsbedürfnis. Es besteht ein sehr geringes Risiko; die Erträge wachsen aber nur langsam.

- **Riester-Investmentfondssparpläne:** Sie sind im Prinzip genauso aufgebaut wie konventionelle Fondssparpläne. Beim Fondssparplan legt der Anbieter das Kapital in Investmentfonds (Aktienfonds, Rentenfonds oder Fonds mit einer Mischung aus Aktien und Rentenpapieren) an. Eine Mindestrendite wird nicht garantiert, der Erhalt des Kapitals/der Eigenbeiträge und Zulagen dagegen schon. Der Fondssparplan ist eher für jüngere, risikofreudigere Anleger geeignet; hier besteht unter Umständen ausreichend Zeit, etwaige Kursschwankungen wieder auszugleichen.
- **Riester-Rentenversicherungen:** Sie sind nach dem gleichen Prinzip aufgebaut wie konventionelle Rentenversicherungen. Die Einzahlungen werden im Regelfall mit einer garantierten Mindestverzinsung angelegt. Darüber hinaus werden Überschüsse konservativ angelegt.
- **Riester-Bausparverträge:** Sie unterscheiden sich von den üblichen Bausparverträgen durch die spezielle Zertifizierung. Beim Bausparen handelt es sich um Zwecksparen mit dem Ziel, ein zinsgünstiges Darlehen zur wohnwirtschaftlichen Verwendung zu erhalten. Dazu wird mit der Bausparkasse ein Bausparvertrag abgeschlossen, der über eine bestimmte Bausparsumme lautet.
- **Wohn-Riester:** Wohn-Riester kann in unterschiedlichen Formen erfolgen. So kann beispielsweise zum Zeitpunkt der Anschaffung einer Immobilie Kapital aus einem Geldriester-Vertrag entnommen und als Eigenkapital für den Immobilienerwerb eingesetzt werden, bei einer laufenden Finanzierung kann jederzeit Kapital aus einem Geldriester-Produkt entnommen und für Sondertilgungen des Immobilien-Anschaffungsdarlehens verwendet werden oder es kann Kapital aus einem Geldriester-Produkt für Umbaumaßnahmen zum Barriereabbau genutzt werden.

Staatliche Förderung

Staatlich gefördert wird die private zusätzliche Altersvorsorge durch finanzielle Zuschüsse (Riester-Zulagen) und unter Umständen besondere Steuerersparnisse (zusätzlicher Sonderausgabenabzug).

Wer einen Teil seines Einkommens in den Aufbau einer privaten zusätzlichen Alterssicherung investiert, erhält vom Staat Zulagen. Gewährt werden eine Grundzulage und eine Kinderzulage.

- **Grundzulage:** Damit die maximale Grundzulage gezahlt wird, muss der Sparer 4 % seines rentenversicherungspflichtigen Vorjahresbruttoeinkommens einzahlen. Wenn er den Mindesteigenbeitrag nur teilweise erbringt, erhält er eine anteilige Zulage. Jeder Riester-Sparer erhält eine Grundzulage von 175 € pro Jahr.
- **Kinderzulage:** Zur Grundzulage kommt noch eine Kinderzulage. Damit werden besonders Familien bei der zusätzlichen privaten Altersvorsorge gefördert. Die Kinderzulage beträgt 185 € für jedes Kind. Für Kinder, die ab 2008 geboren wurden, sogar 300 €.
- **Bonus für junge Sparer:** Für junge Riester-Sparer unter 26 Jahren gibt es einen einmaligen Bonus. Die erste Zulage wird um 200 € erhöht. Damit soll ein besonderer Anreiz geschaffen werden, frühzeitig in die Zusatzrente einzusteigen und den in seiner Wirkung beim Kapitalaufbau häufig unterschätzten Zinses-Zins-Effekt besser zu nutzen.

Achtung: Bei geringerem Einkommen und hohem Zulageanspruch ist es möglich, dass bereits allein die Zulagen 4 % des sozialversicherungspflichtigen Einkommens erreichen bzw. übersteigen. Mithilfe der staatlichen Zulagen kann jedoch der Eigenanteil nicht beliebig nach unten gedrückt werden. Um die volle Zulage zu erhalten, muss deshalb ein Sockelbetrag als Mindesteigenbeitrag von 60 € jährlich geleistet werden.

Neben der Zulagenförderung gibt es die Möglichkeit eines zusätzlichen Sonderausgabenabzugs. So kann der Steuerpflichtige im Rahmen seiner Einkommensteuererklärung bis zu 2.100 € jährlich als zusätzliche Altersvorsorgeaufwendungen steuermindernd geltend machen – auch wenn dies mehr als 4 % des sozialversicherungspflichtigen Einkommens sind. Das Finanzamt prüft automatisch, ob und gegebenenfalls wie viel die Steuerersparnis höher ist als die Zulagenförderung (sog. Günstigerprüfung). Ist die Steuerersparnis größer als die Zulagen, zahlt das Finanzamt den Teil der Steuerersparnis, der die Zulagen übersteigt, als Steuerrückerstattung aus.

Antrag

Um die staatliche Förderung zu erhalten, muss sowohl ein förderfähiger Altersvorsorgevertrag abgeschlossen als auch ein Antrag auf staatliche Förderung gestellt werden. Allerdings ist nicht jedes Jahr ein neuer Zulagenantrag erforderlich, sondern die staatliche Förderung erfolgt automatisch, wenn beim Riester-Anbieter ein Dauerzulagenantrag eingerichtet wird.

7.3.2 Betriebsrente

Arbeitnehmer haben einen Rechtsanspruch auf eine eigenfinanzierte betriebliche Altersversorgung. Dabei spart der Arbeitnehmer einen Teil seines Gehalts für seine Altersversorgung. Diese sogenannte Entgeltumwandlung wird staatlich gefördert. Wer auf bestimmte Teile des Gehalts verzichtet und diese vom Arbeitgeber als Beiträge für eine spätere Betriebsrente verwenden lässt, kann Steuern und Sozialabgaben sparen und sich über den Betrieb eine zusätzliche Altersversorgung aufbauen. Die für die Altersvorsorge eingesetzten Gehaltsbeträge müssen nicht versteuert werden. Auch sind dafür keine Sozialversicherungsbeiträge zu zahlen.

Förderung

Gefördert wird die betriebliche Altersvorsorge dadurch, dass für den für die Altersvorsorge eingesetzten Teil des Gehalts keine Steuern und Sozialversicherungsbeiträge gezahlt werden müssen, ferner durch Zuschüsse des Arbeitgebers.

- Beiträge zur betrieblichen Altersvorsorge sind bis zu einer Grenze von 8 % der Beitragsbemessungsgrenze in der gesetzlichen Rentenversicherung einkommensteuerfrei und bis zu einer Grenze von 4 % sozialversicherungsfrei. Der maximale sozialabgabenfreie Anteil des Gehalts beträgt damit in 2024 monatlich 302 €.
- Seit 2019 haben Arbeitnehmer, die einen Teil ihres Bruttolohns in die betriebliche Altersversorgung einzahlen einen Anspruch auf einen Arbeitgeberzuschuss. Bei neu abgeschlossenen Verträgen müssen sich Arbeitgeber mit 15 % am Bruttobeitrag beteiligen. Seit 2022 gilt dies auch für bereits bestehende Verträge.

Rentenzahlungen

Als Ergänzung zur gesetzlichen Rente wird die Betriebsrente ab dem Zeitpunkt gewährt, zu dem ein Anspruch auf eine Altersrente, eine Erwerbsminderungsrente oder eine Hinterbliebenenrente aus der gesetzlichen Rentenversicherung besteht. Wie hoch die Betriebsrente ausfällt, hängt insbesondere von der Höhe der Beiträge, der Laufzeit und von den Steuern und Sozialabgaben auf die Rente ab.

In der Regel erhält der Sparer einmal im Jahr eine sogenannte Standmitteilung. Darin steht, wie hoch die Rente später ausfällt, sollte der Vertrag bis zum Renteneintritt mit dem bestehenden Beitrag weiter bespart werden. Oft ist die Rente angegeben, die garantiert gezahlt wird, und die, die gezahlt wird, falls die Versicherung Überschüsse erwirtschaftet.

Alle Leistungen aus der betrieblichen Altersversorgung unterliegen, soweit sie in der Ansparphase steuerfrei waren, in der Auszahlungsphase der Einkommensteuer. In welchem Umfang die Besteuerung erfolgt, hängt von ihrer Ausgestaltung ab. Grundsätzlich maßgebend ist der Steuersatz, den Rentner auf ihr zu versteuerndes Einkommen im Alter bezahlen müssen. Dabei zählt die gesetzliche Rente erst im Jahr 2040 zu 100 % ins zu versteuernde Einkommen hinein. Vorher gilt ein Freibetrag, 2024 sind beispielsweise nur 84 % der gesetzlichen Rente zu versteuern.

Achtung: Es sind Änderungen bei der Besteuerung der Betriebsrenten im so genannten Wachstumschancengesetz vorgesehen, das bei Drucklegung des Ratgebers noch nicht verabschiedet war.

Für Leistungen aus der betrieblichen Altersversorgung sind in der Auszahlungsphase grundsätzlich Beiträge zur gesetzlichen Kranken- und Pflegeversicherung zu zahlen. Seit 1.1.2020 gilt allerdings ein Freibetrag. Aktuell (2024) müssen für die ersten 169,75 € der Betriebsrente keine Kassenbeiträge gezahlt werden. Erst darüber hinaus ist für die Betriebsrenten der Krankenkassenbeitrag fällig.

Herr Bretzinger, wenn das Arbeitsverhältnis eine Zeit lang ruht oder man den Arbeitgeber wechselt, was passiert dann mit der Betriebsrente?

Bei einem Arbeitgeberwechsel hat der Arbeitnehmer unter bestimmten Voraussetzungen (z.B. wenn die betriebliche Altersversorgung über eine Direktversicherung durchgeführt wird) das Recht, die unverfallbaren Versorgungsanwartschaften (d.h. das bis dahin gebildete Kapital) auf den neuen Arbeitgeber zu übertragen. Unabhängig davon kann mit Zustimmung des neuen Arbeitgebers der bestehende Vertrag über den neuen Arbeitgeber weitergeführt werden oder das aufgebaute Kapital unter bestimmten Voraussetzungen in die Versorgungseinrichtung des neuen Arbeitgebers übertragen werden. Ist dies nicht möglich, kann der Arbeitnehmer den Vertrag ruhen lassen oder privat weiterführen. Unabhängig davon, ob der Arbeitnehmer weiter in den Vertrag einzahlt oder nicht, bleiben ihm die angesparten Beiträge und der Anspruch auf Leistung in jedem Fall erhalten.

Herr Bretzinger, wie wird mit der Betriebsrente verfahren, wenn man in die Selbstständigkeit wechselt und nicht mehr angestellt ist?

Grundsätzlich gibt es zwei Möglichkeiten. Die betriebliche Altersversorgung bleibt beim bisherigen Arbeitgeber zurück. Sie wird beitragsfrei gestellt und die unverfallbaren Ansprüche bleiben bis zur Rente erhalten. Wurde die Altersversorgung über Direktversicherung oder Pensionskasse durchgeführt, kann der Versicherte die Versicherung auf sich übertragen lassen und mit eigenen Beiträgen weiterführen. Die Zahlungen sind dann aber steuerlich nicht mehr begünstigt.

8 Überblick über die soziale Absicherung

Wenn man alleinerziehend wird, schmerzt der Verlust des Partners auch durch den Wegfall der Absicherung. Denn häufig sind die Männer in den Familien in der Hauptverantwortung für das oft monatlich höhere Einkommen – und somit für einen gewissen Lebensstandard – die Finanzen und die Altersabsicherung. Kommt es nun zur Trennung oder Tod des Partners, fühlt man sich dieser Absicherung beraubt. Damit du diese Veränderung nicht als zu radikal empfindest, bekommst du in diesem Kapitel einen Einblick, welche sozialen Absicherungsnetze für dich jetzt eventuell greifen und dich auffangen.

Herr Bretzinger, was zählt denn alles zur sozialen Absicherung?

Für Alleinerziehende sind Fragen der sozialen Absicherung von wesentlicher Bedeutung. Das betrifft vor allem die Kranken- und die Rentenversicherung. Und durch die verschiedenen Träger der Sozialversicherung erfahren Alleinziehende unterschiedliche finanzielle Hilfs- und Unterstützungsangebote wie beispielsweise das Wohngeld oder Hilfen im Falle einer Arbeitslosigkeit.

8.1 Wenn Sie oder Ihr Kind krank sind

Als alleinerziehender Elternteil ist es wichtig, ob und in welchem Umfang Sie selbst und Ihr Kind ausreichend Krankenversicherungsschutz genießen.

8.1.1 Möglichkeiten der Mitgliedschaft in der gesetzlichen Krankenversicherung

Leistungen aus der gesetzlichen Krankenversicherung erhält, wer pflichtversichert, freiwillig versichert oder familienversichert ist.

Der allgemeine Beitragssatz beträgt 14,6 % der beitragspflichtigen Einkünfte. Arbeitnehmer zahlen davon jeweils die Hälfte, die andere Hälfte wird vom Arbeitgeber übernommen.

Pflichtversicherte

Bestimmte Personengruppen unterliegen der Versicherungspflicht in der gesetzlichen Krankenversicherung, das heißt, sie sind automatisch gesetzlich versichert. Versicherungspflicht besteht insbesondere für Arbeitnehmer, die aus ihrer Beschäftigung ein regelmäßiges beitragspflichtiges Einkommen von mehr als 538 € und maximal 5.775 € im Monat verdienen (Versicherungspflichtgrenze Stand 2024: 69.300 € im Jahr).

Allen gesetzlich Versicherten steht grundsätzlich ein Kassenwahlrecht zu, das heißt, sie können sich bei einer Krankenkasse ihrer Wahl versichern lassen (z.B. bei der Allgemeinen Ortskrankenkasse, einer Ersatzkasse, einer Betriebs- oder Innungskrankenkasse). Auch ein Wechsel in eine andere gesetzliche Krankenkasse ist jederzeit möglich.

Freiwillig Versicherte

Wer nicht versicherungspflichtig ist, kann sich in der gesetzlichen Krankenversicherung freiwillig versichern. Dazu gehören Arbeitnehmer, die regelmäßig mindestens 5.776 € im Monat verdienen, deren Arbeitsentgelt also höher ist als die derzeit gültige Versicherungspflichtgrenze. Auch Arbeitnehmer, die eine neue Beschäftigung beginnen und sofort regelmäßig mehr als derzeit 5.775 € monatlich verdienen, können freiwillig krankenversichert werden. Unabhängig von ihrem Einkommen können sich Selbstständige freiwillig krankenversichern.

Freiwillig versichern können sich außerdem unter anderem Beamte und Kinder, die nicht mitversichert sind, weil ein Elternteil über der Pflichtversicherungsgrenze liegt und daher nicht Mitglied der gesetzlichen Krankenversicherung ist.

Beitragsfreie Mitversicherung

Der Ehepartner und die Kinder eines pflicht- oder freiwillig versicherten Mitglieds sind unter bestimmten Voraussetzungen in dessen Krankenkasse familienversichert. Der Vorteil der Familienversicherung besteht darin, dass nur einer zahlt und die ganze Familie kostenfrei krankenversichert ist, und die mitversicherte Person gleichwohl grundsätzlich die vollen Leistungen der Krankenkasse erhält.

Sind Sie als alleinerziehender Elternteil gesetzlich krankenversichert, ist Ihr Kind automatisch beitragsfrei mitversichert. Waren Sie bisher bei Ihrem Ehepartner im Rahmen einer Familienversicherung mitversichert, ändert sich nach der Scheidung zunächst grundsätzlich nichts. Die Familienversicherung besteht für das Kind nach wie vor. Generell gilt allerdings, dass Kinder grundsätzlich nur bis zur Vollendung des 18. Lebensjahres familienversichert sind. Diese Altersgrenze erhöht sich auf das 23. Lebensjahr, wenn sie nicht erwerbstätig sind, und auf das 25. Lebensjahr, wenn sie sich in der Schul- oder Berufsausbildung befinden. Für Kinder, die wegen körperlicher, geistiger oder seelischer Behinderung dauernd außerstande sind, sich selbst zu unterhalten, gilt keine Altersgrenze.

Während sich also für Ihr Kind im Fall der Scheidung hinsichtlich der beitragsfreien Mitversicherung bei Ihrem Ex-Ehepartner nichts ändert, sieht bei Ihnen selbst die Situation allerdings anders aus. Deshalb sollten Sie die Frage der Krankenversicherung spätestens unmittelbar nach der Scheidung klären.

- Leben Sie von Ihrem Ehepartner getrennt und nehmen Sie während der Trennungszeit keine Arbeit an, die Ihnen Einkünfte bringt, die eine eigene Krankenversicherung notwendig macht, dann besteht der Anspruch auf kostenfreie Krankenversicherung in der Familienversicherung weiter.

- Sind Sie selbst einer Erwerbstätigkeit mit einem Einkommen über 538 € (Stand 2024) nachgegangen, waren Sie selbst pflichtversichert und bleiben es auch. Ihr Kind kann dann im Rahmen einer Familienversicherung auch über Sie beitragsfrei mitversichert werden.
- Wenn Sie bislang bei Ihrem Ehepartner versichert waren, endet Ihr kostenloser Krankenversicherungsschutz über eine Mitversicherung innerhalb eines Monats nach rechtskräftiger Scheidung. In diesem Fall sind Sie automatisch freiwillig bei der Krankenkasse Ihres früheren Ehepartners weiterversichert, allerdings mit der Möglichkeit, sich selbst eine andere Krankenkasse zu suchen. Die Krankenkassenbeiträge müssen Sie dann selbst zahlen.
- Schwieriger wird es, wenn Ihr Ehepartner beihilfeberechtigt ist und Sie bisher privat krankenversichert waren. In diesem Fall endet nach der Scheidung Ihr eigener Anspruch auf Beihilfe gegen den Bund oder das Land, sodass Sie sich zu 100 % versichern müssen, was regelmäßig mit hohen Kosten verbunden ist. Der Notwendigkeit, dass Sie sich auch nach der Scheidung privat versichern müssen, können Sie dadurch entgehen, dass Sie versuchen, unmittelbar nach der Trennung oder bereits vorher für mindestens zwölf Monate eine versicherungspflichtige Tätigkeit auszuüben. Dann sind Sie gesetzlich pflichtversichert und werden Mitglied einer gesetzlichen Krankenkasse. Waren Sie in den letzten fünf Jahren für mindestens 24 Monate Mitglied einer gesetzlichen Krankenversicherung, können Sie dieser ebenfalls wieder beitreten.

Herr Bretzinger, gibt es eine Altersgrenze für den Wechsel in die gesetzliche Krankenkasse?

Grundsätzlich kann die privat Krankenversicherte wieder in eine beliebige gesetzliche Krankenkasse wechseln, wenn sich bei ihr die Lebensverhältnisse derart verändert haben, dass erstmals oder erneut eine Versicherungspflicht in der gesetzlichen Krankenversicherung entsteht. Diese Rückkehrmöglichkeit besteht allerdings nicht für Personen, die das 55. Lebensjahr vollendet haben und in den letzten fünf Jahren nicht gesetzlich versichert waren und mindestens die Hälfte dieser Zeit versicherungsfrei, von der Versicherungspflicht befreit oder hauptberuflich selbstständig waren. Faktisch läuft das darauf hinaus, dass Rückkehrer in den fünf Jahren zuvor mindestens zweieinhalb Jahre in der gesetzlichen Krankenversicherung pflichtversichert gewesen sein müssen – ein sehr seltener Fall.

Nach einer Scheidung entstehen Ihnen durch Ihre eigene Krankenversicherung häufig erhebliche Mehrkosten. Diese können Sie gegenüber Ihrem geschiedenen Ehepartner im Rahmen des Krankenvorsorgeunterhalts geltend machen, sofern Sie nachehelichen Unterhalt erhalten (vgl. dazu 3.3.1).

Praxis-Tipp

Wenn die Möglichkeit besteht das eigene Kind bzw. die Kinder in der eigenen Krankenkasse im Rahmen der Familienversicherung mitversichern zu lassen, erspart das viel Kommunikation mit dem Ex-Partner, ermöglicht direkten Austausch mit der Krankenkasse im Krankheitsfall und die neuen Versicherungskarten landen garantiert im eigenen Briefkasten.

8.1.2 Familienleistungen der gesetzlichen Krankenversicherung

Die gesetzlichen Krankenkassen gewähren ein breites Spektrum, um Ihre Gesundheit und die Ihrer Familie zu erhalten, wiederherzustellen oder zu verbessern. Besondere finanzielle Unterstützung leisten die Kassen für Familien.

Leistungen bei Schwangerschaft und Geburt

Der Leistungskatalog der gesetzlichen Krankenversicherung sieht eine Reihe von Leistungen vor, die Versicherte bei Schwangerschaft und Geburt in Anspruch nehmen können. Dazu gehören

- die ärztliche Betreuung und Hebammenhilfe (vgl. dazu 4.1.1),
- die Versorgung mit Arznei-, Verband-, Heil- und Hilfsmitteln (vgl. dazu 4.1.2),
- die Kostenübernahme für eine ambulante oder stationäre Entbindung (vgl. dazu 4.1.3),
- häusliche Pflege, soweit diese wegen Schwangerschaft oder Entbindung erforderlich ist (vgl. dazu 4.1.4),
- Haushaltshilfe, soweit Ihnen wegen Schwangerschaft oder Entbindung die Weiterführung des Haushalts nicht möglich ist und auch keine andere im Haushalt lebende Person den Haushalt weiterführen kann (vgl. dazu 4.1.5),
- die Zahlung von Mutterschaftsgeld (vgl. dazu 6.1).

Kinderkrankengeld

Sie haben Anspruch auf Kinderkrankengeld, wenn Sie zur Beaufsichtigung, Betreuung oder Pflege des erkrankten und versicherten Kindes der Arbeit fernbleiben müssen, eine andere in ihrem Haushalt lebende Person das Kind nicht betreuen oder pflegen kann und das Kind das zwölfte Lebensjahr noch nicht vollendet hat (Näheres unter 5.2.2).

Haushaltshilfe

Anspruch auf Haushaltshilfe haben Sie nicht nur dann, wenn Sie Ihren Haushalt wegen Schwangerschaft oder Entbindung nicht weiterführen können und dies niemand sonst im Haushalt übernehmen kann (vgl. dazu 4.1.5), sondern auch, wenn Sie wegen einer Krankenhausbehandlung oder wegen häuslicher Krankenpflege, einer Müttergenesungskur oder einer Vorsorge- bzw. Rehabilitationskur den Haushalt nicht weiterführen können (§ 38 SGB V). Voraussetzung ist ferner, dass im Haushalt ein Kind lebt, das bei Beginn der Haushaltshilfe das zwölfte Lebensjahr noch nicht vollendet hat oder das behindert und auf Hilfe angewiesen ist. Darüber hinaus erhalten Sie – soweit keine Pflegebedürftigkeit vorliegt – auch dann Haushaltshilfe, wenn Ihnen die Weiterführung des Haushalts wegen schwerer Krankheit oder wegen akuter Verschlimmerung einer Krankheit, insbesondere nach einem Krankenhausaufenthalt, nach einer ambulanten Operation oder nach einer ambulanten Krankenhausbehandlung nicht möglich ist, längstens jedoch für die Dauer von vier Wochen. Wenn im Haushalt ein Kind lebt, das bei Beginn der Haushaltshilfe das zwölfte Lebensjahr noch nicht vollendet hat oder das behindert und auf Hilfe angewiesen ist, verlängert sich der Anspruch auf längstens 26 Wochen.

Der Anspruch auf Haushaltshilfe besteht nur, soweit eine im Haushalt lebende Person den Haushalt nicht weiterführen kann.

Als Haushaltshilfe stellt die Krankenkasse eine Ersatzkraft. Andernfalls sind dem Versicherten die Kosten für eine selbst beschaffte Ersatzkraft in angemessener Höhe zu erstatten. Eine Erstattung erfolgt nicht für Verwandte und Verschwägerte bis zum zweiten Grad (z.B. wenn Ihre Eltern den Haushalt weiterführen).

Für die Haushaltshilfe müssen Sie, wenn Sie die das 18. Lebensjahr vollendet haben, 10 % der kalendertäglichen Kosten, jedoch höchstens 10 € und mindestens 5 € zuzahlen. Bei Haushaltshilfen im Rahmen von Schwangerschaften und Entbindungen entfallen die Zuzahlungen.

Weitere Leistungen

Kindern und Jugendlichen stehen eine Reihe von Gesundheitsleistungen zu, die über den Anspruch von Erwachsenen hinausgehen.

Vorsorgeuntersuchungen für Kinder und Jugendliche

Die gesetzliche Krankenkasse übernimmt die Früherkennungsuntersuchungen von Kindern von der Geburt bis zum sechsten Lebensjahr des Kindes (U1 bis U9) und die Vorsorgeuntersuchung von Jugendlichen im Alter zwischen 13 und 14 Jahren (J1). Alle Vorsorgeuntersuchungen sind generell zuzahlungsfrei. Manche Krankenkassen bieten darüber hinaus zuzahlungsfreie Untersuchungen an.

Schutzimpfungen für Kinder

Die Kosten für empfohlene Schutzimpfungen von Kindern werden von den Krankenkassen übernommen. Dazu zählen Diphtherie, Tetanus, Pertussis (Keuchhusten) und Poliomyelitis (Kinderlähmung). Für junge Frauen wird die Impfung gegen Gebärmutterhalskrebs ebenfalls von der gesetzlichen Krankenversicherung übernommen. Auch die notwendigen Auffrischimpfungen werden von der gesetzlichen Krankenkasse gezahlt. Nicht bezahlt werden grundsätzlich Impfungen gegen Krankheiten, die auf Reisen ins Ausland drohen.

Kieferorthopädische Behandlungen für Kinder und Jugendliche

Für kieferorthopädische Behandlungen bei Kindern und Jugendlichen unter 18 Jahren kommt die gesetzliche Krankenkasse auf, wenn es sich um eine medizinisch begründete Indikation handelt. Das ist bei Kindern der Fall, bei denen eine Kiefer- oder Zahnfehlstellung vorliegt, die das Kauen, Beißen, Sprechen oder Atmen erheblich beeinträchtigt oder zu beeinträchtigen droht.

Bei einer kieferorthopädischen Behandlung muss vom Kassenpatienten ein Anteil von 20 % der Kosten an den Zahnarzt übernommen werden. Befinden sich mindestens zwei versicherte Kinder, die bei Beginn der Behandlung das 18. Lebensjahr noch nicht vollendet haben und mit ihren Erziehungsberechtigten in einem gemeinsamen Haushalt leben, in kieferorthopädischer Behandlung, beträgt der Anteil für das zweite und jedes weitere Kind 10 %.

Praxis-Tipp

Kieferorthopädische Behandlungen können durch die Zuzahlungen schnell ins Geld gehen. Damit du nicht alleine auf den Kosten sitzen bleibst, kannst du hier gegebenenfalls Sonderbedarf geltend machen (vgl. dazu 2.6.2). Gleiches gilt auch für die Kosten einer stationären Behandlung, die von der Krankenkasse nicht übernommen wird.

Zahnärztliche Behandlungen für Kinder und Jugendliche

Kinder zwischen drei und sechs Jahre können auf Kosten der Krankenkasse auf Zahn-, Mund- und Kieferkrankheiten untersucht werden. Kinder und Jugendliche ab einem Alter von sechs bis einschließlich 17 Jahre erhalten unter anderem eine Aufklärung über eine zahngesunde Ernährung und Mundhygiene, Fissuren- und Grübchenversiegelungen der bleibenden großen Backenzähne und gegebenenfalls Fluoridierungen der Zähne. Leistungen wie professionelle Zahnreinigungen werden von der gesetzlichen Krankenkasse häufig als Satzungsleistung übernommen, gehören aber nicht zum gesetzlichen Leistungskatalog.

Im Alter von zwölf Jahren erhalten auch Kinder ihr persönliches Bonusheft. Bis zum 18. Lebensjahr sollten sie ihre halbjährlichen Kontrolltermine beim Zahnarzt darin bestätigen lassen. Ab dann muss nur noch eine Kontrolluntersuchung im Jahr dokumentiert werden.

Anspruch auf Brillen für Kinder und Jugendliche

Kinder und Jugendliche haben bis zum 18. Lebensjahr Anspruch auf eine Brille. Ab dem 14. Lebensjahr besteht ein erneuter Anspruch nur dann, wenn sich die Sehstärke um mehr als 0,5 Dioptrien verändert. Kindern stehen Kunststoffgläser zu, wenn sie im Vorschulalter oder jünger als 14 Jahre sind und die Sehfähigkeit um mehr als plus oder minus fünf Dioptrien beeinträchtigt ist. Wenn die Kunststoffgläser notwendig sind, um am Schulsport teilnehmen zu können, kommt die gesetzliche Krankenversicherung ebenfalls für die Kosten auf.

Schwangerschaftsvorsorge, Entbindung

Die gesetzliche Krankenversicherung übernimmt die Kosten für die Schwangerschaftsvorsorge, die Betreuung vor und nach der Entbindung und für diese selbst. Für alle Maßnahmen sind keine Zuzahlungen zu leisten. Gewährt werden ärztliche Betreuung einschließlich der Vorsorgeuntersuchungen während der Schwangerschaft, Gesundheitsvorsorge, Versorgung mit Arzneimitteln und Heilmitteln, stationäre Entbindung, häusliche Krankenpflege und Haushaltshilfe.

8.2 Wie Sie und Ihr Kind in der gesetzlichen Rentenversicherung abgesichert sind

Auch die gesetzliche Rentenversicherung bietet Ihnen finanzielle Unterstützung, wenn Sie Ihr Kind allein erziehen. So werden Ihnen für die Erziehung Ihres Kindes Pflichtbeiträge gutgeschrieben und Kinderberücksichtigungszeiten anerkannt, was im Alter zu höheren Renten führt. Die Erziehungsrente hilft Ihnen, wenn Sie nach einer Scheidung alleinerziehend sind und bei einem Tod des Ex-Ehepartners wegen der ausbleibenden Unterhaltszahlungen in schwierige Finanzsituationen geraten. Diese steht nach einem Rentensplitting auch verwitweten Alleinerziehenden zu. Die Witwen-/Witwerrente kompensiert gegebenenfalls Ihren Einkommensverlust beim Tod Ihres Ehepartners. Wenn Vater oder Mutter sterben, unterstützt die gesetzliche Rentenversicherung Kinder und Jugendliche mit einer Halbwaisenrente. Schließlich bietet die Rentenversicherung für Kinder, wenn sie erheblich erkrankt oder ihre Gesundheit gefährdet ist, spezielle Rehabilitationsleistungen an.

Aus der Community: *Da sich die Renten wegen Todes nicht wie Unterhaltsansprüche nach dem letzten Einkommen richten, sondern nach den bisher eingezahlten Rentenbeiträgen, sind diese bei jung Verstorbenen in der Regel eher gering. Zusätzlich dazu müssen alle Renten wegen Todes mindestens anteilig versteuert werden.*

8.2.1 Anrechnung der Kindererziehung

Mütter und Väter, die Kinder erziehen, können oft gar nicht oder nur noch eingeschränkt erwerbstätig sein. Somit kann der Elternteil, der sich zu Hause um die Kinder kümmert, keine eigenen Beiträge mehr in die gesetzliche Rentenversicherung einzahlen. Diese Beitragslücke wird geschlossen: Wer Kinder erzieht, bekommt dafür Pflichtbeitragszeiten gutgeschrieben und erhält für diesen Zeitraum später mehr Rente.

Bei der Rentenanrechnung werden Kindererziehungszeiten und Berücksichtigungszeiten wegen Kindererziehung unterschieden:

- Die Kindererziehungszeit wirkt wie eine Beitragszeit und führt damit zu höheren Rentenansprüchen.
- Die Berücksichtigungszeiten wegen Kindererziehung haben keine direkte Auswirkung auf die Rentenhöhe. Allerdings können sie zu einer günstigeren Bewertung weiterer Zeiten und somit zu einer höheren Rente führen.

Beitragszeiten wegen Kindererziehung

Kindererziehungszeiten zählen wie vollwertige Pflichtbeitragszeiten, ohne dass der Erziehende eigene Beiträge in die Rentenversicherung einzahlen muss. Die Beiträge werden vom Bund übernommen. Als Pflichtbeitragszeiten können Kindererziehungszeiten sowohl Rentenansprüche begründen als auch erhöhen. Es wird so getan, als habe der Erziehende für die Jahre der Kindererziehung das Durchschnittseinkommen aller Versicherten erzielt und hierfür Beiträge in die gesetzliche Rentenversicherung gezahlt. Rentenmathematisch ausgedrückt bedeutet dies, dass dem Erziehenden für jedes Jahr der Kindererziehung knapp ein Entgeltpunkt zuerkannt wird. Umgerechnet bringt ein Jahr Kinderziehung ungefähr 34 € Rente im Monat.

Die Kindererziehungszeit umfasst bei Geburten ab 1992 36 Monate pro Kind. Sie beginnt mit dem Ersten des Folgemonats nach der Geburt des Kindes und endet 36 Monate später.

Geburt des Kindes: 5.3.2023. Kindererziehungszeit: 1.4.2023 bis 31.3.2026.

Werden gleichzeitig mehrere Kinder erzogen (wenn z.B. während der Erziehungszeit ein weiteres Kind geboren wird), so verlängert sich die Kindererziehungszeit um die Zeit, in der der Erziehende gleichzeitig mehrere Kinder erzogen hat.

Geburt des ersten Kindes: 17.4.2021. Kindererziehungszeit: 1.5.2021 bis 30.4.2024. Geburt des zweiten Kindes: 2.1.2023. Kindererziehungszeit: 1.2.2023 bis 31.1.2026. Verlängerungszeit 15 Monate: 1.2.2026 bis 30.4.2027.

Die Kindererziehungszeit kann immer nur einem Elternteil gutgeschrieben werden. Sie wird dem Elternteil zugeordnet, der das Kind überwiegend erzogen hat. Erziehen beide Elternteile das Kind, kann gewählt werden, wer die Kindererziehungszeit gutgeschrieben bekommt. Geben die gemeinsam erziehenden Eltern keine Erklärung ab, werden die Kindererziehungszeiten automatisch der Mutter zugerechnet.

Wenn Ihnen Kindererziehungszeiten angerechnet werden, sollen Sie auch die Möglichkeit haben, eine Rente zu bekommen. Dafür sind allerdings mindestens 60 Beitragsmonate erforderlich. Wenn Sie das allein mit Kindererziehungszeiten bis zum Erreichen der Regelaltersgrenze nicht schaffen, können Sie für die fehlenden Monate freiwillige Beiträge zahlen. Die monatliche Beitragshöhe können Sie aktuell (2024) zwischen dem Mindestbeitrag von 96,72 € und dem Höchstbeitrag von 1.357,80 € frei wählen.

Aus der Community: *Kindererziehungszeiten können pro Kind höchstens fast drei Rentenpunkte betragen, es sei denn, die Kindererziehungszeiten fallen mit eigenem Einkommen über der Beitragsbemessungsgrenze zusammen. In diesem Fall werden die Rentenpunkte durch Kindererziehungszeiten unwiderruflich gekürzt.*

Berücksichtigungszeiten wegen Kinderziehung

Neben Beitragszeiten wegen Kindererziehung können Sie auch sogenannte Berücksichtigungszeiten erhalten. Diese wirken sich ebenfalls positiv auf Ihre Rente aus. Die Berücksichtigungszeit für Kindererziehung beginnt mit dem Tag der Geburt und endet nach zehn Jahren. Werden innerhalb des 10-Jahres-Zeitraums mehrere Kinder gleichzeitig erzogen, verlängert sich die Berücksichtigungszeit (anders als bei der Kindererziehungszeit) nicht um die Zeit mehrfacher Erziehung. Die Berücksichtigungszeit dauert dann von der Geburt des ältesten Kindes bis zur Vollendung des zehnten Lebensjahrs des jüngsten Kindes.

Die Berücksichtigungszeit wird unter den gleichen Voraussetzungen anerkannt wie die Kindererziehungszeit. Kindererziehungszeiten und Berücksichtigungszeit wegen Kindererziehung überschneiden sich also während der ersten 36 Monate der Erziehung.

Die Berücksichtigungszeit kann wie die Kindererziehungszeit zwischen den gemeinsam erziehenden Eltern aufgeteilt werden, wobei jedoch die ersten drei Jahre der Berücksichtigungszeit stets dem Ehepartner zugerechnet werden müssen, dem auch die Kindererziehungszeit zugeordnet worden ist. Sie wird automatisch der Mutter zugeordnet, sofern die Eltern keine übereinstimmende anderweitige Erklärung abgeben.

Herr Bretzinger, wie wirken sich diese Berücksichtigungszeiten positiv auf die Rente aus?

Zwar begründen Berücksichtigungszeiten allein weder einen Rentenanspruch noch erhöhen sie direkt die Rente, im Zusammenhang mit anderen Regelungen können sie sich aber positiv auswirken. So werden Berücksichtigungszeiten beispielsweise auf die Wartezeit von 35 Jahren (für bestimmte Altersrenten) sowie von 45 Jahren für die Rente an besonders langjährig Versicherte angerechnet.

Praxis-Tipp

Die Kindererziehungszeiten und Berücksichtigungszeiten wegen Kindererziehung müssen aktiv beantragt werden, entweder im Rahmen einer Rentenkontenklärung oder initiativ. Das Formular (Vo800) zur Feststellung der Kindererziehungszeiten lässt sich auf der Website der Deutschen Rentenversicherung herunterladen. Einfach ausfüllen und abschicken nicht vergessen!

8.2.2 Erziehungsrente als Hilfe für Alleinerziehende

Die Erziehungsrente ist kaum bekannt – und wird daher nur selten in Anspruch genommen. Sie ist für Personen gedacht, die nach einer Scheidung alleinerziehend sind und beim Tod des geschiedenen Ehepartners wegen der dann ausbleibenden Unterhaltszahlungen vor einer schwierigen finanziellen Situation stehen. Verwitwete Ehepartner und länger lebende Lebenspartner, für die ein Rentensplitting durchgeführt wurde, können unter den gleichen Voraussetzungen eine Erziehungsrente erhalten. Die Erziehungsrente soll die finanzielle Absicherung leisten, solange eine Erwerbstätigkeit wegen der Kindererziehung nicht möglich ist. Anders als die Witwen- oder Witwerrente wird diese Rente wegen Todes jedoch aus der Versicherung des Längerlebenden gezahlt, also nicht aus Rentenversicherungszeiten des geschiedenen oder verstorbenen Ehepartners abgeleitet. Deshalb kann die Erziehungsrente nur bezogen werden, wenn der länger lebende Elternteil die allgemeine Wartezeit von fünf Jahren bis zum Tod des Ex-Ehepartners erfüllt hat. Für Geschiedene gilt der Zeitpunkt des Todes des Ex-Ehepartners, für Witwen gilt der Zeitpunkt des durchgeführten Rentensplittings, wenn dies nach dem Tod des Ehepartners liegt.

Voraussetzungen

Eine Erziehungsrente wird gezahlt, wenn

- der geschiedene Ehepartner gestorben ist oder das Rentensplitting durchgeführt wurde, entweder gemeinsam bereits während der Ehezeit oder nach dem Tod einseitig durch den länger lebenden Ehepartner,
- ein eigenes Kind oder ein Kind des früheren Ehepartners (auch Stief- und Pflegekinder), das das 18. Lebensjahr noch nicht vollendet hat, erzogen wird (bei Kindern, die wegen einer Behinderung nicht in der Lage sind, selbst für ihren Unterhalt zu sorgen, gibt es keine Altersbeschränkung),
- die Alleinerziehende nicht wieder geheiratet hat und
- bis zum Tod des geschiedenen Ehepartners bzw. bis zum einseitig durchgeführten Rentensplitting nach dem Tod des Ehepartners eine Mindestversicherungszeit mit Beitragszeiten von fünf Jahren von der Alleinerziehenden zurückgelegt wurde.

Praxis-Tipp

Ein gleichzeitiger Bezug von Erziehungsrente und Erwerbsminderungsrente ist nicht möglich, da nur eine Rente aus einem Rentenkonto ausgezahlt werden kann.

Berechnung der Rente

Die Rentenhöhe entspricht einer Rente wegen voller Erwerbsminderung. Wie hoch diese ist, können Sie der Renteninformation entnehmen. Wird die Rente vor dem 65. Geburtstag gezahlt, müssen Sie mit Abschlägen rechnen. Der Abschlag ist abhängig vom Lebensalter und beträgt 10,8 % bei Beginn der Rente vor dem eigenen 62. Geburtstag. Außerdem wird Einkommen auf die Rente oberhalb eines bestimmten Freibetrags zu 40 % auf die Rente angerechnet.

Beginn und Ende der Rentenzahlung

Die Erziehungsrente müssen Sie beim zuständigen Rentenversicherungsträger beantragen. Sie kann bis zu dem Monat bezogen werden, in dem das jüngste Kind im Haus 18 Jahre alt wird.

Hierbei kann es sich auch um ein weiteres Kind handeln. Es muss kein Kind des Verstorbenen sein.

Die Rente beginnt mit dem Ersten des Monats, ab dem die Voraussetzungen (siehe oben) erfüllt sind und der Antrag innerhalb von drei Monaten gestellt wurde. Andernfalls wird die Rente vom Monat der Antragstellung an gezahlt.

Achtung: Wenn eine Witwe sich für das Rentensplitting und für die Erziehungsrente entscheidet, ist diese Entscheidung endgültig. Ein Zurück zur Witwenrente auch nach Ablauf der Erziehungsrente ist nicht möglich. Die Beantragungszeit für diesen komplizierten Weg dauert mindestens sechs Monate, währenddessen wird aber – falls vorhanden – die Witwenrente weitergezahlt.

8.2.3 Versorgung der Hinterbliebenen

Die gesetzliche Hinterbliebenenrente soll nach dem Tod des Ehepartners, der Mutter oder des Vaters den Unterhaltsverlust teilweise ausgleichen und damit die Existenz des länger lebenden Ehepartners und der Kinder sichern. Stirbt der Ehepartner, kann ein Anspruch auf Witwen- oder Witwerrente bestehen. Verlieren Kinder unter 18 Jahren einen Elternteil, können sie eine Waisenrente bekommen. Geschiedene, die ein minderjähriges Kind erziehen, können beim Tod des Ex-Partners eine Erziehungsrente erhalten. Diese gehört zwar zu den Renten wegen Todes, wird aber aus der eigenen Versicherung gezahlt und kann nach erfolgreichem Rentensplitting statt der Witwenrente auch für Verwitwete ausgezahlt werden (vgl. 8.2.2).

Achtung : Grundsätzlich wird bei den Renten wegen Todes nach dem sogenannten »altem Recht« und dem »neuen Recht« nach der Rentenreform von 2002 unterschieden. Zum Stichtag 31.12.2022 bezieht mit etwa 4,9 Millionen Betroffenen die überwiegende Mehrheit eine Rente wegen Todes nach altem Recht, während es nur etwa 313.000 Betroffene nach neuem Recht gibt. Da die Leserinnen dieses Buches allerdings aufgrund der zu erwartenden Altersklasse mehrheitlich unter das neue Recht fallen, wird in den folgenden Punkten nur darauf eingegangen.

Witwen-/Witwerrente

Anspruch auf Witwen- oder Witwenrente hat grundsätzlich nur, wer bis zum Tod seines Ehepartners mit diesem in einer gültigen Ehe gelebt hat. Keine Rolle spielt, ob die Eheleute tatsächlich zusammen oder getrennt gelebt haben. Bei Eheschließungen ab dem 1.1.2002 wird eine Witwen-/Witwerrente nur noch gezahlt, wenn die Ehe mindestens ein Jahr bestanden hat. Nur wenn der Ehepartner beispielsweise bei einem Unfall stirbt, besteht ein Rentenanspruch auch bei kürzerer Ehedauer.

Anspruch auf Witwen-/Witwerrente besteht, wenn

- der verstorbene Ehepartner die allgemeine Wartezeit von fünf Jahren erfüllt oder bereits eine Rente bezogen hat und
- die Witwe bzw. der Witwer nicht wieder geheiratet hat.

Die Rente kann als kleine oder große Witwen-/Witwerrente gezahlt werden.

Kleine Witwenrente

Anspruch auf die kleine Witwen- oder Witwerrente besteht, wenn die Witwe oder der Witwer

- noch nicht das 46. Lebensjahr vollendet hat (diese Altersgrenze steigt stufenweise ab 2029 auf 47 Jahre),
- nicht erwerbsgemindert ist und
- kein Kind erzieht.

Achtung : Die kleine Witwenrente spielt für Alleinerziehende keine Rolle, da hier immer ein Kind vorhanden ist und damit die Voraussetzungen für die große Witwenrente erfüllt sind.

Die kleine Witwen- oder Witwerrente beträgt 25 % der Rente, auf die der Ehepartner zum Zeitpunkt seines Todes Anspruch gehabt hätte. Ist der Ehepartner vor dem 65. Lebensjahr verstorben, wird die Rente um einen Abschlag gekürzt. Der Abschlag ist abhängig vom Lebensalter des Verstorbenen und beträgt 10,8 % bei Beginn der Rente vor dem 62. Geburtstag des Verstorbenen. Die kleine Witwen-/Witwerrente wird nur für die Dauer von 24 Monaten nach dem Tod des Ehepartners gezahlt.

Bei Erreichen der Altersgrenze kann mit sofortiger Wirkung die große Witwenrente beantragt werden. Das muss aber extra geschehen und geht nicht automatisch.

Große Witwenrente

Anspruch auf die große Witwen-/Witwerrente besteht, wenn die Witwe oder der Witwer

- das 46. Lebensjahr vollendet hat (auch diese Altersgrenze wird bis zum Jahr 2029 stufenweise auf 47 Jahre angehoben) oder
- erwerbsgemindert ist oder
- ein eigenes oder ein Kind des Verstorbenen erzieht, das noch nicht 18 Jahre alt ist (hierzu zählen unter Umständen auch Stief- und Pflegekinder, Enkel und Geschwister).

Die große Witwen-/Witwerrente beträgt 55 % der Rente, auf die der verstorbene Ehepartner Anspruch gehabt hätte oder die er bereits bezogen hat. Wenn der Ehepartner vor dem 65. Lebensjahr gestorben ist, wird die Rente um einen Abschlag gemindert. Der Abschlag ist abhängig vom Lebensalter des Verstorbenen und beträgt 10,8 % bei Beginn der Rente vor dem 62. Geburtstag des Verstorbenen.

Achtung: Wenn man früh Kinder bekommen hat und diese den 18. Geburtstag erreichen, bevor man selbst die oben erwähnte Altersgrenze erreicht hat, setzt der Bezug der großen Witwenrente aus (Ausnahme: behinderte Kinder). Man kann diese dann neu beantragen, sobald die Altersgrenze erreicht wurde. Wenn man sich für das Rentensplitting und für die Erziehungsrente entschieden hat, ist ein in Zurück zur Witwenrente auch nach Ablauf der Erziehungsrente nicht mehr möglich.

Kinderzuschlag

Wer ein Kind bis zum dritten Lebensjahr erzieht oder erzogen hat, erhält einen Kinderzuschlag. Dieser beginnt mit dem vierten Kalendermonat nach dem Tod des Ehepartners. Überschreitet die Witwenrente zusammen mit dem Zuschlag eine volle Monatsrente des Verstorbenen, wird der Zuschlag begrenzt.

Höhe des Kinderzuschlags (2024)

Kleine Witwenrente erstes Kind jedes weitere Kind	 34,18 € 17,09 €
Große Witwenrente erstes Kind jedes weitere Kind	 75,19 € 37,60 €

Anrechnung von Einkommen

Gleichzeitig erzieltes Einkommen wird auf die Witwen-/Witwerrente angerechnet. Berücksichtigt werden insbesondere

- Einkommen aus einer Erwerbstätigkeit,
- Erwerbsersatzeinkommen wie Arbeitslosengeld, Krankengeld oder Renten der gesetzlichen Rentenversicherung,
- Zinseinkünfte aus eigenem Vermögen,
- Gewinne aus Verkäufen,
- Miet- und Pachteinnahmen,
- Betriebsrenten,
- Renten aus privaten Lebens-, Renten- oder Unfallversicherungen und
- Elterngeld sowie
- das Arbeitsentgelt aus geringfügiger versicherungsfreier Beschäftigung oder aus geringfügiger Beschäftigung mit Befreiung von der Versicherungspflicht – jeweils unter Berücksichtigung eines pauschalen Abzugs zum sogenannten fiktivem Netto.

Überschreiten die Einkünfte in der Summe den jeweiligen Freibetrag, wird die Rente um 40 % des sogenannten Mehrbetrags gekürzt (einfach ausgedrückt: 100 € über der Hinzuverdienstgrenze = 40 € Kürzung der Rente). Der Freibetrag erhöht sich pro halbwaisenrentenberechtigtem Kind.

Auf der Website von Inga Krauss von der Gerechten Hinterbliebenen Rente gibt es unter https://verwitwet-alleinerziehend.de/downloads/ eine umfassende Excel-Tabelle als Berechnungshilfe, welches Einkommen mit welchen Pauschalen auf die Hinterbliebenenrente angerechnet wird und wie hoch die Kürzungen der Rente mit diesem Einkommen sind.

Versteuerung

Renten wegen Todes müssen seit 2006 anteilig und ab 2040 voll versteuert werden. Dabei ist das Jahr des Beginns der Renten ausschlaggebend. Die Versteuerung betrifft sowohl die Witwen-/Witwerrenten, als auch die Erziehungsrente und die Halbwaisenrenten, sofern das jeweilige zu versteuernde Einkommen über dem Steuerfreibetrag liegt. Im Jahr des Todes und im darauffolgenden Jahr profitieren Witwen steuerlich noch vom sogenannten Witwensplitting (technisch dasselbe wie das Ehegattensplitting), aber in allen darauffolgenden Jahren werden auch Witwen wie alle anderen Alleinerziehenden in der Grundtabelle wie ledige Personen versteuert. Das kann unter Umständen zu hohen Steuernachzahlungen aufgrund der brutto ausgezahlten Rente wegen Todes führen (Vgl. https://verwitwet-alleinerziehend.de/steuerpflicht/).

Sterbevierteljahr

Für die auf den Sterbemonat folgenden drei Kalendermonate wird die Witwen-/Witwerrente in voller Höhe der Versichertenrente gezahlt. Während des Sterbevierteljahres wird eigenes Einkommen der Witwe bzw. des Witwers nicht angerechnet.

Rentenabfindung

Bei einer erneuten Heirat fällt die Witwen- oder Witwerrente weg. In diesem Fall kann man einmalig eine Rentenabfindung erhalten. Sie beträgt grundsätzlich das 24-Fache der Witwen- oder Witwerrente, die in den letzten zwölf Monaten durchschnittlich gezahlt wurde. Da die kleine Witwen-/Witwerrente höchstens 24 Monate gezahlt wird, wird der noch nicht verbrauchte Restbetrag bis zum Ende der Rentenlaufzeit ausgezahlt.

Waisenrente

Wenn Vater oder Mutter oder beide Elternteile sterben, unterstützt die gesetzliche Rentenversicherung Kinder, Jugendliche und junge Erwachsene in der Ausbildung mit Waisenrenten.

Eine Waisenrente können leibliche und adoptierte Kinder sowie Stief- und Pflegekinder, die im Haushalt des Verstorbenen lebten, bekommen. Aber auch Enkel und Geschwister, die im Haushalt des Verstorbenen lebten oder von ihm überwiegend unterhalten wurden, können diese Rentenleistung erhalten. Sie wird regelmäßig bis zum 18. Geburtstag des Kindes gezahlt. Längstens bis zur Vollendung des 27. Lebensjahres kann die Waise die Rente bekommen. Vorausgesetzt, sie absolviert eine Schul- oder Berufsausbildung, ein freiwilliges soziales bzw. ökologisches Jahr oder leistet den Bundesfreiwilligendienst. Die Waisenrente wird auch gezahlt, wenn das Kind behindert ist und deshalb nicht selbst für sich sorgen kann.

Kinder haben nach dem Tod eines Elternteils Anspruch auf Halbwaisenrente, wenn noch ein unterhaltspflichtiger Elternteil lebt und der verstorbene Elternteil die allgemeine Wartezeit von fünf Jahren erfüllt hat.

Die Halbwaisenrente beträgt 10 % der Versichertenrente, auf die der Verstorbene Anspruch gehabt hätte oder die er bereits bezogen hat. Zur Waisenrente wird ein Zuschlag gezahlt, der sich nach den zurückgelegten rentenrechtlichen Zeiten des verstorbenen Elternteils oder der Eltern richtet.

Die Rentenzahlung beginnt mit dem Todestag des Verstorbenen, sofern er selbst keine Rente bezogen hat. War der Verstorbene bereits Rentner, beginnt die Waisenrente frühestens mit dem auf den Sterbemonat folgenden Monat. Bei verspäteter Antragstellung wird die Rente für nicht mehr als zwölf Monate rückwirkend geleistet.

Achtung: Da Halbwaisenrenten anders als gezahlter Kindesunterhalt als Einkommen des Kindes gelten, müssen diese versteuert werden. Das ist dann der Fall, wenn die Halbwaise einer versicherungspflichtigen Beschäftigung nachgeht, während sie noch Halbwaisenrente empfängt (z.B. eine Ausbildungsvergütung). Wenn das gesamte Einkommen der Halbwaise über den jährlichen Steuerfreibetrag liegt, muss die Halbwaisenrente versteuert werden.

8.2.4 Rehabilitation für Kinder

Auch Kinder können schwer erkranken. Damit diese Krankheiten nicht chronisch werden, müssen sie rechtzeitig und angemessen behandelt werden. Die gesetzliche Rentenversicherung bietet deshalb Rehabilitation auch für Kinder an.

Voraussetzungen

Grundsätzlich ist die Kinder-Reha der gesetzlichen Rentenversicherung bis zum vollendeten 18. Lebensjahr möglich. Erforderlich wird sie, wenn das Kind zwar schwer erkrankt ist, aber die Chance besteht, dass die Gesundheit wesentlich gebessert oder wiederhergestellt werden kann. Eine Rehabilitation ist außerdem möglich, wenn die Gesundheit in hohem Maße gefährdet ist oder Folgeerscheinungen einer Erkrankung die spätere Erwerbsfähigkeit beeinträchtigen können (z.B. bei Erkrankung der Atemwege oder des Herz-Kreislauf-Systems).

Neben diesen medizinischen Voraussetzungen muss ein Elternteil entweder in den letzten zwei Jahren vor dem Rehabilitationsantrag für mindestens sechs Monate Pflichtbeiträge für eine versicherte Beschäftigung gezahlt haben. Oder er muss bei Antragstellung die allgemeine Wartezeit von fünf Versicherungsjahren erfüllen.

Antragsformulare erhalten Sie bei der Deutschen Rentenversicherung. Ferner finden Sie die Formulare unter www.deutsche-rentenversicherung.de im Formular-Center unter dem Stichwort Rehabilitation.

Leistungen

Der zuständige Rentenversicherungsträger trägt die Kosten für Reise, Unterkunft, Verpflegung, ärztliche Betreuung, therapeutische Leistungen und medizinische Anwendungen. Ist das Kind noch nicht eingeschult oder aus medizinischen Gründen eine Begleitperson erforderlich, übernimmt die Rentenversicherung auf Antrag auch die Kosten für die Begleitperson. Darüber hinaus kann die Übernahme von Kosten für eine Haushaltshilfe beantragt werden. Für eine Kinderrehabilitation muss keine Zuzahlung geleistet werden.

8.3 Wohngeld

Wohnraum ist teuer, für manche Menschen sogar zu teuer. Mit dem Wohngeld leistet Vater Staat eine Finanzspritze, damit eine angemessene Familienunterkunft gesichert ist. Wichtig: Wohngeld ist kein Almosen des Staates – auf Wohngeld besteht ein Rechtsanspruch. Es wird als staatlicher Zuschuss gewährt und nicht als Darlehen.

Ob Sie Wohngeld bekommen und wenn ja, in welcher Höhe, hängt davon ab, wie viele Familienmitglieder zum Haushalt zählen und wie hoch das Gesamteinkommen ist. Darüber hinaus wird die Höhe der zuschussfähigen Miete oder Belastung berücksichtigt.

Aus der Community: *Die eigene Wohnung ist der Rückzugsort und Dreh- und Angelpunkt im neuen Alltag allein mit Kind. Aber: Ist sie zu klein, erhöht sich das Stress-Level enorm und sorgt somit für Streit, Ärger und Unwohlsein. Daher nutze wirklich das Wohngeld, um nicht an der Miete sparen zu müssen. Aus der*

Community weiß ich, dass diese finanzielle Beihilfe sehr viele Alleinerziehende bekommen. Zudem ist sie ein Türöffner für die Zusatzleistungen aus dem Bildungs- und Teilhabe-Paket (BuT), was wiederum die Haushaltskasse entlastet (vgl. dazu 9.3).

8.3.1 Wohngeld für Mieter und Eigentümer

Wohngeld wird in zwei Varianten gezahlt: Als Mietzuschuss erhalten es Personen, die Mieter einer Wohnung oder eines Zimmers sind. Als Lastenzuschuss wird es für Personen gezahlt, die Eigentum an selbst genutztem Wohnraum haben.

Mietzuschuss gibt es unter anderem für Mieter von Wohnraum (Wohnung oder Zimmer, egal ob Neu- oder Altbau) und Personen, die in einem eigenen Haus, das mehr als zwei Wohnungen hat, wohnen. Lastenzuschuss gibt es unter anderem für Eigentümer eines Eigenheims oder einer Eigentumswohnung und Erbbauberechtigte. Um Anspruch auf Lastenzuschuss zu haben, muss der Eigentümer selbst in diesen Räumen wohnen und auch die Belastungen dafür aufbringen.

8.3.2 Zu berücksichtigende Haushaltsmitglieder

Die Höhe des Wohngelds hängt unter anderem von der Familiengröße ab, wird also auch danach berechnet, wie viele Familienmitglieder mit im Haushalt des Berechtigten leben. Deren Anzahl wiederum bestimmt, welches Gesamteinkommen bei der Wohngeldberechnung zu berücksichtigen ist und die Höhe der zuschussfähigen Miete oder Belastung.

Haushaltsmitglied ist die wohngeldberechtigte Person, wenn der Wohnraum, für den sie Wohngeld beantragt, der Mittelpunkt ihrer Lebensbeziehungen ist. Zu den Haushaltsmitgliedern gehören bei Alleinerziehenden vor allem Eltern, Kinder, Geschwister, Onkel,

Tanten, Schwiegereltern, Schwiegerkinder, Schwager und Schwägerin eines Haushaltsmitglieds, soweit diese Personen mit der wohngeldberechtigten Person die Wohnung, für die Wohngeld beantragt wird, gemeinsam bewohnen und dieser Wohnraum der jeweilige Mittelpunkt der Lebensbeziehungen ist.

Achtung: Bei der Wohngeldberechnung werden aber nur Familienangehörige berücksichtigt, die auch Anspruch auf Leistung haben. Bezieher von Transferleistungen (z.B. Empfänger von Bürgergeld, Grundsicherung im Alter und bei Erwerbsminderung oder von Hilfe zum Lebensunterhalt) werden daher nicht berücksichtigt, weil deren Mietanteil von anderen Leistungsträgern übernommen wird.

Sophie Kaiser wohnt mit ihrem Kind und ihrem Vater, der Bürgergeld bezieht, in einer Wohnung zusammen. Bei der Wohngeldberechnung werden nur Sophie Kaiser und das Kind berücksichtigt. Für den Mietanteil ihres Vaters kommt die Agentur für Arbeit auf.

Haushaltsmitglieder werden auch dann als zum Haushalt zugehörig gerechnet, wenn sie zwar vorübergehend abwesend sind (z.B. im Krankenhaus liegen), der Familienhaushalt aber auch während ihrer Abwesenheit Mittelpunkt ihrer Lebensbeziehungen bleibt. Auszubildende und Studenten zählen also dann noch zum Familienhaushalt, wenn sie zwar nicht mehr zu Hause wohnen, sie aber in ihrer Lebenshaltung überwiegend von anderen zum Haushalt zugehörigen Familienmitgliedern unterstützt werden.

Der Tod eines zum Haushalt rechnenden Familienmitglieds hat für die Dauer von zwölf Monaten nach dem Sterbemonat keinen Einfluss auf die Familiengröße, es sei denn, die Wohnung wird aufgegeben oder es kommt in dieser Zeit wieder ein Haushaltsmitglied hinzu.

8.3.3 Einkommensgrenzen

Ausgangspunkt für die Berechnung des Wohngelds ist das Gesamteinkommen als die Summe des Jahreseinkommens der zu berücksichtigenden Haushaltsmitglieder. Bei der Ermittlung des Jahreseinkommens ist das Einkommen zugrunde zu legen, das im Zeitpunkt der Antragstellung im Bewilligungszeitraum zu erwarten ist. Das monatliche Gesamteinkommen ermittelt sich aus dem Jahreseinkommen im Bewilligungszeitraum, indem der Betrag durch zwölf geteilt wird.

Das Jahreseinkommen eines zu berücksichtigenden Haushaltsmitglieds ist die Summe der positiven Einkünfte im Sinne des Einkommensteuergesetzes abzüglich der Abzugsbeträge für Steuern und Sozialversicherungsbeiträge. Dazu gehören unter anderem Arbeitseinkommen (z.B. Gehälter, steuerfreie Zuschläge für Sonntags-, Nacht- und Feiertagsarbeit), Lohnersatzleistungen (z.B. Arbeitslosengeld, Krankengeld, Mutterschaftsgeld und sonstige Einnahmen (z.B. Unterhaltszahlungen, Einkünfte aus Kapitalvermögen, Einnahmen aus Vermietung und Verpachtung).

Das Kindergeld wird bei der Einkommensermittlung nicht berücksichtigt. Zum Jahreseinkommen gehören auch nicht Einkünfte aus Vermietung oder Verpachtung eines Teils des Wohnraums, für den Wohngeld beantragt wird.

Von den jeweiligen Einkünften aus nicht selbstständiger Arbeit können insbesondere die Werbungskosten abgezogen werden. Absetzbar sind pauschal mindestens 1.230 €.

Bei der Ermittlung des Einkommens vom Bruttoeinkommen sind jeweils 10 % abzuziehen, wenn zu erwarten ist, dass im Bewilligungszeitraum die folgenden Steuern und Pflichtbeiträge zu leisten sind:

- Steuern vom Einkommen,
- Pflichtbeiträge zur gesetzlichen Kranken- und Pflegeversicherung,
- Pflichtbeiträge zur gesetzlichen Rentenversicherung.

Alternativ können auch laufende Beiträge angegeben werden, die dem Zweck der Pflichtbeiträge zur gesetzlichen Kranken- und Rentenversicherung entsprechen. Dies sind beispielsweise freiwillige Beiträge zur gesetzlichen Kranken- oder Rentenversicherung, Beiträge zu privaten Krankenversicherungen oder Beiträge für Lebensversicherungen.

Maximal können also 30 % abgezogen werden, um das wohngeldrelevante pauschale Netto zu erhalten.

Arbeitnehmer, die sowohl Steuern zahlen als auch Beiträge zur Kranken- und Rentenversicherung leisten, können 30 % abziehen.

Zusätzlich können noch unter anderem folgende Freibeträge vom Haushaltseinkommen abgezogen werden:

- 1.320 €, wenn ein zu berücksichtigendes Haushaltsmitglied ausschließlich mit einem Kind oder mehreren Kindern Wohnraum gemeinsam bewohnt und mindestens eines dieser Kinder noch nicht 18 Jahre alt ist und für dieses Kindergeld gewährt wird;
- ein Betrag in Höhe der eigenen Einnahmen aus Erwerbstätigkeit jedes Kindes eines Haushaltsmitgliedes, höchstens jedoch 1.200 €, wenn das Kind ein zu berücksichtigendes Haushaltsmitglied und noch nicht 25 Jahre alt ist.

Die nachfolgende Tabelle (Stand 2024) gibt einen Anhaltspunkt dafür, ab welchem Gesamteinkommen noch Wohngeld gezahlt wird. Diese Einkommensgrenzen gelten für Wohnungen in Gemeinden der Mietstufe VII (vgl. dazu 8.3.4). Bei Gemeinden der Mietstufen I bis VI oder für andere Wohnungen sind diese Grenzen niedriger. Die rechte Spalte der Tabelle bezeichnet die Beträge, die vor dem jeweils vorzunehmenden pauschalen Abzug(vgl. oben) annähernd den Grenzen des Gesamteinkommens entsprechen.

Zahl der zum Haushalt rechnenden Familien-mitglieder	Grenze für das monatliche Gesamtein-kommen	Bruttoeinkommen (ohne Kindergeld) vor einem pauschalen Abzug von ...		
		10 %	20 %	30 %
1	1.542 €	1.713 €	1.927 €	2.202 €
2	2.074 €	2.304 €	2.592 €	2.963 €
3	2.572 €	2.858 €	3.215 €	3.674 €
4	3.470 €	3.855 €	4.337 €	4.957 €
5	3.966 €	4.407 €	4.957 €	5.666 €
6	4.453 €	4.948 €	5.566 €	6.361 €
7	4.876 €	5.418 €	6.095 €	6.966 €
8	5.066 €	5.629 €	6.333 €	7.237 €

Herr Bretzinger, kann man Vermögen haben und dennoch Wohngeld beziehen?

Für den Anspruch auf Wohngeld ist neben dem Einkommen auch das Vermögen des Antragstellers von Bedeutung. Allerdings gilt eine Höchstgrenze für verwertbares Vermögen von 60.000 € für das erste zu berücksichtigende Haushaltsmitglied und 30.000 € für jedes weitere zu berücksichtigende Haushaltsmitglied. Bei diesen Beträgen handelt es sich nicht um einen Freibetrag auf das Vermögen, sondern um eine Freigrenze. Wird der Höchstbetrag für das Vermögen überschritten, wird kein Wohngeld gezahlt.

8.3.4 Zuschussfähige Miete bzw. Belastung

Die Höhe des Wohngeldes richtet sich auch nach der Höhe der zuschussfähigen Miete oder Belastung.

- Miete ist das Entgelt, das dem Vermieter nach dem Mietvertrag für die Überlassung des Wohnraums zu zahlen ist. Zur Miete gehören auch die Kosten für den Wasserverbrauch, für die Abwasser- und Müllbeseitigung sowie die Kosten der Treppenhausbeleuchtung. Nicht zur Miete gehören unter anderem die Heizkosten und die Kosten für die Erwärmung von Wasser.

- Zur Belastung gehören die Ausgaben für den Kapitaldienst (Zinsen, Tilgung usw.) für solche Fremdmittel, die dem Bau, der Verbesserung oder dem Erwerb des Eigentums gedient haben, Instandhaltungs- und Betriebskosten in einer bestimmten Höhe, Grundsteuer sowie die zu entrichtenden Verwaltungskosten.

Wohngeld wird nicht für unangemessen hohe Wohnkosten geleistet. Bis zu welcher Höhe die Miete oder Belastung in die Wohngeldberechnung einfließt, bestimmt eine Höchstbetragstabelle, die als Anlage dem Wohngeldgesetz beigefügt ist (siehe nachfolgender Auszug). Diese Höchstgrenzen richten sich nach dem örtlichen Mietniveau. Jede Gemeinde mit 10.000 und mehr Einwohnern und die Kreise (mit allen Gemeinden unter 10.000 Einwohnern) gehören entsprechend ihrem Mietniveau einer bestimmten Mietenstufe an. Die Stufe I steht für Gemeinden mit relativ niedrigem Mietniveau, die Stufe VII für die teuersten Wohnorte.

In welcher Mietstufe Ihre Wohngemeinde fällt, können Sie in der Anlage zur Wohngeldverordnung nachlesen. Heidelberg gehört zum Beispiel zur Mietenstufe V, Bochum zur Stufe III, Berlin zur Stufe IV, München zur Stufe VII, Koblenz zur Stufe III.

Höchstbeträge für Miete

Anzahl der zu berücksichtigenden Haushaltsmitglieder	Mietenstufe	Höchstbetrag
1	I	347 €
	II	392 €
	III	438 €
	IV	491 €
	V	540 €
	VI	591 €
	VII	651 €
2	I	420 €
	II	474 €
	III	530 €
	IV	595 €
	V	654 €
	VI	716 €
	VII	788 €

Anzahl der zu berücksichtigenden Haushaltsmitglieder	Mietenstufe	Höchstbetrag
3	I II III IV V VI VII	501 € 564 € 631 € 708 € 778 € 853 € 937 €

Sie bewohnen mit Ihrer Tochter eine Wohnung, die in einer Gemeinde liegt, die der Mietenstufe IV angehört. Sie zahlen eine monatliche Brutto-Kaltmiete von 620 €. Der Höchstbetrag für die zuschussfähige Miete liegt bei 595 €. Bei der Berechnung des Wohngelds wird demnach nur der Höchstbetrag für die zuschussfähige Miete, nämlich 595 €, berücksichtigt.

Zu den genannten Höchstbeträgen werden seit 2021 noch die Beträge zur Entlastung bei den Heizkosten zum Ausgleich der CO_2-Bepreisung addiert. Sie sind nach der Anzahl der zu berücksichtigenden Haushaltsmitglieder zu berucksichtigen. Mit dem Wohngeld-Plus-Gesetz ab 2023 kommen noch eine Heizkosten- sowie eine Klimakomponente hinzu. Die zusätzliche Heizkostenkomponente ist den stark gestiegenen Energiepreisen geschuldet, die Klimakomponente soll die aufgrund energetischer Sanierungen gestiegenen Mieten ausgleichen.

Einen Wohngeld-Rechner, mit dem Sie die ungefähre Höhe des Wohngeldanspruchs berechnen können, finden Sie auf der Internetseite des Bundesministeriums für Wohnen, Stadtentwicklung und Bauwesen unter www.bmwsb.de.

8.3.5 Antrag und Verfahren

Wohngeld wird nur auf Antrag gezahlt. Die entsprechenden Formulare gibt es bei der zuständigen Wohngeldstelle der Gemeinde-, Stadt- oder Kreisverwaltungen, die auch die Bearbeitung übernehmen. In der Regel muss der Haushaltsvorstand den Antrag stellen.

Über den Wohngeldanspruch entscheidet die Behörde durch den sogenannten Wohngeldbescheid. Bewilligt wird das Wohngeld im Regelfall für zwölf Monate – und im Voraus monatlich oder für jeweils zwei Monate gezahlt. Wohngeld kann ausnahmsweise auch rückwirkend bewilligt werden, wenn die zu berücksichtigende Miete oder Belastung rückwirkend um mehr als 15 % erhöht worden ist.

Wenn ein Anspruch auf Wohngeld dem Grunde nach besteht, jedoch von der Behörde über die Höhe des Wohngelds noch nicht entschieden werden kann (weil z.B. noch bestimmte Unterlagen nicht vorliegen) und die Festlegung voraussichtlich noch länger dauert, kann ein Vorschuss an den Wohngeldempfänger gezahlt werden. Ein solcher Vorschuss kann auch bei der Behörde beantragt werden.

In der Regel bleibt das Wohngeld während des Bewilligungszeitraums unverändert. Es ist auf Antrag neu zu bewilligen, wenn sich im laufenden Bewilligungszeitraum die Anzahl der zu berücksichtigenden Haushaltsmitglieder erhöht, die zu berücksichtigende Miete oder Belastung abzüglich der Beträge zur Entlastung bei den Heizkosten um mehr als 15 % erhöht oder das Gesamteinkommen um mehr als 15 % verringert und sich dadurch das Wohngeld erhöht.

8.3.6 Wohngeld und andere Sozialleistungen

Empfänger von sogenannten Transferleistungen – das sind staatliche Sozialleistungen, die nicht an vorherige Beitragszahlungen oder sonstige Gegenleistungen geknüpft sind (z.B. Bürgergeld oder Hilfe zum Lebensunterhalt) – haben keinen Anspruch auf Wohngeld. Ebenso entfällt der Anspruch für diejenigen, die mit einem Empfänger von Bürgergeld oder einem Sozialhilfeempfänger in einer Bedarfsgemeinschaft leben. Denn deren Unterkunftskosten werden bereits im Rahmen der jeweiligen Transferleistung berücksichtigt. Der Ausschluss endet, wenn eine Transferleistung abgelehnt, versagt, entzogen oder ausschließlich als Darlehen gewährt wird. Wurde kein Antrag auf Transferleistung gestellt oder ein bereits gestellter Antrag zurückgenommen, besteht Anspruch auf Wohngeld.

8.4 Welche Leistungen Sie bei Arbeitslosigkeit erhalten

Wenn Ihnen Arbeitslosigkeit droht, müssen Sie sich rechtzeitig bei der Arbeitsagentur melden. Liegen die gesetzlichen Voraussetzungen vor, haben Sie Anspruch auf Arbeitslosengeld. Daneben werden eine Reihe von Leistungen der aktiven Arbeitsförderung gewährt.

Durch das Arbeitslosengeld können Sie Ihre Existenz für einen begrenzten Zeitraum finanziell absichern. Ist der Anspruch ausgelaufen und haben Sie noch keine neue Arbeitsstelle gefunden, können Sie beim Jobcenter Bürgergeld als Leistung der Grundsicherung beantragen (Näheres dazu unter 9.1.1).

8.4.1 Anspruch auf Arbeitslosengeld

Anspruch auf Arbeitslosengeld haben Sie insbesondere, wenn Sie

- arbeitslos sind,
- Sie sich bei der Arbeitsagentur arbeitslos gemeldet und
- Sie die erforderliche Anwartschaftszeit erfüllt haben.

Einen besonderen Antrag auf Arbeitslosengeld müssen Sie nicht stellen, vielmehr »steckt« der Antrag bereits in Ihrer Arbeitslosmeldung, es sei denn, Sie wollen beispielsweise das Arbeitslosengeld erst später (und deswegen länger) erhalten und deshalb bei Ihrer Arbeitslosmeldung noch keinen Antrag stellen.

Nach dem Gesetz ist ein Arbeitnehmer arbeitslos, wenn er nicht nur nicht in einem Beschäftigungsverhältnis steht, das heißt, beschäftigungslos ist, sondern er muss sich zusätzlich bemühen, seine Beschäftigungslosigkeit zu beenden, das heißt, Eigenbemühungen zur Arbeitssuche unternehmen, sowie den Vermittlungsbemühungen der Agentur für Arbeit zur Verfügung stehen.

Mitwirkungspflichten

Es wird von Ihnen erwartet, dass Sie alle Möglichkeiten zur beruflichen Eingliederung in den Arbeitsmarkt nutzen und dazu insbesondere die Selbstinformationseinrichtungen der Agentur für Arbeit in Anspruch nehmen. In der sogenannten Eingliederungsvereinbarung, die zwischen Ihnen und der Arbeitsagentur abgeschlossen wird, wird unter anderem festgelegt, welche Eigenbemühungen zur beruflichen Eingliederung Sie in welcher Häufigkeit mindestens unternehmen und in welcher Form nachweisen müssen.

Verfügbarkeit

Um Anspruch auf Arbeitslosengeld zu erhalten, müssen Sie für Vermittlungsbemühungen der Agentur für Arbeit zur Verfügung stehen. Sie müssen eine versicherungspflichtige, mindestens 15 Stunden wöchentlich umfassende zumutbare Beschäftigung unter den üblichen Bedingungen des für Sie in Betracht kommenden Arbeitsmarktes ausüben können und dürfen.

Achtung: Unter 15 Stunden darf der Arbeitslose seine Verfügbarkeit allerdings nicht einschränken. Dann ist er nicht mehr verfügbar im Sinne des Gesetzes und damit nicht mehr arbeitslos und er erhält kein Arbeitslosengeld.

Zumutbarkeit

Eine Beschäftigung, die Ihnen von der Arbeitsagentur angeboten wird, muss für Sie auch zumutbar sein. Zumutbar sind alle Stellen, die nicht gegen gesetzliche, tarifliche oder in Betriebsvereinbarungen festgelegte Bestimmungen über Arbeitsbedingungen oder gegen Bestimmungen des Arbeitsschutzes verstoßen. Eine Beschäftigung kann auch zumutbar sein, wenn

- sie nicht unbedingt Ihrer Ausbildung oder Ihrer bisherigen beruflichen Tätigkeit entspricht,

- der neue Arbeitsplatz weiter als der bisherige von Ihrer Wohnung entfernt ist,
- zur Aufnahme der Beschäftigung ein Umzug erforderlich ist,
- die Arbeitsbedingungen ungünstiger sind als die bisherigen, zum Beispiel 30 % weniger als das Entgelt, das ihrer Bemessung zugrunde liegt, bezahlt wird,
- Dauer, Lage und Verteilung der Arbeitszeit ungünstiger sind als bisher.

Achtung: Sie dürfen eine Ihnen angebotene Beschäftigung nicht schon deswegen ablehnen, weil sie befristet ist, vorübergehend eine getrennte Haushaltsführung erfordert oder nicht zu dem Kreis der Beschäftigungen gehört, für die Sie ausgebildet sind oder die Sie bisher ausgeübt haben.

Herr Bretzinger, gelten diese Punkte der Zumutbarkeit auch, wenn man als Alleinerziehende ein Kind im eigenen Haushalt überwiegend betreut? Ungünstige Arbeitszeiten sind das eine, keine Kinderbetreuung in diesen Zeiträumen zu haben, das andere.

Die Anforderungen an die zumutbaren Beschäftigungen sind im Gesetz abschließend geregelt. Sie betreffen das erzielbare Arbeitsentgelt und die Pendelzeiten. Bei den Pendelzeiten muss die Arbeitsagentur auch die familiären Verhältnisse berücksichtigen. Ein Umzug zur Aufnahme einer Beschäftigung außerhalb des zumutbaren Pendelbereichs ist einer arbeitslosen Person zumutbar, wenn nicht zu erwarten ist, dass sie innerhalb der ersten drei Monate der Arbeitslosigkeit eine Beschäftigung innerhalb des zumutbaren Pendelbereichs aufnehmen wird. Vom vierten Monat der Arbeitslosigkeit an ist einer arbeitslosen Person ein Umzug zur Aufnahme einer Beschäftigung außerhalb des zumutbaren Pendelbereichs in der Regel zumutbar. Das gilt allerdings nicht, wenn dem Umzug ein wichtiger Grund entgegensteht. Ein wichtiger Grund kann sich insbesondere aus familiären Bindungen ergeben.

Erreichbarkeit

Um Arbeitslosengeld zu erhalten, müssen Sie für die Arbeitsagentur täglich unter Ihrer Postanschrift persönlich erreichbar sein. Deshalb müssen Sie mindestens einmal am Werktag Ihren Briefkasten leeren. Am Wochenende oder vor Feiertagen reicht es aus, wenn Sie die an Samstagen oder Tagen vor Feiertagen eingehende Post am darauf folgenden Sonn- oder Feiertag zur Kenntnis nehmen.

Kein Arbeitslosengeld gibt es, wenn Sie sich nicht unter Ihrer Adresse aufhalten. Wollen Sie sich im Nahbereich der Arbeitsagentur aufhalten (z.B. in einer benachbarten Stadt oder in allen Städten, die an den Bezirk der Arbeitsagentur angrenzen und von denen aus Sie die Arbeitsagentur in circa einer Stunde erreichen können), müssen Sie dies der Arbeitsagentur sofort mitteilen, wenn Ihr Aufenthalt länger als einen Tag dauern sollte. Wollen Sie den Nahbereich verlassen, können Sie das ohne Probleme. Sie müssen dies allerdings der Arbeitsagentur mitteilen und einen Antrag auf »Urlaub« stellen. Nach dem Gesetz können Ihnen drei Wochen »Urlaub« pro Jahr zustehen.

Persönliche Meldung

Sie müssen sich persönlich bei der zuständigen Agentur für Arbeit arbeitslos melden, damit Sie Arbeitslosengeld bekommen. Zuständig ist die Arbeitsagentur, in deren Bezirk Sie bei Eintritt der Arbeitslosigkeit Ihren Wohnsitz oder gewöhnlichen Aufenthalt haben. Wichtig ist, dass Sie sich spätestens am ersten Tag der Arbeitslosigkeit arbeitslos melden. Sie brauchen mit der Meldung aber nicht zu warten, bis die Arbeitslosigkeit eingetreten ist. Sie können Ihre Arbeitslosmeldung auch schon drei Monate vor ihrem Eintritt der Arbeitsagentur melden, wenn Sie bereits zu diesem Zeitpunkt davon erfahren haben.

Antrag

Grundsätzlich müssen Sie keinen besonderen Antrag auf Arbeitslosengeld stellen, wenn Sie sich persönlich arbeitslos melden. Mit der Meldung gilt gleichzeitig das Arbeitslosengeld als beantragt.

Unter Umständen kann es sinnvoll sein, sich zwar persönlich arbeitslos zu melden, gleichzeitig aber zu erklären, dass Arbeitslosengeld noch nicht beantragt wird. Dies ist beispielsweise sinnvoll, wenn Sie kurz vor der Vollendung des 50. Lebensjahres stehen, weil sich die Bezugsdauer ab diesem Alter erheblich verlängert.

Anwartschaftszeit

Anspruch auf Arbeitslosengeld haben Sie nur, wenn Sie die sogenannte Anwartschaftszeit erfüllt haben. Das ist der Fall, wenn Sie in den 30 Monaten vor Ihrer Arbeitslosmeldung und Arbeitslosigkeit in der Arbeitslosenversicherung mindestens zwölf Monate pflichtversichert oder freiwillig versichert waren.

Anstelle einer Beschäftigung können die erforderlichen zwölf Monate auch durch den Bezug von Krankengeld, Verletztengeld, Übergangsgeld, Krankentagegeld oder einer Rente wegen voller Erwerbsminderung erfüllt werden, sofern unmittelbar vorher Versicherungspflicht zum Beispiel wegen Berufstätigkeit bestand oder Arbeitslosengeld bezogen wurde. Das Gleiche gilt für Arbeitslose, die ein Kind bis zum dritten Lebensjahr erzogen haben.

Waren Sie häufig befristet beschäftigt, gilt unter bestimmten Voraussetzungen eine kürzere Anwartschaftszeit. Dann genügt es, wenn Sie auf sechs Monate oder mehr versicherungspflichtige Zeiten kommen (Beschäftigung oder weitere versicherungspflichtige Zeit) in den 30 Monaten vor der Arbeitslosmeldung und Arbeitslosigkeit.

8.4.2 Höhe und Bezugsdauer des Arbeitslosengelds

Die Höhe Ihres Arbeitslosengelds und die Bezugsdauer sind von verschiedenen Faktoren abhängig.

Höhe

Die Höhe des Arbeitslosengelds hängt maßgeblich von Ihrem Familienstand, von Ihrer Steuerklasse und Ihrem vorher bezogenen Arbeitsentgelt ab. Es wird ein bestimmter Prozentsatz des Nettoarbeitsentgelts ermittelt. Dazu wird das Bruttoarbeitsentgelt um pauschalierte Abzüge verringert; individuelle Abzüge werden nicht berücksichtigt.

Grundlage der Berechnung Ihres Arbeitslosengelds ist Ihr Bruttoarbeitsentgelt (Gehalt) der vergangenen zwölf Monate. Berücksichtigt wird nur der Teil Ihres Arbeitsentgelts, der beitragspflichtig in der Arbeitslosenversicherung war (also etwa kein Minijob) und beim Ausscheiden aus dem Beschäftigungsverhältnis abgerechnet war. Der Betrag wird durch 365 geteilt und so das Bruttoarbeitsentgelt pro Tag ermittelt (sog. Bemessungsentgelt). Davon werden rein rechnerisch die Lohnsteuer und ein Pauschalbetrag für die Sozialversicherung in Höhe von 20 % abgezogen. Das Ergebnis ist Ihr Nettoentgelt pro Tag, das als Leistungsentgelt bezeichnet wird. 67 % des Leistungsentgelts erhalten Sie als Arbeitslosengeld pro Tag, wenn Sie mindestens ein Kind (im Sinne des Einkommensteuergesetzes) haben.

Achtung: Während des Bezuges von Arbeitslosengeld dürfen Sie eine selbstständige oder unselbstständige Erwerbstätigkeit ausüben und ein Nebeneinkommen erzielen. Die Nebentätigkeit darf allerdings einen zeitlichen Umfang von 15 Stunden wöchentlich nicht erreichen. Andernfalls besteht wegen fehlender Arbeitslosigkeit kein Anspruch auf Arbeitslosengeld. Einkommen aus einer weniger als 15 Wochenstunden umfassende Erwerbstätigkeit wird nach Abzug der Steuern, Sozialversicherungsbeiträgen und Werbungskosten sowie eines Freibetrages in Höhe von 165 € auf das Arbeitslosengeld angerechnet.

Bezugsdauer

Anspruch auf Arbeitslosengeld besteht höchstens für die Dauer von 24 Monaten. Wie lange im Einzelnen geleistet wird, hängt davon ab, wie viele Monate Sie vorher gearbeitet haben und wie alt Sie sind.

Ein Arbeitsloser, der noch keine 50 Jahre alt ist, kann höchstens zwölf Monate Arbeitslosengeld beziehen – unter der Voraussetzung, dass er mindestens zwölf Monate eine versicherungspflichtige Beschäftigung ausgeübt hat. Die höheren Bezugsdauern von 15, 18 und 24 Monaten setzen neben einer höheren Dauer des Versicherungspflichtverhältnisses auch die Vollendung des 50., 55. und 58. Lebensjahres voraus.

8.4.3 Weitere Leistungen der Berufsförderung

Neben dem Arbeitslosengeld haben Sie auch Anspruch auf eine Reihe weiterer Leistungen der sogenannten aktiven Arbeitsförderung.

- **Beratung und Vermittlung:** Die Agenturen für Arbeit müssen Jugendlichen und Erwachsenen, die am Arbeitsleben teilnehmen oder teilnehmen wollen, Berufsberatung anbieten. Diese umfasst die Erteilung von Auskunft und Rat zur Berufswahl, zur beruflichen Entwicklung und zum Berufswechsel, zur Lage und Entwicklung des Arbeitsmarktes und der Berufe, zu den Möglichkeiten der beruflichen Bildung, zur Ausbildungs- und Arbeitsplatzsuche sowie zu den Leistungen der Arbeitsförderung. Neben der Beratung müssen die Arbeitsagenturen auch Vermittlung anbieten. Unter Vermittlung sind alle Tätigkeiten zu verstehen, die darauf gerichtet sind, Arbeitssuchende, aber auch Ausbildungssuchende mit Arbeitgebern zusammenzuführen mit dem Ziel, ein Ausbildungs- oder Arbeitsverhältnis zu begründen.
- **Mobilitätsbeihilfen:** Bietet sich für den Arbeitslosen die Chance, eine Arbeit anzunehmen, können Mobilitätshilfen bezahlt werden, wenn dies zur Aufnahme der Beschäftigung notwendig ist. Dazu gehören Leistungen für den Lebensunterhalt bis zur ersten

Arbeitsentgeltzahlung (Übergangsbeihilfen), Leistungen für Arbeitskleidung und Arbeitsgerät (Ausrüstungsbeihilfen), die Übernahme der Kosten für die Fahrt zum Antritt einer Arbeitsstelle (Reisekostenbeihilfe), die Übernahme der Kosten für die tägliche Fahrt zwischen Wohnung und Arbeitsstelle (Fahrtkostenbeihilfe), die Übernahme der Kosten für eine getrennte Haushaltsführung (Trennungskostenbeihilfe) sowie die Übernahme der Kosten für einen Umzug (Umzugskostenbeihilfe).

- **Gründungszuschuss für Selbstständige:** Will der Arbeitslose seine Arbeitslosigkeit dadurch beenden, dass er eine selbstständige Tätigkeit aufnimmt, kann er mit einem Gründungszuschuss gefördert werden. Voraussetzung ist, dass zum Zeitpunkt der Aufnahme der selbstständigen Tätigkeit noch ein Anspruch auf Arbeitslosengeld von mindestens 150 Tagen besteht.
- **Berufsausbildungsbeihilfe:** Während einer beruflichen Ausbildung können Auszubildende von der Arbeitsagentur Berufsausbildungsbeihilfe beziehen. Hierdurch werden der Lebensunterhalt gedeckt und die Fahrtkosten, sonstige Aufwendungen und die Lehrgangskosten übernommen, soweit dem Auszubildenden diese Mittel nicht anderweitig zur Verfügung stehen.
- **Arbeitslosengeld bei Weiterbildung:** Lässt sich der Arbeitslose qualifizieren, das heißt, ist er in einer beruflichen Weiterbildungsmaßnahme, kann die Arbeitsagentur die Weiterbildungskosten übernehmen, wenn die Weiterbildung zur beruflichen Wiedereingliederung notwendig ist. Außerdem muss vor Beginn der Qualifizierungsmaßnahme eine Beratung durch die Agentur für Arbeit erfolgt sein und die Maßnahme selbst sowie deren Träger für die Förderung ausdrücklich zugelassen sein. Daneben kann der Arbeitslose auch weiterhin Arbeitslosengeld beziehen. Voraussetzung ist, dass er die Voraussetzungen für einen Anspruch auf Arbeitslosengeld bei Arbeitslosigkeit nur deswegen nicht erfüllt, weil er sich in einer von der Arbeitsagentur geförderten beruflichen Weiterbildungsmaßnahme befindet.

8.5 Wie die Ausbildung Ihres Kindes staatlich gefördert wird

Bildung und Ausbildung sind heute wichtiger denn je. Aber nicht alle Eltern verfügen über die finanziellen Möglichkeiten, ihren Kindern eine Ausbildung oder ein Studium zu finanzieren. Das Bundesausbildungsförderungsgesetz (BAföG) regelt die staatliche Unterstützung für die Ausbildung von Schülern und Studenten. Es soll jungen Menschen ermöglichen, unabhängig von der finanziellen Situation ihrer Familie eine ihren Eignungen und Interessen entsprechende Ausbildung zu absolvieren. Gefördert werden grundsätzlich Schüler und Studenten. Mit dem Kürzel BAföG wird umgangssprachlich auch die Förderung bezeichnet, die sich aus dem Gesetz ergibt.

8.5.1 Berechtigte

Ob ein BAföG-Anspruch besteht, hängt nicht zuletzt davon ab, ob der Antragsteller bestimmte persönliche Voraussetzungen erfüllt.

Staatsangehörigkeit

Ausbildungsförderung erhalten neben Deutschen auch Ausländer, wenn ein Elternteil bzw. der Ehepartner Deutscher ist oder wenn sie als Angehöriger eines EU-Staates Freizügigkeit oder ein Bleiberecht genießen. Grundsätzlich besteht für ausländische Auszubildende ein Anspruch auf Förderung immer dann, wenn sie eine Bleibeperspektive in Deutschland haben und bereits gesellschaftlich integriert sind.

Eignung

Die Ausbildung wird gefördert, wenn die Leistungen erwarten lassen, dass das angestrebte Ausbildungsziel auch tatsächlich erreicht wird. Dies wird in der Regel angenommen, solange die Auszubildenden die Ausbildungsstätte besuchen oder am Praktikum teilnehmen. Auszubildende an Höheren Fachschulen, Akademien oder Hochschulen müssen zudem zu Beginn des fünften Fachsemesters entsprechende Leistungsnachweise vorlegen. Schreiben die Ausbildungs- und Prüfungsordnungen eine Zwischenprüfung oder einen entsprechenden Leistungsnachweis bereits vor Beginn des dritten Fachsemesters verbindlich vor, ist die Förderung auch im dritten und vierten Fachsemester von der Vorlage entsprechender Nachweise abhängig.

Altersgrenze

Bei Beginn der Ausbildung dürfen Auszubildende nicht mehr als 44 Jahre alt sein. In besonderen Fällen kann Ausbildungsförderung auch bei Überschreiten dieser Altersgrenze geleistet werden, so etwa für Absolventen des zweiten Bildungsweges und Auszubildende, die aus persönlichen oder familiären Gründen gehindert waren, den Ausbildungsabschnitt rechtzeitig zu beginnen. Letzteres ist insbesondere der Fall, wenn sie bei Erreichen der Altersgrenzen bis zur Aufnahme der Ausbildung ein eigenes Kind unter 14 Jahren ohne Unterbrechung erziehen und während dieser Zeit bis zu höchstens 30 Wochenstunden im Monatsdurchschnitt erwerbstätig sind. Alleinerziehende dürfen auch mehr als 30 Wochenstunden erwerbstätig sein, um dadurch Unterstützung durch Leistungen der Grundsicherung zu vermeiden.

Ob eine Ausnahme von der Altersgrenze möglich ist, können Sie durch einen Antrag auf Vorabentscheidung schon vor der Aufnahme der Ausbildung klären lassen. Zuständig ist das Amt, das nach Aufnahme der Ausbildung über den Antrag auf Ausbildungsförderung zu entscheiden hat.

8.5.2 Förderfähige Ausbildung

Nur wenn die Ausbildung förderfähig ist, kann Ausbildungsförderung gewährt werden. Ausbildungsförderung wird geleistet für den Besuch von

- weiterführenden allgemeinbildenden Schulen und Berufsfachschulen, einschließlich der Klassen aller Formen der beruflichen

Grundbildung, ab Klasse 10 sowie von Fach- und Fachoberschulklassen, deren Besuch eine abgeschlossene Berufsausbildung nicht voraussetzt, wenn der Auszubildende besondere Voraussetzungen erfüllt (vgl. dazu unten),

- Berufsfachschulklassen und Fachschulklassen, deren Besuch eine abgeschlossene Berufsausbildung nicht voraussetzt, sofern sie in einem zumindest 2-jährigen Bildungsgang einen berufsqualifizierenden Abschluss vermitteln,
- Fach- und Fachoberschulklassen, deren Besuch eine abgeschlossene Berufsausbildung voraussetzt,
- Abendhauptschulen, Berufsaufbauschulen, Abendrealschulen, Abendgymnasien und Kollegs,
- Höheren Fachschulen sowie von Akademien, die Abschlüsse verleihen, die nicht nach Landesrecht Hochschulabschlüssen gleichgestellt sind,
- Hochschulen sowie von Akademien, die Abschlüsse verleihen, die nach Landesrecht Hochschulabschlüssen gleichgestellt sind.

Für den Besuch von weiterführenden allgemeinbildenden Schulen und Berufsfachschulen, einschließlich der Klassen aller Formen der beruflichen Grundbildung, ab Klasse 10 sowie von Fach- und Fachoberschulklassen, deren Besuch eine abgeschlossene Berufsausbildung nicht voraussetzt, wird Ausbildungsförderung nur geleistet, wenn der Auszubildende nicht bei seinen Eltern wohnt und

- von der Wohnung der Eltern aus eine entsprechende zumutbare Ausbildungsstätte nicht erreichbar ist,
- einen eigenen Haushalt führt und verheiratet oder in einer Lebenspartnerschaft verbunden ist oder war,
- einen eigenen Haushalt führt und mit mindestens einem Kind zusammenlebt.

Achtung: Betriebliche oder überbetriebliche Ausbildungen – sogenannte Ausbildungen im dualen System – können nach dem BAföG nicht gefördert werden. Dies gilt auch für den Besuch der Berufsschule. Eventuell kommen aber eine Berufsausbildungsbeihilfe oder das sogenannte Meister-BAföG in Betracht.

Grundsätzlich wird nur eine Ausbildung (Erstausbildung) gefördert. Die Erstausbildung setzt sich zusammen aus der weiterführenden allgemeinbildenden Schulausbildung und der berufsbildenden Ausbildung. Ausnahmsweise können aber auch weitere Ausbildungen gefördert werden, wenn die gesetzlichen Voraussetzungen vorliegen. Wenn der Auszubildende die Fachrichtung gewechselt oder eine frühere Ausbildung abgebrochen hat, ist eine weitere Ausbildungsförderung nur dann möglich, wenn er die frühere Ausbildung aus wichtigem oder unabweisbarem Grund abgebrochen hat (z.B. mangelnde intellektuelle, psychische oder körperliche Eignung).

8.5.3 Berechnung

Die Gewährung von Ausbildungsförderung hängt davon ab, ob die finanziellen Mittel des Auszubildenden und die seines Ehepartners und seiner Eltern reichen, um den Finanzbedarf während der Ausbildung zu decken.

Die Berechnung der Ausbildungsförderung ist recht kompliziert. Sie können online unter www.bafoeg-rechner.de die Höhe Ihres Anspruchs selbst ermitteln.

Bedarf

Die Höhe der BAföG-Förderung hängt von der Schulform und der individuellen Lebenssituation des Auszubildenden ab. Außerdem wird berücksichtigt, wenn der Antragsteller eine eigene Wohnung benötigt, weil die Ausbildungsstätte zu weit vom Elternhaus entfernt ist, um zu Hause zu wohnen.

Für die Höhe der Ausbildungsförderung maßgebend sind nicht die bei den Auszubildenden tatsächlich und individuell anfallenden konkreten Kosten, sondern ein abstrakter Bedarf, den ein Auszubildender nach der Vorstellung des Gesetzgebers typischerweise für Lebensunterhalt (z.B. Ernährung, Unterkunft, Bekleidung) und Ausbildung (z.B. Lehrbücher, Fahrtkosten zur Ausbildungsstätte) benötigt.

Bedarfssatz

Die in der folgenden Auflistung aufgeführten Bedarfssätze, die nach der Art der Ausbildung und der Unterbringung differieren, sind die Beträge, die bestenfalls gezahlt werden. Im Regelfall erhalten BAföG-Bezieher weniger, weil der jeweilige Bedarfssatz mit dem Einkommen des Auszubildenden und der Eltern verrechnet wird.

Ausbildungsstätte	Bei den Eltern wohnend	Nicht bei den Eltern wohnend
Weiterführende allgemeinbildende Schulen und Berufsfachschulen ab Klasse 10 sowie Fach- und Fachoberschulen, wenn der Besuch keine abgeschlossene Berufsausbildung voraussetzt	keine Förderung	632 €
Berufsfachschul- und Fachschulklassen, die in einem zumindest zweijährigen Bildungsgang einen berufsqualifizierenden Abschluss vermitteln, wenn der Besuch keine abgeschlossene Berufsausbildung voraussetzt	262 €	632 €
Abendhaupt- und Abendrealschulen, Berufsaufbauschulen, Fachoberschulklassen, deren Besuch eine abgeschlossene Berufsausbildung voraussetzt	474 €	736 €
Fachschulklassen, deren Besuch eine abgeschlossene Berufsausbildung voraussetzt, Abendgymnasien, Kollegs	480 €	781 €
Höhere Fachschulen, Akademien, Hochschulen	511 €	812 €

Erhöhung des Bedarfssatzes

Unter Umständen erhöht sich der allgemeine Bedarfssatz:

- **Kranken- und Pflegeversicherungszuschlag:** Für Auszubildende, die beitragspflichtig in der gesetzlichen Krankenversicherung oder einer privaten Krankenversicherung versichert sind, erhöht sich der Bedarfssatz um weitere 94 € monatlich. In den Fällen einer privaten Teilversicherung erhöht sich der Bedarfssatz um die nachgewiesenen Kosten. Zur Abgeltung der Kosten für die Pflegeversicherung wird für beitragspflichtige Auszubildende ein Pflegeversicherungszuschlag von 28 € geleistet.
- **Kinderbetreuungszuschlag:** Für Auszubildende, die mit mindestens einem eigenen Kind, das das 14. Lebensjahr noch nicht vollendet hat, in einem Haushalt leben, erhöht sich der Bedarf um monatlich 160 € für jedes Kind. Der Kinderbetreuungszuschlag wird für denselben Zeitraum nur einem Elternteil gewährt. Sind beide Elternteile förderungsfähig und leben sie in einem gemeinsamen Haushalt, bestimmen sie untereinander den Berechtigten.

Berechnung der individuellen Förderhöhe

Wie oben bereits dargelegt, kommt es bei der Berechnung der Förderhöhe nicht auf die individuell anfallenden Kosten an. Vielmehr wird als Summe, die ein durchschnittlicher Auszubildender für seinen Lebensunterhalt und seine Ausbildung benötigt, ein abstrakter Bedarf errechnet. Ob dann der Auszubildende diese monatliche Finanzspritze auch tatsächlich bekommt, hängt davon ab, ob seine eigenen Mittel und die seiner Eltern ausreichen würden, um das Studium eigenständig zu finanzieren. Aus diesem Grund wird das Einkommen ermittelt, das der Familie dafür theoretisch zur Verfügung stünde. Ergibt sich unterm Strich ein positiver Betrag, wird der Auszubildende in entsprechender Höhe gefördert.

Die individuelle Förderhöhe berechnet sich also wie folgt:

Bedarfssatz nach BAföG
– anrechenbares Einkommen und Vermögen des Auszubildenden
– anrechenbares Einkommen des Ehepartners und der Eltern
= **Förderbetrag nach BAföG**

Anrechnung von Einkommen auf den Bedarf

Unter Umständen wird Einkommen des Auszubildenden, seiner Eltern und seines Ehepartners auf den Bedarf angerechnet, weil es sich bei BAföG um eine Sozialleistung handelt, die nur dann gezahlt wird, wenn der Auszubildende eine Berufsausbildung oder ein Studium nicht finanzieren kann.

Angerechnet wird das Einkommen in folgender Reihenfolge:

- Einkommen des Auszubildenden
- Einkommen des Ehepartners
- Einkommen der Eltern

Zum anrechenbaren Einkommen zählen alle positiven Einkünfte im Sinne des Einkommensteuergesetzes. Dazu zählen Einkünfte aus Gewerbebetrieb, aus selbstständiger Arbeit, aus nicht selbstständiger Arbeit, aus Vermietung und Verpachtung und aus Kapitalvermögen. Auch die Waisenrente (des Auszubildenden), Arbeitslosengeld, Krankengeld und Unterhaltszahlungen des geschiedenen oder getrennt lebenden Ehepartners fallen darunter. Nicht angerechnet werden unter anderem Kindergeld, Bürgergeld, Sozialhilfe, Wohngeld und Elterngeld (bis zu einem Betrag von 300 €).

Anrechnung von Einkommen des Auszubildenden

In erster Linie wird Einkommen des Auszubildenden auf seinen Bedarf angerechnet. Relevant ist das das im Bewilligungszeitraum erzielte Einkommen. Dieser beginnt mit dem Monat der Antragstellung und erstreckt sich regelmäßig auf zwölf Monate. Abgezogen von den Einkünften werden die Einkommen- und die Kirchensteuer, pauschal festgesetzte Beträge für die soziale Sicherung (also insbesondere Kranken-, Arbeitslosen- und Rentenversicherung) sowie der Altersentlastungsbetrag.

! Ein Auszubildender (Single ohne Kind) kann im Rahmen eines Nebenjobs circa 6.275 € brutto im Jahr (523 € monatlich) dazuverdienen, ohne dass sich der Nebenjob auf die Höhe der BAföG-Leistung auswirkt. Dieser Betrag setzt sich aus dem BAföG-Freibetrag (vgl. dazu unten), der Werbungskostenpauschale von 1.230 € im Jahr und der Sozialpauschale zusammen. Verdient der Auszubildende mehr als durchschnittlich 523 € monatlich im Bewilligungszeitraum, überschreitet sein Einkommen den BAföG-Freibetrag mit der Folge, dass der BAföG-Anspruch gekürzt wird, weil Einkommen angerechnet wird.

Vom Einkommen des Auszubildenden wird ein Freibetrag abgezogen. So bleiben monatlich anrechnungsfrei

- für den Auszubildenden selbst 330 €,
- für seinen Ehepartner 805 € und
- für jedes Kind des Auszubildenden 730 €.

! Zur Vermeidung unbilliger Härten kann auf besonderen Antrag, der vor dem Ende des Bewilligungszeitraums zu stellen ist, ein weiterer Teil des Einkommens anrechnungsfrei gestellt werden. Allerdings nur, soweit er zur Deckung besonderer Kosten der Ausbildung erforderlich ist, die nicht durch den Bedarfssatz gedeckt sind, höchstens jedoch bis zu einem Betrag von 370 € monatlich.

Anrechnung von Einkommen des Ehepartners und der Eltern

Verfügt der Auszubildende über kein anrechenbares Einkommen oder bleibt nach Abzug seines anrechenbaren Einkommens noch etwas vom BAföG-Bedarf übrig ist, kann das Einkommen des Ehepartners oder der Eltern des Auszubildenden den BAföG-Anspruch senken. Dabei wird das Einkommen des Ehepartners zuerst berücksichtigt. Anders als beim Auszubildenden ist allerdings beim Ehepartner und den Eltern das Einkommen aus dem vorletzten Kalenderjahr vor Beginn des Bewilligungszeitraums relevant.

Auch vom Nettoeinkommen des Ehepartners und der Eltern werden noch Freibeträge abgezogen. Diese werden also nicht auf das Einkommen angerechnet. Es bleiben anrechnungsfrei

- vom Einkommen der miteinander verheirateten Eltern, wenn sie nicht dauernd getrennt leben, 2.415 €,
- vom Einkommen jedes Elternteils in sonstigen Fällen sowie vom Einkommen des Ehepartners des Auszubildenden je 1.605 €.

Nachdem vom monatlichen Nettoeinkommen im vorletzten Kalenderjahr die genannten Freibeträge abgezogen wurden, werden vom verbleibenden Betrag nochmals mindestens 50 % freigestellt. Hat der Einkommensbezieher Kinder, erhöht sich der Prozentsatz pro Kind um 5 %.

Zur Vermeidung unbilliger Härten kann auf besonderen Antrag, der vor dem Ende des Bewilligungszeitraums zu stellen ist, ein weiterer Teil des Einkommens anrechnungsfrei bleiben. Hierunter fallen insbesondere außergewöhnliche Belastungen nach dem Einkommensteuergesetz sowie Aufwendungen für behinderte Personen, denen der Einkommensbezieher unterhaltspflichtig ist.

Elternunabhängiges BAföG

In Ausnahmefällen wird das Einkommen der Eltern nicht angerechnet. Dann erfolgt nur eine Anrechnung des eigenen Einkommens und Vermögens der Auszubildenden sowie des Einkommens des etwaigen Ehepartners. Eine elternunabhängige Förderung erfolgt unter anderem, wenn

- die Ausbildungsförderung für den Besuch eines Abendgymnasiums oder Kollegs geleistet wird,
- der Auszubildende bei Beginn des Ausbildungsabschnitts bereits das 30. Lebensjahr vollendet hat,
- der Auszubildende bei Beginn des Ausbildungsabschnitts schon fünf Jahre erwerbstätig gewesen ist, nachdem er das 18. Lebensjahr vollendet hat,
- der Auszubildende vor Beginn des Ausbildungsabschnitts eine zumindest dreijährige berufsqualifizierende Ausbildung absolviert hat und anschließend mindestens drei Jahre erwerbstätig war.

In den beiden letzten Fällen muss der Auszubildende in den Jahren seiner Erwerbstätigkeit in der Lage gewesen sein, sich aus deren Ertrag selbst zu unterhalten.

Anrechnung von Vermögen des Auszubildenden

Dem Auszubildenden wird neben seinem Einkommen auch sein Vermögen angerechnet. Maßgeblich ist das Vermögen zum Zeitpunkt des Antrags auf BAföG. Nicht angerechnet wird das Vermögen des Ehepartners und der Eltern des Auszubildenden.

Als Vermögen gelten alle beweglichen und unbeweglichen Sachen, Forderungen und sonstige Rechte. Dazu zählen unter anderem bewegliche Gegenstände (z.B. Auto), Immobilien, Sparvermögen,

Bausparverträge, Lebensversicherungen, Geschäftsanteile und Forderungen gegenüber Dritten. Nicht als Vermögen gelten Rechte aus Versorgungsbezügen und auf Renten, Haushaltsgegenstände und Nießbrauchsrechte.

Auch beim Vermögen gibt es anrechnungsfreie Beträge: Anrechnungsfrei bleiben

- für Auszubildende, die das 30. Lebensjahr noch nicht vollendet haben, 15.000 €, für Auszubildende, die das 30. Lebensjahr vollendet haben, 45.000 €,
- für den Ehepartner oder Lebenspartner des Auszubildenden 2.300 €,
- für jedes Kind des Auszubildenden 2.300 €.

Zur Vermeidung unbilliger Härten kann ein weiterer Teil des Vermögens anrechnungsfrei gestellt werden.

Der die Freigrenze übersteigende Vermögensbetrag wird durch die Zahl der Kalendermonate des Bewilligungszeitraums geteilt und dann auf den monatlichen Bedarf angerechnet. Angesparte Riester-Verträge im Rahmen des üblichen werden nicht angerechnet.

8.5.4 Zuschuss oder Darlehen

Ausbildungsförderung wird als Zuschuss oder Darlehen gewährt. In welcher Form die Ausbildungshilfe gezahlt wird, hängt davon ab, für welche Ausbildung die Förderung beansprucht wird.

Schüler erhalten die Förderung als Vollzuschuss und müssen daher nichts zurückzahlen.

Studierende an Höheren Fachschulen, Akademien und Hochschulen erhalten die Förderung grundsätzlich nur zur Hälfte als Zuschuss. Die andere Hälfte bekommen sie als unverzinsliches Darlehen gezahlt. Abweichend hiervon wird über die Förderhöchstdauer hinaus geleistete Ausbildungsförderung in voller Höhe als Zuschuss gezahlt.

Das sind

- die wegen einer Behinderung, einer Schwangerschaft oder der Pflege oder Erziehung eines Kindes bis zum Alter von 14 Jahren über die Förderungshöchstdauer hinaus geleistete Ausbildungsförderung,
- der Kinderbetreuungszuschlag für Auszubildende, die mit mindestens einem Kind, das das 14. Lebensjahr noch nicht vollendet hat, in einem Haushalt leben.

8.5.5 Förderdauer

Ausbildungsförderung wird für die Dauer der Ausbildung geleistet. Schüler werden in der Regel gefördert, solange sie die Ausbildungsstätte besuchen. Die Dauer der Förderung von Studierenden entspricht grundsätzlich der Dauer der Regelstudienzeit. Eine Förderung darüber hinaus ist möglich, wenn der Studierende unter anderem aus schwerwiegenden Gründen (z.B. Krankheit), wegen einer Mitwirkung in der Hochschulverwaltung, aufgrund einer Behinderung, einer Schwangerschaft oder der Pflege und Erziehung eines Kindes bis zu 14 Jahren oder wegen des erstmaligen Nichtbestehens der Abschlussprüfung die Förderungszeit überschritten hat.

8.5.6 Antrag

Die Leistungen nach dem BAföG können schriftlich oder digital beim zuständigen Amt für Ausbildungsförderung beantragt werden. Die hierzu erforderlichen Formblätter sind entweder bei diesen Ämtern erhältlich oder können im Internet unter www.bafoeg.de heruntergeladen werden. Das Amt für Ausbildungsförderung bearbeitet und entscheidet auch, wenn Auszubildende Anträge zur BAföG-Förderung stellen.

Für Auszubildende an Abendgymnasien, Kollegs, Höheren Fachschulen und Akademien ist das Amt für Ausbildungsförderung zuständig, in dessen Bezirk sich die Ausbildungsstätte befindet.

Für alle anderen Schüler ist das Amt für Ausbildungsförderung der Stadt- bzw. Kreisverwaltung am Wohnort der Eltern die Anlaufstelle. Für Studierende hingegen ist in der Regel das Studentenwerk der Hochschule, an der sie immatrikuliert sind, das zuständige Amt für Ausbildungsförderung.

Die Leistungen werden frühestens von dem Monat an erbracht, in dem der Antrag gestellt wurde. Die Förderung wird in der Regel für ein Jahr bewilligt.

Wird die Ausbildungsförderung durch ein Darlehen geleistet, erhalten die Auszubildenden mit dem Bewilligungsbescheid ein Vertragsangebot der Kreditanstalt für Wiederaufbau. Damit der Förderbescheid wirksam bleibt, muss dieses Angebot innerhalb eines Monats nach Bekanntgabe beim Amt für Ausbildungsförderung unter Vorlage eines Ausweisdokuments (Personalausweis, Reisepass) unterzeichnet und zurückgegeben werden. Das Bankdarlehen wird direkt von der Kreditanstalt für Wiederaufbau gezahlt.

8.5.7 Rückzahlung

Irgendwann kommt der Tag, an dem der Staat sein Geld zurückhaben möchte. Aber natürlich nur von denjenigen, bei denen etwas zu holen ist. Abhängig von der BAföG-Förderart gelten verschiedene Rückzahlungsmöglichkeiten.

In jedem Fall ist nur der Teil der Ausbildungsförderung zurückzuzahlen, der als Staats- oder Bankdarlehen gewährt wurde. 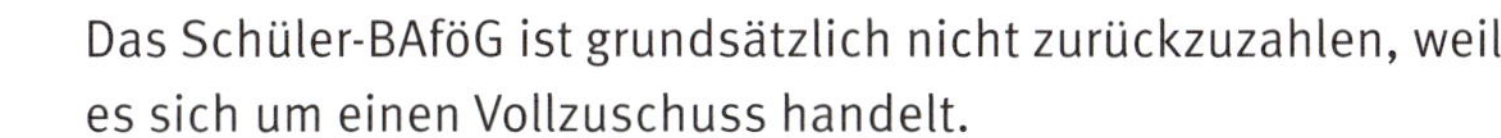 Das Schüler-BAföG ist grundsätzlich nicht zurückzuzahlen, weil es sich um einen Vollzuschuss handelt.

Mit der Rückzahlung von zinslosen Staatsdarlehen muss erst fünf Jahre nach Ende der Förderhöchstdauer (bei Ausbildungen an Akademien fünf Jahre nach Ende der in der Ausbildungs- und Prüfungsordnung vorgesehenen Ausbildungszeit) begonnen werden. Das Staatsdarlehen ist dann in gleichbleibenden monatlichen Raten von mindestens 130 € innerhalb von 20 Jahren zurückzuzahlen.

Wer fünf Jahre nach Beendigung seiner Ausbildung wenig verdient, muss keine Angst vor dem Gerichtsvollzieher haben. Der Darlehensnehmer kann auf Antrag von der Verpflichtung zur Rückzahlung freigestellt werden, soweit sein Einkommen monatlich jeweils den Betrag von 1.605 € nicht um mindestens 42 € übersteigt. Der Freibetrag erhöht sich für jedes Kind um 730 € und für Ehepartner um 805 €, soweit diese jeweils selbst kein entsprechendes Einkommen erzielen und in keiner nach dem BAföG förderungsfähigen Ausbildung stehen.

Für diejenigen, die erstmalig ab dem 1.9.2019 jeweils zur Hälfte mit BAföG-Darlehen gefördert wurden, wird nach Zahlung von 77 Monatsraten in der geschuldeten Höhe eine etwa darüber hinaus noch verbleibende Darlehensrestschuld von Amts wegen erlassen. Einen gesonderten Antrag brauchen Betroffene nicht zu stellen. Insgesamt muss also maximal ein Betrag von 10.010 € zurückgezahlt werden.

9 Leistungen der Grundsicherung

Neben den bisher aufgeführten finanziellen Hilfen gibt es natürlich auch noch die Grundsicherung, die dir in Teilen vielleicht noch als »Hartz IV« bekannt ist, aber seit 1.1.2023 Bürgergeld heißt. Auch das Leistungspaket für Bildung und Teilhabe (oft BuT genannt) zählt unter anderem zur Grundsicherung, damit dein Kind auch bei knapper Haushaltskasse am sozialen und kulturellen Leben teilhaben kann.

Herr Bretzinger, worin unterscheidet sich die Grundsicherung?

Die Grundsicherung ist eine aus Steuergeldern finanzierte Sozialleistung, die den Lebensunterhalt der Bedürftigen sicherstellen soll. Es wird zwischen den Grundsicherungsleistungen der Sozialhilfe und der Grundsicherung für Arbeitsuchende unterschieden. Bei den Grundsicherungsleistungen der Sozialhilfe gibt es die Grundsicherung im Alter und bei Erwerbsunfähigkeit und Hilfe zum Lebensunterhalt, als Grundsicherung für Arbeitsuchende besteht Anspruch auf Bürgergeld.

9.1 Berechtigte

Für die verschiedenen Arten der Grundsicherung gelten unterschiedliche Anspruchsvoraussetzungen. Gemeinsam ist allen, dass sie das Existenzminimum sichern sollen und nur gewährt werden, wenn der Betroffene nicht über ausreichend Einkommen und Vermögen verfügt, um seinen Bedarf selbst zu befriedigen.

9.1.1 Bürgergeld

Bürgergeld erhalten Personen zwischen dem 15. Lebensjahr und dem Beginn der Regelaltersrente, die erwerbsfähig und hilfebedürftig sind und ihren gewöhnlichen Aufenthalt in Deutschland haben. Erwerbsfähig sind Personen, die nicht wegen Krankheit oder Behinderung auf absehbare Zeit außerstande sind, unter den üblichen Bedingungen des allgemeinen Arbeitsmarkts mindestens drei Stunden täglich erwerbstätig zu sein. Hilfebedürftig ist, wer seinen Lebensunterhalt nicht oder nicht ausreichend aus dem zu berücksichtigenden Einkommen oder Vermögen sichern kann und die erforderliche Hilfe von anderen, insbesondere von Angehörigen oder von Trägern anderer Sozialleistungen, erhält.

9.1.2 Hilfe zum Lebensunterhalt

Hilfe zum Lebensunterhalt ist das, was im allgemeinen Sprachgebrauch als »Sozialhilfe« bezeichnet wird. Anspruch auf Hilfe zum Lebensunterhalt haben Personen, die ihren notwendigen Lebensunterhalt nicht oder nicht ausreichend aus eigenen Kräften und Mitteln bestreiten können. Eigene Mittel sind insbesondere das eigene Einkommen und Vermögen. Hilfe zum Lebensunterhalt ist nachrangig gegenüber dem Bürgergeld und der Grundsicherung im Alter und bei Erwerbsminderung. Im Verhältnis zum Bürgergeld bleiben damit als potentiell Anspruchsberechtigte einerseits Personen, die voll erwerbsgemindert sind und auch nicht als Angehörige Anspruch auf Bürgergeld haben, andererseits Personen, die zwar dem Grunde nach Anspruch auf Bürgergeld haben, die aber ihren im Zusammenhang mit der Leistungsgewährung obliegende Pflichten mit der Folge verletzt haben, dass der Anspruch auf Bürgergeld entfällt.

9.1.3 Grundsicherung im Alter und bei Erwerbsminderung

Die Grundsicherung im Alter und bei Erwerbsminderung tritt an die Stelle der Hilfe zum Lebensunterhalt, wenn die hilfebedürftige Person volljährig ist und die Regelaltersgrenze erreicht hat oder aus gesundheitlichen Gründen dauerhaft voll erwerbsgemindert ist. Der Leistungsanspruch setzt voraus, dass die Person ihren notwendigen Lebensunterhalt nicht ausreichend aus eigenen Kräften und Mitteln, insbesondere aus ihrem Einkommen und Vermögen, sicherstellen kann. Leistungen der Grundsicherung im Alter und bei Erwerbsminderung setzen also voraus, dass Bedürftigkeit vorliegt. Voll erwerbsgemindert ist die hilfebedürftige Person, wenn sie keine Tätigkeit mehr als mindestens drei Stunden täglich verrichten kann. In der Grundsicherung im Alter und bei Erwerbsminderung können nur Personen ab dem vollendeten 18. Lebensjahr einen Leistungsanspruch haben.

9.2 Leistungen der Grundsicherung

Grundsicherung wird in sogenannten Leistungen zur Deckung von Regelbedarfen gewährt. Bestimmte Gruppen von Hilfebedürftigen, bei denen von vornherein feststeht, dass der in der Regelleistung pauschalierte Bedarf wegen der besonderen Verhältnisse nicht ausreicht, haben einen gesetzlich verankerten Anspruch auf einen prozentual pauschalierten Mehrbedarf. Unter Umständen kommen auch einmalige Leistungen in Betracht. Schließlich werden die Kosten der Unterkunft und Heizkosten, soweit sie angemessen sind, übernommen und an den Hilfebedürftigen gezahlt.

9.2.1 Regelbedarf zur Sicherung des Lebensunterhalts

Der Regelbedarf zur Sicherung des Lebensunterhalts bzw. zur Gewährleistung des Existenzminimums umfasst insbesondere Ernährung, Kleidung, Körperpflege, Hausrat, Haushaltsenergie ohne die auf die Heizung und Erzeugung von Warmwasser entfallenden Anteile sowie persönliche Bedürfnisse des täglichen Lebens. Zu diesen persönlichen Bedürfnissen des täglichen Lebens gehört in vertretbarem Umfang eine Teilhabe am sozialen und kulturellen Leben in der Gemeinschaft. Der Regelbedarf wird als monatlicher Pauschalbetrag berücksichtigt.

Zurzeit (2024) gelten folgende Leistungen zur Deckung des Regelbedarfs:

Berechtigte	
Alleinstehende Personen	563 €
Volljährige Partner innerhalb einer Bedarfsgemeinschaft	506 €
Kinder bis fünf Jahre	357 €
Kinder (6 bis 13 Jahre)	390 €
Kinder (14 bis 17 Jahre)	471 €
Volljährige bis zur Vollendung des 25. Lebensjahres in einer Bedarfsgemeinschaft	451 €

Bedarfe für Unterkunft und Heizung werden in Höhe der tatsächlichen Aufwendungen anerkannt, soweit diese angemessen sind. Für die Anerkennung der Bedarfe für Unterkunft und Heizung gilt eine Karenzzeit von zwei Jahren ab Beginn des Monats, für den erstmals Leistungen bezogen werden. Innerhalb dieser Karenzzeit werden die Bedarfe für Unterkunft und Heizung in Höhe der tatsächlichen Aufwendungen anerkannt.

9.2.2 Mehrbedarf

Neben der Regelleistung können Hilfebedürftige noch Anspruch auf den Mehrbedarf haben. Dabei handelt es sich um Bedarfe, die nicht durch den Regelbedarf gedeckt sind.

- Alleinerziehende, das heißt Personen, die mit einem oder mehreren minderjährigen Kindern zusammenleben und allein für deren Pflege und Erziehung sorgen, erhalten einen Mehrbedarf von 36 % bei einem Kind unter sieben Jahren oder zwei bis drei Kindern unter 16 Jahren, oder je 12 % für jedes Kind, sofern dies einen höheren Zahlbetrag ergibt, höchstens jedoch 60 % des maßgebenden Regelbedarfs.
- Schwangere erhalten nach der zwölften Schwangerschaftswoche einen Mehrbedarf von 17 % des maßgebenden Regelbedarfs.
- Behinderte erhalten einen Mehrbedarf von 35 % des maßgebenden Regelbedarfs, wenn sie erwerbsfähig sind und Leistungen zur

Teilhabe am Arbeitsleben oder sonstige Hilfen zur Erlangung eines geeigneten Arbeitsplatzes oder Hilfe zur Ausbildung erhalten.

- Wird Warmwasser nicht über den Vermieter abgerechnet (und damit als Wohnkosten gedeckt), so wird für diese dezentrale Warmwasserversorgung ein prozentualer Zuschlag gezahlt.
- Muss sich ein Hilfebedürftiger sich aus medizinischen Gründen kostenaufwändig ernähren, erhält er einen Mehrbedarf »in angemessener Höhe«.

Achtung: Die Summe des insgesamt anzuerkennenden Mehrbedarfs darf die Höhe der maßgebenden Regelbedarfsstufe bzw. (beim Bürgergeld) die Höhe des für erwerbsfähige Leistungsberechtigte maßgebenden Regelbedarfs nicht übersteigen.

9.2.3 Einmalige Leistungen

Einmalige Leistungen werden für die Erstausstattung der Wohnung einschließlich der Haushaltsgeräte, für Erstausstattung mit Bekleidung sowie für die Erstausstattung bei Schwangerschaft und Geburt und für die Anschaffung und Reparaturen von orthopädischen Schuhen, Reparaturen von therapeutischen Geräten und Ausrüstungen sowie die Mieten von therapeutischen Geräten erbracht. Einmalige Hilfen können auch Hilfebedürftigen gewährt werden, die keine laufende Hilfe erhalten. Die Leistungen können auch als Pauschalbeträge erbracht werden.

Herr Bretzinger, wo kann man die Leistungen aus der Grundsicherung beantragen?

Bürgergeld muss beim zuständigen Jobcenter beantragt werden. Die Grundsicherung im Alter und bei Erwerbsminderung wird durch die Kommunen (kreisfreie Städte und Landkreise) durchgeführt. In der Regel sind die örtlichen Sozialämter zuständig; mitunter haben die Kommunen aber auch eigene Grundsicherungsämter eingerichtet.

Herr Bretzinger, darf man bei Leistungen aus der Grundsicherung eigenes Vermögen haben?

Verwertbares Vermögen ist grundsätzlich für den eigenen Lebensunterhalt einzusetzen, bevor Bürgergeld beansprucht werden kann. Bis zu bestimmten Obergrenzen gibt es aber Freibeträge. Sie schützen vor allem die Rücklagen, die der Altersvorsorge dienen. Außerdem sind unter anderem angemessener Hausrat, ein angemessenes Kraftfahrzeug oder ein selbst genutztes Hausgrundstück von angemessener Größe nicht als Vermögen zu berücksichtigen. Während der Karenzzeit von einem Jahr bleibt ab erstmaliger Antragstellung ein Vermögen in Höhe von 40.000 € für die erste und weitere 15.000 € für jede weitere Person einer Bedarfsgemeinschaft geschützt. Nach Ablauf der Karenzzeit gilt für jede Person ein Vermögensfreibetrag von 15.000 €. Auch wer Leistungen der Grundsicherung im Alter und bei Erwerbsminderung bezieht, hat grundsätzlich sein verwertbares Vermögen einsetzen, wobei bestimmte Vermögensgegenstände (Altersvorsorge, angemessenes Hausgrundstück und kleinere Geldbeträge) nicht berücksichtigt werden.

Herr Bretzinger, wann endet der Bezug dieser Leistungen?

Der Anspruch auf Leistungen der Grundsicherung endet, wenn die gesetzlichen Voraussetzungen nicht mehr erfüllt werden, insbesondere wenn keine Hilfebedürftigkeit mehr vorliegt. Wenn der Bezieher von Grundsicherungsleistungen seine ihm gesetzlich obliegenden Pflichten verletzt (z.B. wenn der Bezieher von Bürgergeld sich weigert, eine zumutbare Arbeit aufzunehmen), kann die Leistung herabgesetzt werden.

9.3 Leistungen für Kinder nach dem Bildungs- und Teilhabepaket

Bedarfe für Bildung und Teilhabe am sozialen und kulturellen Leben in der Gemeinschaft werden bei Kindern, Jugendlichen und jungen Erwachsenen neben dem Regelbedarf gesondert berücksichtigt. Bedarfe für Bildung werden nur bei Personen berücksichtigt, die das

25. Lebensjahr noch nicht vollendet haben, eine allgemein- oder berufsbildende Schule besuchen und keine Ausbildungsvergütung erhalten.

9.3.1 Berechtigte

Das Bildungs und Teilhabepaket gilt für alle Familien, die Bürgergeld, Sozialhilfe, den Kinderzuschlag oder Wohngeld beziehen. Anspruchsberechtigt sind Kinder und Jugendliche bis zur Vollendung des 25. Lebensjahres. Leistungen zum Mitmachen in Kultur, Sport und Freizeit werden bis zur Vollendung des 18. Lebensjahres gewährt.

9.3.2 Leistungen

Kinder von Eltern, die die oben genannten Sozialleistungen beziehen, haben grundsätzlich einen Rechtsanspruch auf folgende finanzielle Hilfen:

- eintägige Schul- und Kitaausflüge (tatsächliche Kosten),
- mehrtägige Klassen- und Kitafahrten (tatsächliche Kosten),
- der persönliche Schulbedarf (insgesamt 195 € je Schuljahr),
- die Beförderung von Schülerinnen und Schülern zur Schule (tatsächliche Kosten – auch dann, wenn die dafür vorgesehenen Schülerfahrkarten des öffentlichen Nahverkehrs zu allgemeinen Fahrten außerhalb des Schulverkehrs berechtigen),
- Lernförderung (tatsächliche Kosten – Nachhilfe kann auch dann genutzt werden, wenn die Versetzung nicht unmittelbar gefährdet ist),
- die Teilnahme an einer gemeinschaftlichen Mittagsverpflegung in Schule oder Kindertageseinrichtungen (tatsächliche Kosten),
- die Teilnahme am sozialen und kulturellen Leben in der Gemeinschaft (wie im Sportverein oder in der Musikschule in Höhe von 15 € monatlich).

9.3.3 Antrag und Verfahren

Leistungen aus dem Bildungspaket müssen Sie (mit Ausnahme der 195 € für Schulbedarf) beantragen. Zuständig und Träger der Leistungen im Bereich der Grundsicherung für Arbeitsuchende (also bei Beziehern von Bürgergeld) sind die Kreise und kreisfreien Städte, deren Aufgaben in der Regel im Jobcenter wahrgenommen werden. Familien, die Sozialhilfe, Wohngeld oder den Kinderzuschlag erhalten, sollten sich an das Rathaus oder Bürgermeisteramt in ihrem Ort oder an die Kreisverwaltung wenden; dort wird man ihnen den zuständigen Leistungsträger nennen.

In der Grundsicherung für Arbeitsuchende wird im Wesentlichen auf eine gesonderte Beantragung der Bildungs- und Teilhabeleistungen verzichtet. Lediglich für die Lernförderung ist weiterhin ein gesonderter Antrag notwendig. Alle anderen Leistungen des Bildungspakets gelten durch den Haupt- oder Weiterbewilligungsantrag auf Bürgergeld als gleichzeitig (stillschweigend) mitbeantragt. Leistungen für den Schulbedarf werden ohnehin automatisch überwiesen.

10 Wichtige Versicherungen für Alleinerziehende

Im Falle des Falles abgesichert und gut versichert zu sein, das lässt viele ruhiger schlafen – vor allem wenn nach einer Trennung und Scheidung die finanziellen Puffer geschrumpft sind. Aber gerade deswegen solltest du gut abwägen, wie viel Geld du in Versicherungen steckt und wie viel du selbst beispielsweise in Form eines Notgroschens beiseitelegst, um eventuelle Schäden selbst begleichen zu können. Denn Versicherungen gehen nicht selten mit dem Ausschluss gewisser Risiken einher und sind somit eben keine Rundum-Sorglos-Garantie.

Herr Bretzinger, welche Versicherungen sind sinnvoll und welche nicht?

Versicherungen sind ohne Zweifel wichtig – aber nicht jede. Denn nicht selten schlummern die einmal abgeschlossenen Versicherungs-Policen jahrelang in den Ordnern, verlängern sich Jahr für Jahr, obwohl sie nicht mehr oder nicht mehr in diesem Umfang notwendig sind.

Selbstverständlich gibt es Versicherungen, die Pflicht sind. So muss jeder eine gesetzliche oder private Krankenversicherung haben und jedes Kraftfahrzeug muss haftpflichtversichert sein. In einigen Bundesländern ist auch die Hundehaftpflicht eine Pflichtversicherung.

Bestimmte Policen wie die Privathaftpflichtversicherung und die Berufsunfähigkeitsversicherung muss man einfach haben. Und die Risiken für Hausbesitzer sollten durch eine Wohngebäudeversicherung abgedeckt sein. Für einen Trip in ferne Lande ist auch eine Auslandsreisekrankenversicherung ein wichtiger Schutz.

Daneben gibt es Versicherungen, die nach den persönlichen Lebensumständen sinnvoll sein können. Dazu gehören unter anderem

- eine Hausratversicherung, die vor allem bei Haushalten mit teurer Einrichtung sinnvoll sein kann;

- eine Pflegezusatzversicherung, weil die Leistungen der gesetzlichen Pflegeversicherung nicht ausreichen, um die hohen Kosten für eine Betreuung und medizinische Versorgung abzusichern;
- eine Reiserücktrittsversicherung, wenn frühzeitig eine teure Reise gebucht wurde,
- eine Unfallversicherung als Notlösung, falls eine Berufsunfähigkeits- oder Erwerbsunfähigkeitsversicherung nicht möglich ist.

10.1 Grundregeln

Wenn Sie die nachfolgenden Grundregeln beachten, ist gewährleistet, dass Sie richtig versichert sind. Und Sie können dabei noch Geld sparen.

- Versichern Sie nur existenzbedrohende Risiken (z.B. Risiken bei Haftpflicht). Kleinere Risiken (z.B. Glasschäden) müssen nicht versichert werden.
- Gehen Sie nicht davon aus, dass schon nichts passieren wird, nur weil Sie den Versicherungsschaden (z.B. Gewässerschäden beim Bauen) für unwahrscheinlich halten.
- Machen Sie einen Kassensturz und überlegen Sie, wie viel Geld Sie für Versicherungen ausgeben können.
- Klären Sie im Vorfeld, ob Sie sich für die Produkte eines bestimmten Anbieters oder für eine unabhängige Beratung interessieren. Nicht jede Versicherung einer Sparte gewährt den gleichen Schutz. Deshalb müssen Sie Ihren eigenen Bedarf genau ermitteln. Es kommt nicht vorrangig auf den Preis des Versicherungsvertrags, sondern auf die tatsächlich angebotene Leistung an.
- Hören Sie nicht auf Freunde, Bekannte, Verwandte und Kollegen; auch nicht auf Versicherungsvermittler, bei denen die Gefahr besteht, dass deren Ratschläge von Provisionsinteressen bestimmt sind.
- Fragen Sie den Berater nach Nachweisen über seine Qualifikation und danach, für welche Unternehmen er vermittelt.

- Bestehen Sie darauf, dass der Vermittler Ihnen genau erklärt, was versichert ist und was nicht.
- Seien Sie vorsichtig, wenn Sie Ihre Versicherung online einkaufen wollen. Einen möglichen Preisvorteil müssen Sie mit einer fehlenden persönlichen Beratung bezahlen. Wählen Sie diesen Vertriebsweg also nur dann, wenn Sie genau wissen, welche Versicherung für Sie die richtige ist.
- Holen Sie mehrere Angebote ein und unterschreiben Sie einen Versicherungsantrag erst, wenn Sie die Produktinformationsblätter aller Anbieter gelesen und miteinander verglichen haben.
- Beantworten Sie alle Fragen im Versicherungsantrag genau und wahrheitsgemäß. Andernfalls kann es passieren, dass die Versicherung im Schadensfall nicht leisten muss und die gezahlten Prämien behalten darf.

Praxis-Tipp

Unterschreibe nichts, was du nicht vollständig verstanden hast.

10.2 Private Haftpflichtversicherung

Die Privathaftpflichtversicherung ist ein unbedingtes Muss, weil sie als Basisversicherung die allgemeinen Risiken des Alltags abdeckt. Sie ist zunächst eine Art Rechtsschutzversicherung. Denn bevor sie zahlt, prüft sie die Haftung, das heißt die Frage, ob überhaupt ein Verschulden des Versicherten vorlag, und sie wehrt auf eigene Kosten unberechtigte Schadensersatzansprüche ab. Ist der Haftpflichtfall festgestellt, bezahlt die Versicherung die Ansprüche des Geschädigten. Das können sein

- bei Personenschäden Ersatz für Heilkosten und Verdienstausfall, Ausgleich für Nachteile in der beruflichen Entwicklung, Renten bei Berufsunfähigkeit, Aufwendungen für Pflege und Betreuung, eventuell Schmerzensgeld;

- bei Tod des Opfers Beerdigungskosten, Unterhaltsansprüche von Kindern und Hinterbliebenen;
- bei Sachschäden die Reparaturkosten oder die Kosten für den Ersatz der zerstörten Sache.

Herr Bretzinger, was passiert mit Schäden, die durch Kinder unter sieben Jahren entstanden sind?

Kinder haften für angerichtete Schäden nicht, wenn sie noch deliktsunfähig sind. Das ist der Fall, wenn sie das siebente Lebensjahr noch nicht vollendet haben. Dann können sie für keinen Schaden, egal ob vorsätzlich oder fahrlässig begangen, haftbar gemacht werden. Allerdings können grundsätzlich die Eltern für einen Schaden anstelle des Kindes zur Verantwortung gezogen werden. Für Familien ist deshalb der Abschluss einer Familienhaftpflichtversicherung sinnvoll. In diesem Fall springt die Versicherung auch dann ein, wenn Kinder, die noch die Schule besuchen oder sich in Ausbildung befinden, einen Schaden verursachen. Wichtig ist, dass die Haftpflichtversicherung auch Schäden deliktsunfähiger Kinder abdeckt.

10.3 Berufsunfähigkeitsversicherung

Auch die private Absicherung des Risikos der Berufsunfähigkeit ist ein absolutes Muss. Die Berufsunfähigkeitsversicherung gehört zu den Versicherungen, die jeder haben sollte, der von seinem Arbeitseinkommen lebt. Denn: Wer aus gesundheitlichen Gründen nicht oder nicht vollwertig arbeiten kann, bekommt kein Geld. Zumindest bekommt er so wenig Geld, dass es zum Leben kaum reicht.

Den privaten Versicherungsschutz gibt es als Berufsunfähigkeits- oder Erwerbsunfähigkeitsversicherung. Obwohl die beiden Varianten ähnlich klingen, unterscheiden Sie sich grundlegend: Die Berufsunfähigkeitsversicherung springt ein, wenn der Versicherte zu mindestens 50 % nicht mehr in der Lage ist, seinen aktuellen Beruf auszuüben. Dagegen bietet die Erwerbsunfähigkeitsversicherung Schutz für den Fall, dass der Versicherte aufgrund einer schweren

Erkrankung oder eines Unfalls nicht mehr in der Lage ist, irgendeiner Tätigkeit nachzugehen.

Die Berufsunfähigkeitsversicherung bietet im Vergleich zur Erwerbsunfähigkeitsversicherung den weitaus umfassenderen Schutz. Dafür ist sie teurer. Wer es sich aber leisten kann, sollte die Berufsunfähigkeitsversicherung als die bessere Absicherung des persönlichen Invaliditätsrisikos vorziehen.

Aus der Community: *Ein Leben lang im gleichen Beruf zu arbeiten, scheint für viele Mütter immer seltener zu werden. Denn mit der Geburt des ersten Kindes passiert in vielen Fällen schon ein berufliches Umdenken bzw. Kürzertreten. Kommt dann noch das Alleinerziehend sein dazu, kommt es häufig zur nächsten Veränderung im Arbeitsleben.*

Herr Bretzinger, was ist wichtig zu wissen im Zusammenhang mit der Berufsunfähigkeitsversicherung bei einem Berufswechsel oder wenn man von Vollzeit in Teilzeit wechselt? Raten Sie auch Selbstständigen zu einer Berufsunfähigkeitsversicherung?

Grundsätzlich besteht eine Berufsunfähigkeitsversicherung auch bei einem Jobwechsel unverändert weiter. Die meisten Versicherer verzichten auf eine Meldung bei einem Jobwechsel. Allerdings kann die Anzeige des Berufswechsels unter Umständen sinnvoll sein, wenn der Versicherte dadurch in eine niedrigere Gefahrenklasse eingestuft wird.

Weil die Berufsunfähigkeitsversicherung im Notfall die Zukunft absichern soll, ist eine Teilzeitklausel in der Police ein wichtiger Zusatz. Die Teilzeitklausel soll Teilzeitbeschäftigten den Nachweis ihrer Berufsunfähigkeit erleichtern. Entsprechende Klauseln sind allerdings in den Versicherungsbedingungen der Versicherer unterschiedlich gestaltet.

Eine Berufsunfähigkeitsversicherung ist für Selbstständige mindestens genauso wichtig wie für Arbeitnehmer, wenn nicht sogar noch wichtiger. Schließlich sind Selbstständige in der Regel nicht in der gesetzlichen Rentenversicherung versichert und erhalten somit bei einer Krankheit oder einem Unfall keine Rente, wenn sie die Tätigkeit nicht mehr ausüben können. Im Ernstfall besteht also kein Anspruch auf eine Erwerbsminderungsrente. Auch in der gesetzlichen Unfallversicherung erfahren Selbstständige keinen Schutz.

10.4 Private Unfallversicherung

Die private Unfallversicherung zahlt, wenn der Versicherte durch einen Unfall eine dauerhafte körperliche Beeinträchtigung erleidet. Ein Unfall liegt vor, wenn die versicherte Person durch ein plötzlich von außen auf ihren Körper wirkendes Ereignis unfreiwillig eine Gesundheitsschädigung erleidet.

Weil in weniger als 10 % aller Fälle die Berufsunfähigkeit durch einen Unfall verursacht wird, wird durch eine Unfallversicherung der Verlust der Arbeitskraft nur unzureichend abgesichert. Nicht Unfälle, sondern Krankheiten (z.B. Rückenleiden) sind die wichtigsten Gründe für das vorzeitige Ausscheiden aus dem Berufsleben. Die private Unfallversicherung ist allenfalls dann eine gute Alternative zum Berufsunfähigkeitsschutz, wenn man beruflich einem sehr hohen Unfallrisiko ausgesetzt ist (z.B. als Kraftfahrer).

10.5 Wohngebäudeversicherung

Jeder Hauseigentümer sollte eine umfassende Gebäudeversicherung abschließen. Wenn das Haus mit einem Bankkredit finanziert und dieser mit einer Hypothek gesichert ist, wird das Kreditinstitut in der Regel den Abschluss einer Gebäudeversicherung ohnehin verlangen. In der Grunddeckung schützt die Versicherung vor den finanziellen Folgen von Brand, Blitzschlag, Explosion, Leitungswasser, Sturm und Hagel.

Für die Elementargefahren Überschwemmung, Erdbeben, Erdrutsch/Erdsenkung sowie Schneedruck und Lawinen bietet die Wohngebäudeversicherung keinen Versicherungsschutz. Allerdings können diese Gefahren im Rahmen einer Zusatzpolice versichert werden. Den Zusatz gibt es aber meist nur im Paket.

10.6 Rechtsschutzversicherung

Nicht immer lässt sich ein Rechtsstreit vermeiden. Ein solcher Streit kann schnell einige Tausend Euro kosten. In diesem Fall hilft eine Rechtsschutzversicherung. Aber die zahlt nicht für jeden Rechtsstreit.

Ob sich eine Rechtsschutzversicherung lohnt, hängt von den persönlichen Lebensumständen und der persönlichen Risikoeinschätzung ab. Nicht zuletzt ist von Bedeutung, wie stark die jeweilige Neigung zu rechtlichen Auseinandersetzungen ausgeprägt ist. Es besteht die Wahl, ein Gesamtpaket oder nur Rechtsschutz für einzelne Rechtsgebiete abzuschließen. Das Gesamtpaket enthält regelmäßig Privat-, Berufs-, Verkehrs- und Mietrechtsschutz. Allerdings enthalten die Policen recht umfangreiche Leistungsausschlüsse. Nicht versichert sind beispielsweise familien- und erbrechtliche (Ausnahme: erste Beratung) sowie baurechtliche Streitigkeiten.

Wenn Sie sich für einen Rechtsschutzvertrag entscheiden, greifen Sie nicht unbedingt zum Rundumschutz, sondern versuchen Sie, sich durch gezielte Auswahl einzelner Rechtsschutzpakte bedarfsgerecht und kostengünstig abzusichern. Interessante Versicherungspakete sind insbesondere der Verkehrsrechtsschutz und der Eigentümer- und Mieterrechtsschutz.

Herr Bretzinger, eine Rechtsschutzversicherung bringt also nicht viel bei familienrechtlichen Streitigkeiten, wozu eine Scheidung gehört. Macht es Sinn, dennoch eine Rechtsschutzversicherung abzuschließen, wenn man weiß, dass der Ex-Partner sehr streitwillig ist?

Für Versicherungen nehmen die Deutschen (zu) viel Geld in die Hand. Wir würden uns am liebsten gegen alle Risiken des Lebens versichern. Für familienrechtliche Streitigkeiten gibt es überhaupt nur wenige Versicherungen, die Rechtsschutz anbieten. Und diese haben wesentliche Leistungsausschlüsse vorgenommen. So auch im Familienrecht. Das bedeutet: Fast alle Rechtsschutzversicherer leisten nicht für gerichtliche und außergerichtliche Angelegenheiten aus dem Familienrecht. Es gibt allerdings einige Anbieter die im begrenzten Rahmen Leistungen im Beratungsrechtsschutz erbringen.

10.7 Hausratversicherung

Eine Hausratversicherung ist wichtig, wenn hohe Werte im Haushalt vorhanden und zu versichern sind und ein Verlust oder Totalschaden mit finanziellen Problemen verbunden wären. Je wertvoller der Hausrat ist, desto wichtiger ist der Abschluss einer Hausratversicherung.

Die Hausratversicherung gewährt Schutz gegen viele Risiken des täglichen Lebens, und das nicht nur zu Hause, sondern in einem bestimmten Rahmen auch auf Reisen. Versichert sind auch Gegenstände, die fremdes Eigentum sind, wenn sie zum Hausrat gehören.

Die Hausratversicherung umfasst den gesamten Hausrat, also alles, was zum Gebrauch und Verbrauch gehört, insbesondere:

- die Wohnungseinrichtung: zum Beispiel Möbel, Teppiche, TV- und Videogerät, Kameras;
- Gebrauchsgegenstände: zum Beispiel Haushaltsgeräte, Spielsachen, Wäsche, Kleidung;
- Verbrauchsgüter: zum Beispiel Nahrungs- und Genussmittel, Vorräte, Brennstoffe;
- Arbeitsgegenstände, die dem Beruf dienen: Werkzeuge, Geräte, Berufsbekleidung;
- Wertsachen: zum Beispiel Bargeld, Urkunden, Briefmarken Wertpapiere, Sparbücher, Schmuck, Münzen, Pelze, Gemälde, Plastiken, Antiquitäten – bis zu einer bestimmten Wertgrenze.

Versichert sind Schäden durch Leitungswasser, Sturm, Hagel, Raub, Einbruchdiebstahl, Brand, Blitzschlag und Explosion. Einige der nicht versicherten Risiken kann man extra in die Hausratversicherung einschließen lassen (so z.B. Überspannungsschäden). Das Risiko von Hochwasser- und Überschwemmungsschäden kann mit einer erweiterten Elementarschadenversicherung abgedeckt werden.

Die Hausratversicherung ersetzt die Reparaturkosten, wenn Hausrat zerstört oder beschädigt wird. Gegebenenfalls wird auch die Wertminderung ersetzt, wenn der Gegenstand nach der Reparatur weniger wert ist als vor dem Schadensfall.

10.8 Lebensversicherung

Eine Lebensversicherung kann als Kapitallebensversicherung oder Risikolebensversicherung abgeschlossen werden. Welche Form die richtige ist, hängt vor allem von der individuellen Lebenssituation ab.

10.8.1 Kapitallebensversicherung

Die Kapitallebensversicherung ist letztlich eine Kombination aus Sparvertrag und Todesfallschutz für die Hinterbliebenen. Erlebt der Versicherte das Ende der Laufzeit des Vertrags, zahlt ihm die Versicherung das Kapital aus. Verstirbt er vorher, erhalten die Verbliebenen mindestens die vereinbarte Versicherungssumme. Das Kapital, das am Ende der Laufzeit ausgezahlt wird, berücksichtigt die erzielten Zinserträge und die von der Versicherung erwirtschafteten Gewinne, dem sogenannten Überschuss.

Eine Kapitallebensversicherung lohnt sich nur, wenn sie bis zum Ende der Laufzeit durchgehalten wird. Die vorzeitige Kündigung ist mit (teilweise hohen) Verlusten verbunden. Der Versicherte muss also die vereinbarten Versicherungsbeiträge über eine lange Zeit zahlen können. Für die Altersvorsorge ist die Kapitallebensversicherung ungeeignet. Sinnvoller ist es, den Hinterbliebenenschutz und die Geldanlage für die eigene Altersvorsorge zu trennen und bei Bedarf für den eigenen Todesfall eine Risikolebensversicherung abzuschließen.

10.8.2 Risikolebensversicherung

Das Prinzip der Risikolebensversicherung ist einfach: Bei Tod der versicherten Person während der Laufzeit des Versicherungsvertrags erhalten die Hinterbliebenen die vereinbarte Versicherungssumme in voller Höhe ausgezahlt. Anders als bei der Kapitallebensversicherung ist hier also nur das Risiko des Todes versichert.

Eine Risikolebensversicherung ist wesentlich billiger als eine Kapitallebensversicherung. Im Unterschied zu dieser, die sowohl im Todesfall als auch dann eine Leistung zahlt, wenn der Versicherte das Vertragsende erlebt, sind bei der Risikolebensversicherung die gezahlten Beiträge verloren. Das heißt, die Versicherung endet nach der vereinbarten Laufzeit und zahlt nichts zurück.

Die Risikolebensversicherung bietet eine bedarfsgerechte Möglichkeit, Hinterbliebene finanziell abzusichern. Wenn also absehbar ist, dass Hinterbliebene (z.B. Kinder) in finanzielle Schwierigkeiten geraten, wenn der Haupt- oder Alleinverdiener stirbt, ist der Abschluss einer Risikolebensversicherung sinnvoll.

10.9 Krankenzusatzversicherung

Wer nicht auf etwaigen Behandlungskosten sitzen bleiben will, sollte für einen Urlaub außerhalb Deutschlands eine Auslandsreise-Krankenversicherung abschließen. Auch eine Krankentagegeldversicherung kann unter Umständen eine nützliche Zusatzversicherung zur Krankenversicherung sein.

10.9.1 Auslandsreise-Krankenversicherung

Die Police für den Krankheitsfall ist der wichtigste Versicherungsschutz für eine Fernreise. Für gesetzlich Versicherte zahlt die Krankenkasse nur für notwendige Behandlungen bei Auslandsreisen innerhalb der EU sowie bei Reisen in Länder mit Sozialversicherungsabkommen wie die Schweiz oder die Türkei. Die Kosten werden jedoch nur in Höhe der deutschen Behandlungssätze erstattet. In allen anderen Ländern müssen die Behandlungen komplett selbst bezahlt werden. Für privat Krankenversicherte ist die Police insbesondere dann sinnvoll, wenn von der privaten Krankenversicherung keine Kosten für den Rücktransport übernommen werden.

Es gibt Auslandsreise-Krankenversicherungen als Kurzzeitpolicen, die nur für die Dauer einer Reise gelten. Jahrespolicen dagegen gelten für beliebig viele Reisen im Jahr. Allerdings darf eine Höchstreisedauer pro Reise (oft sechs bis acht Wochen) nicht überschritten werden.

Zu den Leistungen, die die Versicherung übernimmt, gehört auch der medizinisch notwendige und ärztlich angeordnete Rücktransport ins Inland und die Überführung im Todesfall.

10.9.2 Krankentagegeldversicherung

Arbeitnehmer erhalten in der Regel bei Krankheit sechs Wochen das Gehalt vom Arbeitgeber weiter gezahlt. Danach zahlt die gesetzliche Krankenversicherung Krankengeld. Das Krankengeld ist regelmäßig 20 % niedriger als der Nettolohn. Bei hohem Einkommen kann die Lücke noch größer sein.

Wer auf ein laufendes volles Einkommen angewiesen ist, kann eine Krankentagegeldversicherung abschließen. Diese Police hilft, die Differenz zwischen dem Krankengeld, das bei Erkrankung oder Unfall in Höhe von 70 % des Bruttogehalts gezahlt wird, und dem Nettogehalt auszugleichen. Allerdings dürfen 90 % des Nettogehalts nicht überschritten werden. Von diesem Betrag werden die Anteile zur Renten-, Arbeitslosen- und Pflegeversicherung abgezogen. Durch diese Zahlungsmodalität sind gesetzlich Versicherte im Krankheitsfall in der Regel abgesichert.

10.10 Überflüssige und nicht empfehlenswerte Versicherungen

Für überflüssige und unnötige Versicherungen wird viel Geld verpulvert. Denn diese Versicherungen sichern häufig nur sehr geringe Schäden ab und lohnen sich deshalb nicht. Deshalb können Sie sich folgende Policen schenken:

10.10.1 Sterbegeldversicherung

Bei einer Sterbegeldversicherung handelt es sich letztlich um eine kleine Kapitallebensversicherung. Beim Tod der versicherten Person wird die vereinbarte Versicherungssumme ausgezahlt. Nur ein Teil der Prämie fällt allerdings auf den Sparanteil. Der Rest wird für die Deckung der Verwaltungskosten und für den Risikoschutz verwendet. Wer für die eigene Beerdigung vorsorgen möchte, sollte nicht auf Versicherungen setzen. Als Alternative kommt der Abschluss eines Bestattungsvorsorgevertrags mit einem Bestattungsunternehmen in Betracht. Es kann aber auch sinnvoll sein, einen bestimmten Betrag Monat für Monat anzusparen und anzulegen.

10.10.2 Insassenunfallversicherung

Die Insassenunfallversicherung kann als Zusatz zur Kfz-Haftpflichtversicherung abgeschlossen werden. Allerdings ist dieser Zusatz in den meisten Fällen überflüssig. Bei einem selbst verschuldeten Unfall sind die Mitfahrer über die Kfz-Haftpflichtversicherung des Fahrers geschützt. Bei einem fremdverschuldeten Unfall kommt für alle Unfallopfer die Kfz-Haftpflichtversicherung des Unfallverursachers auf. Keine Leistungen aus der Kfz-Haftpflichtversicherung erhält der Fahrer; er muss die eigene Krankenversicherung in Anspruch nehmen.

10.10.3 Handy- und sonstige Geräteversicherungen

Sie bieten Schutz bei ungewolltem Fallenlassen, bei Bedienungsfehlern, Diebstahl oder Feuchtigkeitsschäden. Versicherungsangebote gibt es insbesondere für Elektrogeräte wie Smartphones, Tabletts, Laptops, Computer oder Kameras. Die Policen sind allerdings teuer und schließen viele Risiken aus. Häufig sind nur Diebstähle zwischen 6:00 Uhr und 22:00 Uhr abgedeckt und keine Entschädigung gibt es, wenn das Handy kurze Zeit unbeaufsichtigt bleibt. Viele Geräteversicherungen enthalten eine hohe Selbstbeteiligung. Unter Umständen sind Schäden bereits durch die Hausratversicherung abgedeckt.

10.10.4 Reisegepäckversicherung

Auf eine Police für den Verlust des Reisegepäcks kann in der Regel verzichtet werden. Zum einen bietet die Reisegepäckversicherung für einen relativ hohen Betrag nur einen minimalen Schutz, zum anderen ist das Reisegepäck bis zu einer festgelegten Obergrenze in einer bestehenden Hausratversicherung versichert, wenn es aus dem verschlossenen Hotelzimmer gestohlen wird. Dieser Versicherungsschutz besteht auch bei Raub im Rahmen der sogenannten Außenversicherung. So besteht Versicherungsschutz für den eigenen Hausrat, auch wenn sich dieser ganz oder zeitweilig nicht auf dem versicherten Grundstück oder innerhalb der versicherten Wohnung befinden. Die Außenversicherung der Hausratversicherung schützt also, wenn sich persönliche Gebrauchsgegenstände oder Wertsachen außerhalb des Wohnorts befinden, beispielsweise im Urlaub und auf Reisen.

10.10.5 Ausbildungsversicherung

Die Ausbildungsversicherung funktioniert wie eine Kapitallebensversicherung, bei der eine kleinere Versicherungssumme vereinbart ist. Aus den gleichen Gründen wie bei der Sterbegeldversicherung ist deshalb von dieser Police abzuraten. Wer für die Zukunft eines

Kindes finanziell vorsorgen will, sollte das notwendige Kapital ansparen. Zur finanziellen Absicherung der Ausbildung des Kindes über den Tod hinaus kann zusätzlich eine Risikolebensversicherung abgeschlossen werden.

10.10.6 Glasbruchversicherung

Der Bruch einer Glasscheibe ist in der Regel finanziell verkraftbar. Es ist deutlich günstiger, eine kaputte Scheibe selbst zu finanzieren, als jeden Monat ein paar Euro dafür zu zahlen. Sinnvoll kann eine entsprechende Police allenfalls dann sein, wenn ein Wintergarten vorhanden oder das gesamte Haus verglast ist – womöglich noch mit verspiegeltem Spezialglas.

10.10.7 Krankenhaustagegeldversicherung

Die Police zahlt nur bei einem medizinisch notwendigen stationären Aufenthalt im Krankenhaus. Kein Geld gibt es bei langwierigen ambulanten Behandlungen. Finanzielle Absicherung besteht durch den sechswöchigen Anspruch auf Lohnfortzahlung im Krankheitsfall, danach zahlt die gesetzliche Krankenkasse Krankengeld. Wer den Einkommensunterschied zwischen dem Krankengeld und dem normalen Monatseinkommen absichern will, sollte eine Krankentagegeldversicherung abschließen; diese setzt bei Krankheit keinen Krankenhausaufenthalt voraus.

10.10.8 Unfallversicherung mit Prämienrückgewähr

Bei dieser Police geht der Kunde davon aus, dass er Geld zurückbekommt, wenn keine Versicherungsleistung in Anspruch genommen wird. In Wahrheit verbindet die Versicherung jedoch Unfallschutz mit einem Sparvertrag. Man bekommt also lediglich Geld zurück, das man zuvor bereits eingezahlt hat und das auch noch schlecht verzinst.

11 Steuerliche Förderung

Das Erste, was du in Deutschland vom Staat zur Geburt bekommst ist kein Happy-Family-Begrüßungspaket, sondern die Steuer-ID des Kindes. Denn erst mit der Geburtsurkunde und der Steuer-ID des Kindes kannst du bei der Familienkasse den Antrag auf Kindergeld stellen. Es geht hier also um eine steuerliche Förderung.

Herr Bretzinger, wie werden Eltern bzw. Kinder steuerlich gefördert?

Kindergeld und Kinderfreibeträge sind die beiden Elemente beim Familienleistungsausgleich, durch die sich der Staat an den Kosten von Kindern beteiligt. Aber auch bei den Kinderbetreuungskosten hilft der Staat mit steuerlichen Abzugsmöglichkeiten.

11.1 Berücksichtigung von Kindern

Mit dem ersten Kind ändert sich das Leben der Eltern häufig gravierender als mit der Heirat. Zum Glück beteiligt sich der Fiskus an der finanziellen Belastung durch Kinder, allerdings nur zu einem gewissen Teil. Der sogenannte Familienleistungsausgleich hat zwei Kernelemente, deren Wechselwirkung nicht einfach zu verstehen ist: Kindergeld und Kinderfreibeträge.

11.1.1 Wechselwirkung zwischen Kindergeld und Kinderfreibetrag

Das Kindergeld hat den Charakter einer monatlich vorab ausgezahlten Steuervergütung (vgl. dazu 6.2.1). Im Zuge der Einkommensteuerveranlagung wird für jedes Kind ein Freibetrag berücksichtigt. Ab einem jährlichen zu versteuernden Einkommen bringt der Steuerfreibetrag eine höhere Steuerentlastung als das bereits ausgezahlte Kindergeld. Als Faustregel gilt, dass sich für Alleinerziehende der Kinderfreibetrag ab 30.000 € lohnt. In diesem Fall erhalten die Eltern die zusätzliche Steuerentlastung im Rahmen der Einkommensteuerveranlagung. Ist dagegen die Steuerwirkung des Freibetrags – bei niedrigerem Einkommen – geringer als das Kindergeld, dann bleibt es beim Kindergeld, das heißt, jeder erhält im Endeffekt mindestens das Kindergeld.

Die Voraussetzungen für die Kinderfreibeträge sind identisch mit denen für das Kindergeld. Jeder Elternteil kann für das materielle Existenzminimum des Kindes einen Kinderfreibetrag von aktuell (2024) 3.192 € pro Jahr und für den Betreuungs-, Erziehungs- oder Ausbildungsbedarf des Kindes zusätzlich jährlich 1.464 € – insgesamt also 4.656 € – steuerlich geltend machen.

11.1.2 Finanzamt muss die für die Eltern günstigere Variante wählen

Für manche ist es irritierend, dass im Einkommensteuerbescheid das Kindergeld auf die Einkommensteuererstattung angerechnet wird. Dies ist aber nur folgerichtig, weil die Steuerpflichtigen das Kindergeld bereits im Lauf des Jahres als Steuervergütung ausbezahlt bekommen haben, sodass sie nur noch einen Anspruch auf die restliche Steuererstattung haben. Da für Laien schwer zu berechnen ist, ob Kindergeld oder -freibeträge günstiger sind, ist das Finanzamt bei der Einkommensteuerveranlagung verpflichtet, die für den Betreffenden jeweils vorteilhafteste Variante zu wählen.

Wichtig ist nur, dass für jedes Kind eine Anlage »Kind« der Steuererklärung sorgfältig ausgefüllt wird.

11.2 Kinderfreibetrag und Entlastungsbetrag für Alleinerziehende

Besonderheiten gelten im Zusammenhang mit dem Kinderfreibetrag für Alleinerziehende. Diesen steht auch ein besonderer steuerlicher Entlastungsbetrag zu.

11.2.1 Kinderfreibeträge für Alleinerziehende

Für jedes Kind wird nur an einen Berechtigten Kindergeld ausgezahlt. Bei getrennt lebenden Eltern ist dies der Elternteil, bei dem das Kind lebt.

Die Kinderfreibeträge stehen jedem Elternteil grundsätzlich je zur Hälfte zu. So kann jeder für das materielle Existenzminimum des Kindes den Kinderfreibetrag von 3.192 € pro Jahr und für den Betreuungs-, Erziehungs- oder Ausbildungsbedarf des Kindes zusätzlich jährlich 1.464 € abziehen.

Erfüllt einer der beiden Eltern seine Unterhaltspflicht für das Kind im Wesentlichen, während der andere sie nicht erfüllen kann oder will, so kann derjenige, der seinen Verpflichtungen nachkommt, beantragen, den Kinderfreibetrag von 3.192 € vom anderen Elternteil auf sich übertragen zu lassen. Dagegen kann der andere Elternteil, der seiner Unterhaltspflicht gar nicht oder nicht ausreichend nachkommt, nicht widersprechen. Ausgeschlossen ist die Übertragung allerdings für Zeiträume, in denen Unterhaltsleistungen nach dem Unterhaltsvorschussgesetz (vgl. dazu 2.6.7) gezahlt werden.

Wenn Sie (fast) allein für Ihr Kind aufkommen, können Sie die Kinderfreibeträge des anderen Elternteils auf sich übertragen lassen!

Herr Bretzinger, wohin muss man sich wenden, wenn man die Kinderfreibeträge übertragen lassen möchte? Sind hierfür Nachweise erforderlich?

Zur Übertragung des Kinderfreibetrags muss das Formular »Anlage K« ausgefüllt und beim Finanzamt eingereicht werden.

Die Unterhaltspflicht des Elternteils, bei dem das Kind wohnt, gilt durch die Pflege und Erziehung des Kindes stets als im Wesentlichen erfüllt. Der Elternteil, der barunterhaltspflichtig ist, erfüllt seine Unterhaltspflicht im Wesentlichen, wenn er mindestens 75 % des festgesetzten Barunterhalts tatsächlich zahlt. Ist dies nicht der Fall, so erhält der Elternteil, der den Antrag gestellt hat, den verdoppelten Kinderfreibetrag von insgesamt 6.384 €. Dem anderen Elternteil steht dagegen kein Kinderfreibetrag zu und er verliert damit auch alle anderen kindbedingten Steuervergünstigungen.

Anders sieht es beim Freibetrag für den Betreuungs-, Erziehungs- oder Ausbildungsbedarf des Kindes aus. Hier wird in erster Linie darauf abgestellt, bei wem das Kind gemeldet ist. Bei minderjährigen Kindern kann der Elternteil, in dessen Wohnung das Kind gemeldet ist, beantragen, diesen Freibetrag auf sich übertragen zu lassen.

Achtung: Der Elternteil, bei dem das Kind nicht gemeldet ist, kann dem Antrag des anderen Elternteils auf Übertragung des Freibetrags für den Betreuungs-, Erziehungs- oder Ausbildungsbedarf widersprechen. Und zwar dann, wenn er selbst tatsächlich Kinderbetreuungskosten trägt oder das Kind in einem nicht unwesentlichen Umfang selbst betreut.

Herr Bretzinger, wo kann man die Übertragung des Kinderfreibetrags für den Betreuungs-, Erziehungs- oder Ausbildungsbedarf beantragen?

Auch zur Übertragung des Freibetrags für den Betreuungs-, Erziehungs- und Ausbildungsbedarf muss das Formular »Anlage K« ausgefüllt und beim Finanzamt eingereicht werden.

11.2.2 Entlastungsbetrag für Alleinerziehende

Alleinerziehende haben nicht die Möglichkeit des Ehegattensplittings, sondern werden nach dem meist ungünstigeren Grundtarif besteuert. Um ihre Steuerbelastung etwas zu vermindern, gibt es den Entlastungsbetrag für Alleinerziehende. Gehört zum Haushalt der alleinstehenden Steuerpflichtigen ein Kind, beträgt der Entlastungsbetrag im Kalenderjahr 4.260 €. Für jedes weitere Kind erhöht sich der Betrag um 240 €.

Der Entlastungsbetrag für Alleinstehende wird unter folgenden Voraussetzungen gewährt:

- Zum Haushalt der Alleinerziehenden muss mindestens ein Kind gehören, für das sie einen Anspruch auf Kindergeld bzw. den Kinderfreibetrag hat. Die Haushaltszugehörigkeit wird jeweils angenommen, wenn das Kind oder die volljährige Person in der Wohnung gemeldet ist.
- Die Alleinstehende darf nicht die Voraussetzungen für das Splittingverfahren erfüllen (Ausnahme: Verwitwete im Jahr nach dem Tod des Ehepartners. Hier wird der Splittingtarif angewendet, dennoch können sie den Entlastungsbetrag in Anspruch nehmen).
- Im Haushalt der Alleinstehenden darf keine andere volljährige Person leben. Hiervon ausgenommen sind volljährige Kinder, für die ein Anspruch auf Kindergeld bzw. den Kinderfreibetrag besteht.

Für Monate, in denen nicht alle oben genannten Voraussetzungen erfüllt sind, ermäßigt sich der Entlastungsbetrag um je ein Zwölftel.

Herr Bretzinger, der Entlastungsbetrag steht Alleinerziehenden nur zu, wenn sie in Steuerklasse 2 statt in Steuerklasse 1 sind. Wann darf bzw. sollte man in Steuerklasse 2 wechseln und wie geht das? Kann man den Wechsel auch rückwirkend melden, wenn man die Voraussetzungen schon vorher erfüllt hatte, aber zum Beispiel nicht wusste, dass es eine Steuerklasse für Alleinerziehende gibt?

Für Alleinerziehende kommen die Steuerklassen 1 und 2 infrage.

- Voraussetzung für die Steuerklasse 2 ist, dass die alleinerziehende Steuerpflichtige mit ihrem Kind in einer gemeinsamen Wohnung lebt, ihr Kindergeld oder der Kinderfreibetrag für das Kind zusteht und keine andere volljährige Person in einer sogenannten Haushaltsgemeinschaft mit ihr zusammen lebt.
- In die Steuerklasse 1 wird ein alleinerziehender Elternteil automatisch eingestuft, wenn er die Voraussetzungen für die Steuerklasse 2 nicht erfüllt.

Alleinerziehenden steht der Entlastungsbetrag nur zu, wenn sie in die Steuerklasse 2 eingeordnet sind. In Steuerklasse 2 kommt man durch einen Antrag auf Steuerklassenwechsel und das Ausfüllen der »Versicherung zum Entlastungsbetrag für Alleinerziehende«. Den Antrag stellt man beim Finanzamt. Die Steuerklasse kann nicht rückwirkend geändert werden (Ausnahme: Heirat), aber das ist eigentlich auch gleichgültig: Bei den Steuerklassen geht es nur darum, wie hoch der monatliche Lohnsteuerabzug (= Vorauszahlung auf die jährliche Einkommensteuer) ist. So wird bei Klasse 2 beispielsweise der Entlastungsbetrag unterjährig schon berücksichtigt. Wenn man eine Steuererklärung abgibt, wird genau abgerechnet. Hat sich die Steuerpflichtige also getrennt und hat sie vergessen, Steuerklasse 2 zu beantragen, dann gibt sie im darauffolgenden Jahr eine Steuererklärung für den Veranlagungszeitraum im Jahr der Trennung ab. Darin gibt sie das Kind an und dass sie alleinerziehend war. Sodann zieht das Finanzamt das sozusagen glatt und berücksichtigt für das Jahr der Trennung den Entlastungsbetrag.

11.3 Kinderbetreuungskosten

Kinderbetreuung, vor allem für Kleinkinder, ist sehr kostspielig. Gut, dass der Staat sich daran beteiligt.

Zwei Drittel der Aufwendungen, die für die Betreuung von unter 14-jährigen Kindern anfallen, können als Sonderausgaben abgezogen werden. Der Abzugsbetrag ist jedoch begrenzt auf 4.000 € pro Kind und Jahr.

11.3.1 Voraussetzungen für den Abzug

Begünstigt sind nur die Kosten der Betreuung von Kindern bis zu deren 14. Geburtstag. Die Betreuung eines älteren Kindes kann nur dann geltend gemacht werden, wenn das Kind wegen einer vor Vollendung des 25. Lebensjahres eingetretenen Behinderung außerstande ist, sich selbst zu unterhalten.

Weitere Voraussetzung für den Abzug ist, dass das Kind zum Haushalt des Steuerpflichtigen gehört. Dazu zählen Kinder, die in der Wohnung des Steuerpflichtigen leben oder mit dessen Einwilligung vorübergehend auswärtig untergebracht sind, beispielsweise in einem Internat. Kinder mit Behinderung, die in einem Heim untergebracht sind, gelten als zum Haushalt der Eltern zugehörig, wenn die Wohnung der Eltern entsprechend der besonderen Bedürfnisse des behinderten Kindes eingerichtet ist und das Kind sich regelmäßig auch dort aufhält.

Wenn die Eltern getrennt leben und das gemeinsame Sorgerecht für ihr Kind haben, zählt das Kind dort als haushaltszugehörig, wo es seinen Lebensmittelpunkt hat. Dieser wird dort vermutet, wo das Kind gemeldet ist. Ein weiteres Indiz ist die Zahlung des Kindergeldes an den betreffenden Elternteil. Neben der Haushaltszugehörigkeit ist die weitere Voraussetzung für den Abzug von Betreuungskosten, dass der Steuerpflichtige diese auch selbst getragen hat.

Der Abzug von Kinderbetreuungskosten ist nur möglich, wenn eine Rechnung über die Aufwendungen vorliegt und die Zahlung auf ein Konto des Empfängers erfolgt. Als Rechnung gilt auch der Gebührenbescheid des öffentlichen Träger seiner Kindertagesstätte, der Arbeitsvertrag mit einer angestellten Haushaltshilfe, die auch die Kinder betreut oder ein Vertrag mit einem Au-pair. Die Zahlungen können in Form von Überweisungen, Daueraufträgen, Schecks oder im Lastschriftverfahren erfolgen.

Bar gezahlte Kinderbetreuungskosten sind nicht abziehbar!

11.3.2 Besonderheiten bei getrennt lebenden/ unverheirateten Eltern

Nach der Trennung der Eltern leben Kinder meistens im Haushalt eines Elternteils. Ausnahmsweise kann ein Kind aber auch zu den getrennten Haushalten beider Eltern gehören, wenn es zeitweise beim

Vater und zeitweise bei der Mutter lebt. Beide Eltern können dann die von ihnen getragenen Betreuungskosten abziehen. Der Höchstbetrag von 4.000 € wird aber auch in diesem Fall für jedes Kind nur einmal gewährt. Grundsätzlich steht der Höchstbetrag dann beiden Elternteilen je zur Hälfte zu. Die Eltern können aber gemeinsam beim Finanzamt eine abweichende Aufteilung beantragen. Entsprechendes gilt, wenn unverheiratete Eltern zusammenleben.

Die steuerliche Auswirkung der Kinderbetreuungskosten ist umso größer, je höher das zu versteuernde Einkommen des Elternteils ist. Daher sollten sich nicht zusammen veranlagte Eltern nach Möglichkeit darauf einigen, dass der Elternteil mit dem höheren Einkommen die Kinderbetreuungskosten allein trägt und im Rahmen des voll auf ihn übertragenen Höchstbetrags geltend macht.

Leben die Eltern getrennt und kommen je zur Hälfte für die Kinderbetreuungskosten auf, obwohl die Kinder nur zum Haushalt eines Elternteils gehören, so kann auch nur dieser die von ihm geleisteten Kosten abziehen. Das bedeutet also, dass die Aufwendungen des Elternteils, bei dem das Kind nicht gemeldet ist, steuerlich irrelevant sind. Das ist besonders ungünstig, wenn dies der Elternteil mit dem höheren Einkommen ist.

In solchen Fällen wäre es steuerlich günstiger, wenn die gemeinsamen Kinder zu den Haushalten beider Eltern gehörten. Der Besserverdienende sollte dann die Betreuungskosten allein tragen und die Eltern könnten auf gemeinsamen Antrag hin den vollen Höchstbetrag auf ihn übertragen lassen, sodass sich die höchstmögliche Steuerersparnis ergibt (siehe oben).

Ungünstig ist es, wenn der Partner mit dem niedrigeren Einkommen den Vertrag mit der Betreuungseinrichtung abgeschlossen hat. Denn die Kinderbetreuungskosten können dann zu einer geringeren Steuerersparnis führen als beim Abzug von den Einkünften des Besserverdienenden.

Neben der Haushaltszugehörigkeit ist eine weitere Voraussetzung für den Abzug, dass der Steuerpflichtige die Betreuungskosten selbst getragen hat. Bei verheirateten, zusammenlebenden Eltern spielt es keine Rolle, welcher der Ehepartner die Kosten getragen hat. Leben jedoch unverheiratete Eltern zusammen und hat nur einer von ihnen beispielsweise den Vertrag mit der Kindertagesstätte abgeschlossen und die Betreuungskosten getragen, so kann nur er und nicht der andere Partner die Kosten steuerlich abziehen.

11.3.3 Begünstigte Aufwendungen

Als Kinderbetreuungskosten begünstigt sind etwa Kindergarten- und Hortbeiträge, die Kosten für Tagesmütter, Babysitter, Au-pair oder andere private Betreuungseinrichtungen. Nicht dazu zählen dagegen Kosten für Musikschulen, Beiträge zu Sport- oder ähnlichen Vereinen oder andere Kosten, die für die Vermittlung von besonderen Fähigkeiten oder für Freizeitbetätigungen anfallen. Hausaufgabenbetreuung (einschließlich der Beantwortung von Fragen, die sich dabei ergeben) ist begünstigt, Nachhilfeunterricht dagegen nicht.

Wenn die Betreuung im Vordergrund steht, können die Kosten dafür abgezogen werden, auch wenn dem Kind im Rahmen der Betreuung besondere Fähigkeiten wie zum Beispiel Sprachkenntnisse vermittelt werden und dafür ein besonderes Entgelt gezahlt wird. Der Besuch einer Sprach- oder Musikschule ist dagegen nicht begünstigt, obwohl das Kind dort auch betreut wird.

Kosten für die Verpflegung in einer Betreuungseinrichtung sind nicht abziehbar. Werden diese Kostenbestandteile nicht separat in der Rechnung ausgewiesen, sind sie zu schätzen und vom Gesamtrechnungsbetrag abzuziehen. Ebenfalls nicht abziehbar sind die Fahrtkosten für den Weg zur Betreuungseinrichtung.

11.3.4 Minderung der Einkünfte für außerordentliche Zwecke

Häufig bemessen sich Kindergarten- und ähnliche Gebühren nach der Höhe der Einkünfte der Eltern. Obwohl die Kinderbetreuungskosten Sonderausgaben sind und daher steuerlich vom Gesamtbetrag der Einkünfte abgezogen werden, mindern sie die Einkünfte für außersteuerliche Zwecke, so etwa bei der Bemessung der Kindergartenbeiträge. Durch diese Regelung soll gewährleistet werden, dass vor allem bei berufstätigen Eltern für die Ermittlung der Kindergartenbeiträge nur die Einkünfte berücksichtigt werden, die »unter dem Strich«, also nach Abzug der für die Berufstätigkeit notwendigen Betreuungskosten verbleiben.

11.3.5 Vom Arbeitgeber übernommene Kinderbetreuungskosten

Wenn der Arbeitgeber zusätzlich zum Arbeitslohn die Kosten für die Betreuung von nicht schulpflichtigen Kindern seiner Arbeitnehmer in Kindergärten oder ähnlichen Einrichtungen ganz oder teilweise übernimmt, ist dies für den Arbeitnehmer steuerfrei. Unter diese Befreiung fallen insbesondere vom Arbeitgeber gezahlte Zuschüsse für die Betreuung von Kindern in betriebsfremden Kindergärten und der Vorteil aus der kostenlosen Betreuung von Kindern in Betriebskindergärten. Im Gegensatz zum Sonderausgabenabzug ist hier weder ein Höchstbetrag noch eine »Zweidrittel-Rechnung« vorgesehen, sodass diese Steuerbefreiung wesentlich günstiger ist als der Sonderausgabenabzug.

12 Das richtige Testament für Alleinerziehende

»Redet ihr noch miteinander oder habt ihr schon geerbt?« ist ein viel zitiertes Sprichwort unter Erben und zeigt auf, wie viele Streitigkeiten durch Erbschaft entstehen. Daher solltest du den eigenen Tod gedanklich nicht aus deinem Bewusstsein verbannen, denn für den Fall der Fälle kannst du mittels Testament im Vorfeld schon eine ganze Menge regeln. So auch den Ausschluss des Kindsvaters als Erben und als Vermögensverwalter der noch minderjährigen Kinder.

Herr Bretzinger, welche Vorkehrungen kann man mit einem Testament treffen?

Grundsätzlich steht es in Ihrem Belieben, wem Sie im Todesfall Ihr Vermögen hinterlassen wollen. Nur wenn kein Testament vorliegt, bestimmt das Gesetz die Erbfolge. Der gesetzlichen Erbfolge liegt der Gedanke zugrunde, dass Ihr Vermögen innerhalb Ihrer Familie verbleiben soll. Deshalb sind in erster Linie Ihre Kinder und, wenn Sie verheiratet sind, Ihr Ehepartner zu gesetzlichen Erben berufen.

Achtung: Nur wenn die gesetzliche Erbfolge Ihren Vorstellungen über die Aufteilung Ihres Vermögens nach dem Tod nicht entspricht, müssen Sie ein Testament errichten. Berücksichtigen Sie aber, dass bei der gesetzlichen Erbfolge häufig (z.B. wenn mehrere Kinder vorhanden sind) eine Erbengemeinschaft entsteht. In diesem Fall muss der Nachlass von den Miterben gemeinschaftlich verwaltet und nach Begleichung der Nachlassverbindlichkeiten unter ihnen aufgeteilt werden. In der Praxis führt dies häufig wegen der unterschiedlichen Interessen, die die einzelnen Miterben verfolgen, zu erheblichen Problemen und Streitigkeiten.

Praxis-Tipp

In einer Erbengemeinschaft gehört den Erben jedes Stück, das du besessen hast, zu einem gewissen Anteil. Es muss also über jeden Teil des Nachlasses diskutiert werden. Einfacher ist es daher in vielen Fällen, wenn du mit einem Testament die Aufteilung vornimmst.

12.1 Gesetzliche Erbfolge

Gesetzliche Erbfolge gilt insbesondere, wenn Sie als Erblasser kein Testament errichtet haben. Sie tritt daneben aber unter anderem auch ein, wenn Ihr Testament nur einen Teil Ihres Vermögens erfasst oder Ihr Testament (z.B. wegen Formmangels) unwirksam ist.

Gesetzliche Erben sind Ihre Kinder und – wenn Sie verheiratet sind – Ihr Ehepartner.

12.1.1 Gesetzliches Erbrecht der Kinder

Nach Ihrem Tod sind in erster Linie Ihre Kinder die gesetzlichen Erben. Sie gehören zu den Erben der ersten Ordnung (§ 1924 BGB). Hinterlassen Sie mehrere Kinder, so erben diese zu gleichen Teilen. Die Kinder schließen die Eltern des Erblassers von der gesetzlichen Erbfolge aus.

Die geschiedene Melanie Schulze hinterlässt Ihre Kinder Ella, Johannes und Finn. Die Kinder erben jeweils ein Drittel.

Die geschiedene Amelie Meister hinterlässt bei Ihrem Tod Ihren Sohn Ben und Ihre Eltern. Ben ist Alleinerbe, die Eltern der Erblasserin sind von der gesetzlichen Erbfolge ausgeschlossen.

Auch ein minderjähriges Kind, also ein Kind, das das 18. Lebensjahr noch nicht vollendet hat, kann Erbe sein. Es wird bei der Annahme der Erbschaft durch seine gesetzlichen Vertreter, in der Regel durch die Eltern bzw. – wenn ein Elternteil verstirbt – durch den anderen Elternteil vertreten.

Nichteheliche Kinder sind den ehelichen gleichgestellt. Das heißt, auch nichteheliche Kinder haben einen gesetzlichen Anspruch auf alle Teile des Nachlasses und sie werden auch Mitglied einer Erbengemeinschaft. Auch ein adoptiertes minderjähriges Kind erlangt die volle rechtliche Stellung eines leiblichen Kindes. Es erbt also wie ein eheliches Kind. Das Verwandtschaftsverhältnis des adoptierten Kindes zu seinen leiblichen Verwandten erlischt. Das adoptierte Kind erbt also nichts von seinen blutsverwandten Eltern.

12.1.2 Gesetzliches Erbrecht der Ehepartner

Neben den Kindern ist der länger lebende Ehepartner des Erblassers gesetzlicher Erbe (§ 1931 BGB). Für die Höhe seines Erbteils ist der Güterstand maßgebend, in dem die Eheleute während ihrer Ehe gelebt haben. Der Güterstand bezeichnet die Vermögensverhältnisse der Eheleute untereinander. Er regelt, wem das Vermögen gehört, welches die Eheleute in die Ehe eingebracht haben, wer dieses verwaltet und wer für eventuelle Schulden haftet. Die praktisch wichtigsten Güterstände sind die Zugewinngemeinschaft und die Gütertrennung.

Achtung: Die bloße Trennung der Eheleute führt nicht zum Ausschluss des Erbrechts des Ehepartners. Leben Sie also von Ihrem Ehepartner getrennt und wollen Sie vermeiden, dass dieser im Falle Ihres Todes während der Trennungsphase Erbe wird, müssen Sie ein Testament errichten und ihn darin enterben (vgl. dazu 12.3.2).

Erbteil des Ehepartners bei Zugewinngemeinschaft

Sofern die Eheleute durch einen Ehevertrag nichts anderes vereinbart haben, leben sie im gesetzlichen Güterstand der Zugewinngemeinschaft. Die Besonderheit dieses Güterstands besteht darin, dass zwar das Vermögen der Eheleute während des Bestehens der Ehe rechtlich getrennt behandelt wird, der während der Ehe von den Ehepartnern jeweils erzielte Zugewinn aber nach Beendigung des Güterstands ausgeglichen wird (Zugewinnausgleich).

Wird der Güterstand durch den Tod eines Ehepartners beendet, so wird der Ausgleich des Zugewinns dadurch verwirklicht, dass sich der gesetzliche Erbteil des Ehepartners pauschal um ein Viertel der Erbschaft erhöht, und zwar unabhängig davon, ob überhaupt ein Zugewinn während der Ehe erwirtschaftet wurde und falls ja, wer diesen erlangt hat (§ 1371 Abs. 1 BGB). Somit erbt der länger lebende Ehepartner neben Kindern die Hälfte des Nachlasses (1/4 gesetzlicher Erbteil + 1/4 pauschaler Zugewinnausgleich).

Sandra Kurz hinterlässt Ihren Ehepartner Lucas und Ihre Kinder Sofia und Tom. Die Eheleute haben im gesetzlichen Güterstand der Zugewinngemeinschaft gelebt. Lucas erbt die Hälfte des Nachlasses; sein Erbteil von einem Viertel erhöht sich um den pauschalen Ausgleich des Zugewinns um ein weiteres Viertel. Die Kinder erben beide die andere Hälfte, also jeweils ein Viertel.

Anmerkung aus der Community: *Je nach Nachlassvermögen kann für die Kinder vom Amtsgericht eine Ergänzungspflegschaft angeordnet werden, zum Beispiel bei Immobilien oder Ausschlagungen. Werden Immobilien an die Kinder vererbt, kann das nachteilig für die spätere Beantragung von BAföG sein.*

Praxis-Tipp *Um zu verhindern, dass die Kinder im ersten Schritt zu Erben werden und zum Beispiel im Grundbuch einer Immobilie stehen, können die Eheleute ein eigenhändiges Testament aufsetzen. Im sogenannten Berliner Testament erbt der überlebende Ehepartner salopp gesagt im ersten Schritt alles und erst im zweiten Schritt geht alles an die Kinder.*

Erbteil des Ehepartners bei Gütertrennung

Gütertrennung kann zwischen Eheleuten ausdrücklich vereinbart werden, sie tritt automatisch aber auch dann ein, wenn die Eheleute den gesetzlichen Güterstand der Zugewinngemeinschaft ausgeschlossen oder aufgehoben haben, ohne einen anderen Güterstand zu vereinbaren, oder wenn der Ausgleich des Zugewinns oder der Versorgungsausgleich ausgeschlossen wurde. Bei der Gütertrennung wird das Vermögen der Ehepartner vollständig voneinander getrennt. Das betrifft nicht nur das in die Ehe jeweils eingebrachte, sondern das auch während der Ehe jeweils erworbene Vermögen. Bei der Beendigung der Ehe findet kein Zugewinnausgleich statt. Auch die pauschale Erhöhung des Erbteils des länger lebenden Ehepartners um ein Viertel wie bei der Zugewinngemeinschaft gibt es bei der Gütertrennung nicht.

Beim Güterstand der Gütertrennung erbt der länger lebende Ehepartner neben Kindern ein Viertel des Nachlasses. Allerdings gilt folgende Ausnahme: Erben neben dem länger lebenden Ehepartner ein oder zwei Kinder des Erblassers als gesetzliche Erben, so erben der länger lebende Ehepartner und jedes Kind zu gleichen Teilen. Neben einem Kind erbt also der Ehepartner die Hälfte, neben zwei Kindern ein Drittel. Neben drei und mehr Kindern erbt der überlebende Ehepartner immer ein Viertel, die Kinder teilen sich dann drei Viertel des Nachlasses.

Sandra Kurz hinterlässt Ihren Ehepartner Lucas und Ihre Kinder Sofia und Tom. Die Eheleute haben durch Ehevertrag Gütertrennung vereinbart. Der länger lebende Ehepartner und die beiden Kinder erben jeweils ein Drittel des Nachlasses.

12.1.3 Kein gesetzliches Erbrecht des geschiedenen Ehepartners

Voraussetzung für das gesetzliche Erbrecht des Ehepartners ist, dass die Ehe zum Zeitpunkt des Todes noch bestand. Das ist im Falle einer rechtskräftigen Scheidung nicht der Fall. Wer also rechtskräftig geschieden wurde, hat am Nachlass des verstorbenen Ex-Ehepartners keinen Anteil mehr (wohl aber noch in der Trennungsphase; vgl. dazu 12.1.2).

Stirbt ein Ehepartner während des laufenden Scheidungsverfahrens gilt Folgendes:

- Das Erbrecht des Ehepartners ist ausgeschlossen, wenn zur Zeit des Todes des Erblassers die gesetzlichen Voraussetzungen für die Scheidung gegeben waren und der Erblasser die Scheidung beantragt oder ihr zugestimmt hatte (§ 1933 BGB).
- Hatte nur der überlebende Ehepartner den Scheidungsantrag beim Gericht eingereicht, der Erblasser aber noch nicht zugestimmt, besteht das volle Erbrecht des überlebenden Ehepartners.

12.1.4 Kein gesetzliches Erbrecht des nichtehelichen Lebenspartners

Das Erbrecht berücksichtigt und privilegiert in erster Linie nach wie vor die Ehe. Anders als dem länger lebenden Ehepartner steht dem nichtehelichen Lebenspartner beim Tod des anderen Partners kein gesetzliches Erbrecht zu. Somit besteht für nichteheliche Lebensgemeinschaften nur die Möglichkeit, den Partner durch Verfügungen von Todes wegen, also durch ein Testament oder einen Erbvertrag, zu versorgen.

12.2 Erbfolge durch Testament

Wollen Sie von der gesetzlichen Erbfolge abweichen, müssen Sie eine sogenannte Verfügung von Todes wegen errichten. Von Bedeutung ist in diesem Zusammenhang insbesondere das Testament. Darin können Sie die entsprechenden individuellen erbrechtlichen Anordnungen treffen. Sie können wählen zwischen dem privaten eigenhändigen Testament und dem notariellen, zur Niederschrift eines Notars abgegebenen Testament.

12.2.1 Eigenhändiges Testament

Wenn Sie erbrechtliche Verfügungen in einem eigenhändigen Testament treffen, müssen Sie Ihre Verfügungen eigenhändig schreiben und unterschreiben. Diese Form des Testaments ist die am häufigste gewählte.

Das eigenhändige Testament hat gegenüber dem notariellen Testament den Vorteil, dass Sie es schnell und an jedem Ort errichten können und Ihnen keine Notarkosten entstehen. Sie können es leichter ändern und an jedem Ort aufbewahren.

Eigenhändige Erklärung

Ein eigenhändiges Testament ist nur wirksam, wenn Sie den Text Ihres Testaments eigenhändig schreiben und unterschreiben (§ 2247 Abs. 1 BGB). Sie müssen also den Text von der ersten bis zur letzten Zeile mit der Hand schreiben. Ein mit der Schreibmaschine oder mithilfe eines Computers geschriebener Text erfüllt nicht die gesetzlichen Anforderungen und ist unwirksam. Ungültig ist Ihr Testament auch dann, wenn Sie einer anderen Person den Text diktieren und die von der dritten Person verfasste Niederschrift unterzeichnen.

Eigenhändige Unterschrift

Ihr Testament müssen Sie eigenhändig unterschreiben. Ihre Unterschrift soll Ihren Vornamen und Familiennamen enthalten. Es genügt also nicht, dass Sie sich im Eingang des Textes lediglich selbst bezeichnen (»Ich, Tina Müller, erkläre hiermit meinen Letzten Willen wie folgt: …«). Im Gegensatz zur Ihrer Erklärung muss Ihre Unterschrift nicht leserlich sein. Sie muss aber die entsprechenden charakterlichen Merkmale aufweisen.

Unter Umständen kann ein Testament auch dann wirksam sein, wenn es nur mit einem Namenskürzel oder einer Familienbezeichnung (z.B. »Eure Mutter«) unterzeichnet ist. Voraussetzung ist allerdings, dass die Urheberschaft des Erblassers zweifelsfrei festzustellen ist.

Ihre Unterschrift muss den Wortlaut des Testaments abschließen. Sie muss also unter dem Text stehen. Es reicht nicht aus, dass Ihr Name irgendwo mitten im Text steht.

Wenn Sie in Ihrem Testament später Zusätze unterhalb Ihrer Unterschrift vornehmen, müssen Sie diese gesondert unterschreiben. Nachträge auf einem gesonderten Blatt stellen ein neues Testament dar und müssen unterschrieben sein. Wenn Ihr Testament mehrere Seiten umfasst, reicht es aus, wenn Sie die zusammengehefteten Seiten auf der letzten Seite unterschreiben.

Ort- und Zeitangabe

Sie sollen Ihr Testament mit Orts- und Datumsangabe (Tag, Monat, Jahr) versehen. Fehlen diese Angaben, ist Ihr Testament allerdings nicht zwangsläufig unwirksam. Sinnvoll ist es, das Datum, an dem Sie Ihr Testament errichtet haben, anzugeben. Wenn Sie nämlich mehrere sich widersprechende Testamente errichtet haben, kann fraglich sein, welches Testament Ihr aktuelles ist.

12.2.2 Notarielles Testament

Sie können ein Testament auch zur Niederschrift eines Notars errichten, indem Sie dem Notar Ihren letzten Willen erklären oder ihm eine offene oder geschlossene Schrift mit der Erklärung übergeben, dass die Schrift Ihren letzten Willen enthält (§ 2232 BGB).

Mit dem notariellen Testament können Sie Formfehler, wie Sie beim eigenhändigen Testament ohne Hinzuziehung eines Notars vorkommen können, vermeiden. Durch die amtliche Verwahrung des Testaments besteht keine Gefahr, dass Ihre Verfügungen vernichtet oder verändert werden. Durch ein notarielles Testament wird in vielen Fällen ein Erbschein, dessen Erteilung oft lange dauert und Kosten verursacht, überflüssig. Andererseits entstehen bei der Errichtung des notariellen Testaments Notarkosten, ferner fallen die Kosten der amtlichen Verwahrung an.

Notarielles Testament durch Erklärung

Im Regelfall wird das notarielle Testament errichtet, indem Sie zur Niederschrift des Notars Ihren letzten Willen erklären. Ihr letzter Wille wird dann in einer notariellen Urkunde niedergeschrieben. Der Notar liest Ihnen die Niederschrift vor. Diese wird, wenn Sie keine Änderungen mehr vornehmen wollen, von Ihnen und dem Notar unterschrieben.

Im Rahmen der Errichtung eines notariellen Testaments durch Erklärung des Erblassers vor einem Notar obliegen dem Notar eine Reihe von Belehrungs- und Aufklärungspflichten. So ist der Notar unter anderem verpflichtet, die Testierfähigkeit des Erblassers festzustellen und diesen über die rechtliche Tragweite seiner Verfügung zu belehren.

Notarielles Testament durch Übergabe einer Schrift

Sie können ein notarielles Testament auch in der Form errichten, dass Sie dem Notar eine offene oder verschlossene Schrift mit dem Hinweis übergeben, dass diese Schrift Ihren letzten Willen enthält. Die dem Notar übergebene Schrift muss vom Erblasser nicht eigenhändig geschrieben sein. Bei der Errichtung des notariellen Testaments durch Übergabe einer Schrift entfällt die Beratung des Notars.

Kosten

Bei der Errichtung des notariellen Testaments entstehen Ihnen Notarkosten. Die Kosten richten sich nach dem Wert des Nachlasses. Für die Beurkundung ist nach dem Gerichts- und Notarkostengesetz eine volle Gebühr zu entrichten. Bei einem Nachlasswert von zum Beispiel 25.000 € beläuft sich die Gebühr auf 115 €, von 50.000 € auf 165 €, von 200.000 € auf 435 €, jeweils zuzüglich der gesetzlichen Mehrwertsteuer. Die Kosten können Sie vorab beim Notariat erfragen.

12.3 Individuelle testamentarische Verfügungen

Wenn Sie Vermögen übertragen wollen, sei es, dass Sie es zu Lebzeiten verschenken oder nach Ihrem Tod vererben wollen, sollten Sie sich einen Überblick über Ihre Vermögenssituation verschaffen und sich danach mit den rechtlichen Rahmenbedingungen der Vermögensübertragung befassen. An erster Stelle Ihrer Überlegungen sollten aber immer Ihre persönlichen Lebensumstände und Ihre Interessen und Wünsche stehen. Es gibt kein Testament »von der Stange«.

- Berücksichtigen Sie Ihren Familienstand. Dieser hat unter anderem für die gesetzliche Erbfolge und – wenn Sie verheiratet sind – für das Erbrecht des länger lebenden Ehepartners Bedeutung. Insofern müssen Sie bei Ihrer Nachlassplanung berücksichtigen, ob Sie ledig oder verheiratet sind, getrennt leben oder geschieden sind.

- Sind minderjährige Kinder vorhanden, muss dies bei der Nachlassplanung berücksichtigt werden.
- Sie müssen auch entscheiden, ob Sie einzelne Familienangehörige bevorzugen oder benachteiligen wollen.
- Wenn mehrere Erben vorhanden sind, die Miterben sich aber untereinander nicht verstehen, sollte eine Erbengemeinschaft vermieden oder es sollten Anordnungen über die Verteilung des Nachlasses getroffen werden.
- Wenn Sie von Ihrem Ehepartner getrennt leben und Sie vermeiden wollen, dass dieser Erbe wird, müssen Sie ihn enterben. Das gesetzliche Erbrecht des Ehepartners ist erst dann ausgeschlossen, wenn zur Zeit des Erbfalls die Voraussetzungen für die Scheidung gegeben waren und der Erblasser die Scheidung beantragt oder ihr zugestimmt hatte.
- Trotz Scheidung kann der Ex-Ehepartner unter Umständen indirekt am Nachlass des Verstorbenen teilhaben. Um dies zu verhindern, bedarf es einer entsprechenden testamentarischen Verfügung.

12.3.1 Verfügungen eines ledigen alleinerziehenden Elternteils

Gesetzliche Erben eines ledigen alleinerziehenden Elternteils sind ausschließlich die Kinder. Mehrere Kinder erben zu gleichen Teilen. Bei minderjährigen Kindern besteht regelmäßig das Bedürfnis, testamentarische Anordnungen über die Verwaltung und Verwendung des geerbten Vermögens zu treffen. In diesem Zusammenhang ist auch von Bedeutung, ob dem Erblasser das alleinige Sorgerecht zusteht, oder ob beide Elternteile das Sorgerecht haben (vgl. dazu 2.3.4).

Entziehung der Vermögenssorge

Haben beide Elternteile das Sorgerecht, können Sie durch eine testamentarische Anordnung dem anderen Elternteil die Vermögenssorge für das dem Kind von Todes wegen zugewendete Vermögen entziehen. Damit erhält dieser keinen Zugriff auf das vom gemeinsamen Kind vom verstorbenen Elternteil geerbte Vermögen.

Achtung: Die Entziehung der Vermögenssorge müssen Sie durch ein Testament erklären. Eine Begründung ist nicht erforderlich.

Wird dem anderen Elternteil für den dem minderjährigen Kind zugewendeten Nachlass die Vermögenssorge entzogen, muss vom Vormundschaftsgericht ein Ergänzungspfleger eingesetzt werden. Die Person des Pflegers können Sie in Ihrem Testament bestimmen.

Muster: Entziehung der elterlichen Vermögenssorge

Soweit mein Sohn mich beerbt, soll sein Vater das ererbte Vermögen nicht verwalten. Als Pfleger zur Ausübung des Verwaltungsrechts bestimme ich _____ *[Name und Vorname des vorgeschlagenen Pflegers einsetzen]*, ersatzweise _____ *[Name und Vorname des vorgeschlagenen Ersatzpflegers einsetzen]*. Der Pfleger wird von allen gesetzlich zulässigen Beschränkungen befreit.

Verwaltungsanordnung

Haben beide Elternteile das Sorgerecht, können Sie anstelle der Entziehung der Vermögenssorge auch einschränkende Verwaltungsanordnungen treffen. So können Sie anordnen, wie der andere Elternteil das dem Kind zugewendete Vermögen zu verwalten hat. An die Verwaltungsanordnung ist der andere Elternteil grundsätzlich gebunden. Abweichungen sind nur bei Gefährdung der Interessen des Kindes mit gerichtlicher Genehmigung erlaubt.

Gegenüber der Entziehung der Vermögenssorge ist eine Verwaltungsanordnung das mildere Mittel, um die elterliche Vermögenssorge zu beschränken.

Die Verwaltungsanordnung muss zwar nicht ausdrücklich als solche erklärt werden, allerdings muss im Testament zum Ausdruck kommen, dass es sich um eine verbindliche Anordnung und nicht nur um einen Wunsch oder eine Empfehlung handelt.

Muster: Verwaltungsanordnung

Ich ordne an, dass das zugewendete Vermögen nicht für ____ *[z.B. Anlage von Aktien]* verwendet werden darf. Das Geld darf nur als _____ *[z.B. Anlage mit gesetzlicher Einlagensicherung]* angelegt werden.

Kraft Gesetzes sind Eltern berechtigt, Einkünfte des Vermögens, die zur ordnungsgemäßen Verwaltung des Vermögens und für den Unterhalt des Kindes nicht benötigt werden, für ihren eigenen Unterhalt und für den Unterhalt der minderjährigen unverheirateten Geschwister des Kindes zu verwenden. Mit einer Verwaltungsanordnung können Sie diese Verwendungsbefugnis des anderen Elternteils für das vom Kind geerbte Vermögen ausschließen. In der Praxis ist der Ausschluss dieser sogenannten Verwendungsbefugnis der Eltern der häufigste Anwendungsfall einer Verwaltungsanordnung des Erblassers.

Der Erblasser setzt sein minderjähriges Kind als Erben ein und bestimmt, dass der andere Elternteil das Vermögen nicht für seinen eigenen Unterhalt verwenden darf.

Muster: Verwaltungsanordnung

Dem Vater des Kindes, Herrn _____ *[Name und Vorname einsetzen]*, entziehe ich das Recht, Zuwendungen an ____ *[Name und Vorname Kindes einsetzen]* aus der von mir angeordneten Erbschaft für seinen eigenen Lebensunterhalt zu verwenden.

Benennung eines Vormunds (oder Sorgerechtstestament)

Sind Sie für Ihr minderjähriges Kind allein sorgeberechtigt, erhält das Kind nach Ihrem Tod einen Vormund. Für diesen Fall können Sie in Ihrem Testament bestimmen, wer nach Ihrem Tod der Vormund für Ihr minderjähriges Kind sein soll. Fehlt eine solche Festlegung im Testament, muss regelmäßig das Familiengericht einen

Vormund bestimmen. Ob diese Person dann Ihren Wünschen und Vorstellungen entspricht, ist fraglich.

- In ihrer Sorgerechtsverfügung können Sie einen Vormund für Ihr minderjähriges Kind benennen, falls Sie sterben.
- Sinnvoll ist es, dass Sie in ihrer Sorgerechtsverfügung eine Ersatzperson bzw. mehrere Ersatzpersonen für den Fall vorschlagen, dass die von Ihnen als Wunschvormund benannte Person als Vormund nicht bestellt werden kann.
- Sie können durch entsprechende Verfügung auch eine Person oder einen Personenkreis von der Vormundschaft ausschließen.

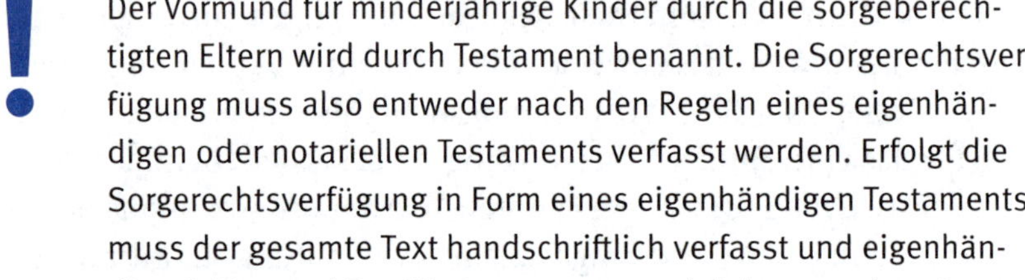

! Der Vormund für minderjährige Kinder durch die sorgeberechtigten Eltern wird durch Testament benannt. Die Sorgerechtsverfügung muss also entweder nach den Regeln eines eigenhändigen oder notariellen Testaments verfasst werden. Erfolgt die Sorgerechtsverfügung in Form eines eigenhändigen Testaments, muss der gesamte Text handschriftlich verfasst und eigenhändig mit Vor- und Familiennamen unterschrieben werden. Ort und Datum sollen in der Erklärung angegeben werden.

Muster: Sorgerechtsverfügung

Für den Fall, dass ich _____ *[Name und Vorname des Elternteils einsetzen]* für mein minderjähriges Kind die elterliche Sorge wegen Todes nicht mehr ausüben kann, benenne ich folgenden Vormund: _____ *[Name und Vorname des vorgeschlagenen Vormunds einsetzen].*

Dem Kindeswohl ist so am besten entsprochen, weil _____.

Wenn die vorstehend genannte Person nicht als Vormund bestellt werden kann, soll ersatzweise die im Folgenden genannte Person zum Vormund bestellt werden: _____ *[Name und Vorname des vorgeschlagenen Ersatzvormunds einsetzen].*

Dem Kindeswohl ist so am besten entsprochen, weil _____.

Die im Folgenden aufgeführte(n) Person(en) soll(en) auf keinen Fall zum Vormund bestellt werden:

_____ *[Name und Vorname des ausgeschlossenen Vormunds einsetzen].*

_____ *[Name und Vorname des ausgeschlossenen Vormunds einsetzen].*

Anordnung der Testamentsvollstreckung

Sinnvoll kann es unter Umständen auch sein, neben dem Pfleger oder Vormund, der sich um die persönlichen Angelegenheiten des minderjährigen Kindes kümmert, einen Testamentsvollstrecker einzusetzen und diesem die Vermögensangelegenheiten zu übertragen. Anders als die Pflegschaft können Sie die Testamentsvollstreckung auch zeitlich länger, etwa bis zur Vollendung des 25. Lebensjahrs des Kindes oder darüber hinaus anordnen. Besonders bei einem komplizierten Nachlass ist die Anordnung der Testamentsvollstreckung zu empfehlen.

Muster: Anordnung der Testamentsvollstreckung

> Ich ordne Testamentsvollstreckung an. Der Testamentsvollstrecker hat die Aufgabe ____ *[konkrete Beschreibung der Aufgaben, des Testamentsvollstreckers]*. Zum Testamentsvollstrecker bestimme ich _____ *[Vor- und Familiennamen einsetzen]*, ersatzweise _____ *[Vor- und Familiennamen des Ersatztestamentsvollstreckers einsetzen]*.
>
> Der Testamentsvollstrecker erhält für seine Tätigkeit keine Vergütung.
>
> Die Testamentsvollstreckung endet, wenn das als Erbe eingesetzte Kind das 25. Lebensjahr vollendet hat.

Wollen Sie testamentarisch Testamentsvollstreckung anordnen, ist es sinnvoll, fachkundigen Rat bei einem Anwalt oder Notar einzuholen.

12.3.2 Verfügungen eines alleinerziehenden getrennt lebenden Elternteils

Wenn Sie verhindern wollen, dass Sie Ihr getrennt lebender Ehepartner während der Trennungszeit beerbt, müssen Sie ein Testament errichten. Sinnvoll kann es sein, auch Regelungen über die Beschränkung der elterlichen Vermögenssorge in das Testament aufzunehmen, wenn beiden Elternteilen das Sorgerecht zusteht.

Enterbung des Ehepartners

Die bloße Trennung führt nicht zum Ausschluss des Erbrechts des Ehepartners. Erst wenn die Ehe rechtskräftig geschieden ist, endet das gesetzliche Erbrecht des Ehepartners. Trotz bestehender Ehe ist der Ehepartner kein gesetzlicher Erbe, wenn zur Zeit des Erbfalls die Voraussetzungen für die Scheidung der Ehe gegeben waren und der Erblasser die Scheidung beantragt oder ihr zugestimmt hatte (vgl. dazu 12.3.3).

Wenn Sie kein Testament errichten, in dem Sie Ihren Ehepartner enterben, wäre Ihr Ehepartner kraft Gesetzes Erbe. Er würde die Hälfte des Nachlasses erben, wenn Sie im Güterstand der Zugewinngemeinschaft leben, den Rest Ihre Kinder. Wollen Sie das verhindern, müssen Sie Ihren getrennt lebenden Ehepartner durch ein Testament ausdrücklich enterben und damit von der gesetzlichen Erbfolge ausschließen. Sie können aber auch den gesamten Nachlass an Ihre Kinder vererben, sodass Ihr Ehepartner zwangsläufig enterbt ist.

Muster: Enterbung des Ehepartners

> Meinen Ehegatten enterbe ich.
>
> *[oder]*
>
> Meine Tochter _____ *[Vor- und Familiennamen einsetzen]* setze ich als Alleinerbin ein, ersatzweise _____ *[Vor- und Familiennamen des Ersatzerben einsetzen]*.

Haben Sie Ihren Ehepartner in einem früheren Testament als Erben eingesetzt, sollten Sie die entsprechende Verfügung ausdrücklich widerrufen oder alternativ ein neues Testament errichten, dessen Inhalt dem alten Testament widerspricht.

Muster: Widerruf des Testaments

> Mein am _____ errichtetes Testament widerrufe ich hiermit.

Haben Sie zusammen mit Ihrem getrennt lebenden Ehepartner ein gemeinschaftliches Testament errichtet, müssen Sie beachten, dass der einseitige Widerruf einer wechselbezüglichen Verfügung (z.B. gegenseitige Erbeinsetzung) nur durch eine vom Notar beurkundete Erklärung erfolgen kann. Die Widerrufserklärung wird erst wirksam, wenn sie dem anderen zugegangen ist.

Achtung: Zwar können Sie grundsätzlich Ihren getrennt lebenden Ehepartner ohne Weiteres enterben, bis zur Scheidung der Ehe steht ihm jedoch noch der Pflichtteil zu, den sie ihm nur unter engen Voraussetzungen entziehen können.

Beschränkung der elterlichen Vermögenssorge

Wenn beiden Eheleuten das Sorgerecht zusteht, kann es sinnvoll sein, dem anderen Elternteil die Vermögenssorge für das dem Kind von Todes wegen zugewendete Vermögen zu entziehen und so dessen Zugriff auf das vom gemeinsamen Kind vom verstorbenen Elternteil geerbte Vermögen zu verhindern. Alternativ kann als milderes Mittel im Rahmen der Beschränkung der elterlichen Vermögenssorge auch testamentarisch angeordnet werden, wie der andere Elternteil das dem Kind zugewendete Vermögen zu verwalten hat. Wegen der Einzelheiten vgl. 12.3.1.

12.3.3 Verfügungen eines alleinerziehenden geschiedenen Elternteils

Zwar erlischt mit der Scheidung der Ehe automatisch das gesetzliche Erb- und Pflichtteilsrecht des Ex-Ehepartners, gleichwohl kann es sinnvoll sein, durch besondere testamentarische Anordnungen Vorsorge zu treffen.

Sicher ist sicher: Enterbung des Ex-Ehepartners

Mit der Scheidung verliert ein gemeinschaftlich errichtetes Testament seine Wirkung, da es in der Regel im Vertrauen auf den Bestand der Ehe gefertigt wurde. Ausnahmsweise kann aber die Auslegung des Testaments ergeben, dass die wechselseitigen Verfügungen (z.B. die gegenseitige Erbeinsetzung der Ehepartner) über den Zeitpunkt der Ehescheidung hinauswirken sollen und damit wirksam bleiben. Gelegentlich ist das der Fall, wenn es um gemeinsame Kinder geht.

Wenn Sie kein Risiko eingehen möchten, sollten Sie das gemeinschaftliche Testament auch nach der Scheidung sicherheitshalber widerrufen. Der Widerruf muss durch eine vom Notar beurkundete Erklärung erfolgen. Die Widerrufserklärung wird erst wirksam, wenn sie dem geschiedenen Ehepartner zugegangen ist.

Geschiedenentestament

Mit der Scheidung der Ehe erlischt automatisch das gesetzliche Erb- und Pflichtteilsrecht des Ehepartners. Im Zweifel ist auch eine zugunsten des anderen Ehepartners getroffene Verfügung von Todes wegen unwirksam. Allerdings ist zu beachten, dass der frühere Ehepartner wieder indirekt am Nachlass partizipiert, wenn er ein gemeinschaftliches Kind beerbt oder Pflichtteilsansprüche erwirbt.

Der Ex-Ehepartner kann das Vermögen erwerben, wenn ein gemeinsames Kind stirbt, ohne selbst Abkömmlinge zu hinterlassen, nachdem es Erbe des erstversterbenden Elternteils geworden ist. Der länger lebende Elternteil wird dann nicht Erbe, wenn das Kind eine anderweitige Verfügung von Todes wegen trifft. Allerdings wird der länger lebende Elternteil dann über sein Pflichtteilsrecht nach dem Kind am Vermögen des geschiedenen Ehepartners mittelbar beteiligt, wenn das Kind selbst noch keine Abkömmlinge hinterlassen hat.

Tina Jakob ist von ihrem früheren Ehemann Heiner geschieden und hat einen Sohn Claudius aus dieser Ehe. Würde Tina ihren Sohn als Alleinerben einsetzen, dann würde Heiner, wenn Claudius stirbt und keine Abkömmlinge hinterlässt, gesetzlicher Erbe des Sohnes sein und damit auch das Vermögen von Tina erben. Wenn Claudius im Erbfall noch minderjährig wäre, stünde die elterliche Sorge über ihn und damit auch die Verwaltung des Nachlasses dem länger lebenden geschiedenen Ehepartner allein zu.

Durch die Anordnung der sogenannten Vor- und Nacherbfolge kann die indirekte Teilhabe des früheren Ehepartners beziehungsweise dessen Verwandten am Nachlass verhindert werden. Hierzu werden die Kinder aus der geschiedenen Ehe als befreite Vorerben berufen. Ferner ist zu bestimmen, welche Personen nach dem Vorerben Nacherbe werden sollen. In Betracht kommen in erster Linie die Abkömmlinge des Vorerben, in zweiter Linie die gesetzlichen Erben des Vorerben zum Zeitpunkt des Nacherbfalls mit Ausnahme des geschiedenen Elternteils beziehungsweise dessen Verwandten. Den Zeitpunkt des Nacherbfalls kann der Erblasser frei bestimmen. Falls er keine Bestimmung getroffen hat, tritt der Nacherbfall mit dem Tod des Vorerben ein. Sinnvoll kann es sein, die Vor- und Nacherbschaft zeitlich zu beschränken. Mit der Befristung der Nacherbschaft wird erreicht, dass die Kinder zu einem späteren Zeitpunkt doch Vollerben werden und über das ererbte Vermögen durch Verfügung von Todes wegen frei verfügen können.

Muster: Geschiedenentestament mit Vor- und Nacherbfolge

> Ich setze mein Kind _____ *[Vor- und Familiennamen des Kindes einsetzen]* zum alleinigen Erben ein. Ersatzerben sind dessen Abkömmlinge.
>
> Soweit mein Kind oder dessen Abkömmlinge Erben werden, sind sie nur Vorerben, jedoch von den gesetzlichen Beschränkungen, soweit zulässig, befreit. Nacherben auf ihren Tod sind ihre testamentarisch bestimmten Erben, ersatzweise ihre gesetzlichen Erben. Als Nacherben ausgenommen sind mein geschiedener Ehegatte, dessen Abkömmlinge aus anderen Verbindungen und seine Verwandten aufsteigender Linie.
>
> Verstirbt mein geschiedener Ehepartner vor Eintritt des Nacherbfalls, ohne dass er Abkömmlinge und Verwandte aufsteigender Linie hinterlässt, entfällt die Nacherbfolge *[alternativ: Mit der Vollendung des 25. Lebensjahrs des Kindes entfällt die Nacherbfolge]*.

Eine erbrechtliche Gestaltung, die vermeiden soll, dass Ihr geschiedener Ehepartner indirekt über gemeinsame Kinder an Ihrem Nachlass partizipiert, ist recht kompliziert. Sie sollten deshalb fachkundigen Rat einholen und die Angelegenheit auch mit Ihren Kindern besprechen.

Entziehung der Vermögenssorge

Verwaltungsbefugnisse des geschiedenen Ehepartners können verhindert werden, wenn entweder eine Testamentsvollstreckung angeordnet oder dieser von der Verwaltung des Nachlasses ausgeschlossen wird (vgl. dazu 12.3.1).

13 Unterstützungs- und Beratungsangebote

Die erste Zeit als Alleinerziehende ist eine herausfordernde Zeit, weil du dich plötzlich mit sehr vielen Themen auseinandersetzen musst, die teils völliges Neuland für dich sind. Zum Glück gibt es vielfältige Beratungsangebote und Möglichkeiten zum Austausch, die dich in deiner Lebenssituation unterstützen.

Herr Bretzinger, an wen können sich Alleinerziehende wenden, wenn sie Hilfe und Unterstützung brauchen oder sich austauschen möchten?

Als alleinerziehender Elternteil sind Sie mit vielfältigen Fragen und Problemen konfrontiert. In diesem Zusammenhang stehen Ihnen eine Reihe von Beratungsangeboten zur Verfügung. Sie reichen von der Beratungshilfe in Rechtsangelegenheiten und der Prozesskostenhilfe über Beratungsangebote nach dem Kinder- und Jugendhilfegesetz bis zur Beratung in besonderen Lebenssituationen. Hilfe erhalten Sie von verschiedenen Beratungsstellen, insbesondere dem zuständigen Jugendamt, Gerichten, Ämtern und Behörden, der Arbeitsagentur und dem Jobcenter und nicht zuletzt von sogenannten freien Trägern wie Wohlfahrtsverbänden, Kirchen und einer Vielzahl von (gemeinnützigen) Vereinen.

Neben den offiziellen Anlaufstellen gibt es auch viele Menschen, die selbst alleinerziehend sind oder waren und ihre Erfahrungen, Hilfe und Lösungen zum Beispiel über Podcasts, eigene Websites und Social Media kostenfrei weitergeben und Austausch-Netzwerke geschaffen haben.

13.1 Beratungshilfe in Rechtsangelegenheiten

Wenn Sie im Vorfeld einer möglichen gerichtlichen Auseinandersetzung wegen Ihrer angespannten finanziellen Situation nicht imstande sind, die Kosten für eine rechtliche Beratung zu tragen, haben

Sie unter Umständen Anspruch auf Beratungshilfe. Den Antrag auf Bewilligung von Beratungshilfe müssen Sie bei der Rechtsantragstelle des zuständigen Amtsgerichts stellen. Sie können auch direkt zu einem Anwalt gehen, dort Ihre persönlichen und wirtschaftlichen Verhältnisse darstellen und um Beratungshilfe bitten. Der Antrag auf Bewilligung von Beratungshilfe kann dann nachträglich schriftlich beim Amtsgericht gestellt werden.

Achtung: Beratungshilfe muss von der Prozesskostenhilfe (vgl. dazu 13.2) unterschieden werden. Während die Beratungshilfe der außergerichtlichen Durchsetzung eines Anspruchs dient, geht es bei der Prozesskostenhilfe um die Finanzierung eines Gerichtsverfahrens.

13.1.1 Inhalt

Beratungshilfe bedeutet, dass Sie sich in einer rechtlichen Angelegenheit fachkundigen Rat einholen können. Sie beinhaltet auch die rechtliche Vertretung in der betreffenden Angelegenheit durch einen Anwalt.

Beratungshilfe wird nahezu in allen Angelegenheiten gewährt, so insbesondere in Angelegenheiten

- des Zivilrechts (z.B. Kauf- oder Mietrecht),
- des Arbeitsrechts (z.B. Kündigung des Arbeitsvertrags),
- des Sozialrechts (z.B. Angelegenheiten der gesetzlichen Kranken-, Pflege- und Rentenversicherung) und
- des Steuerrechts.

13.1.2 Voraussetzungen

Anspruch auf Beratungshilfe haben Sie, wenn

- Sie die erforderlichen Mittel für eine Rechtsberatung nicht aufbringen können; dies sind in der Regel Personen, die laufende

Leistungen zum Lebensunterhalt (Sozialhilfe) beziehen. Aber auch bei anderen Personen mit geringem Einkommen können die Voraussetzungen dafür vorliegen (nähere Auskünfte erteilen gegebenenfalls die Amtsgerichte und die Beratungspersonen),

- Sie keine andere Möglichkeit haben, Hilfe in Anspruch zu nehmen (z.B. Rechtsschutzversicherung oder Zugehörigkeit zum Mieterbund) und
- die Inanspruchnahme der Beratungshilfe nicht mutwillig ist (z.B. wenn nach der Beratung durch einen Anwalt von einem anderen Anwalt eine »zweite Meinung« eingeholt wird).

! Wenn dem Antrag entsprochen wird, erhalten Sie einen Berechtigungsschein für die Beratung. Mit diesem können Sie dann einen Anwalt Ihrer Wahl aufsuchen. Dieser kann dann von Ihnen eine Gebühr von 15 € zuzüglich Mehrwertsteuer verlangen. Den Rest der entstehenden Kosten trägt die Staatskasse.

13.2 Prozesskostenhilfe

Prozesskostenhilfe bedeutet, dass die Kosten einer Prozessführung ganz oder teilweise vom Staat getragen werden. Hintergrund ist, dass alle Bürger einen Zugang zum Recht haben sollen – unabhängig von Vermögen und Einkommen. Prozesskostenhilfe wird grundsätzlich nur auf Antrag gewährt. Dieser muss bei dem Gericht gestellt werden, das für den Prozess zuständig ist.

Wer sich in einem Rechtsstreit befindet, aber nicht sofort Klage erheben möchte, oder befürchtet, verklagt zu werden, kann bereits in diesem Stadium die sogenannte Beratungshilfe in Anspruch nehmen (vgl. dazu 13.1). Für Bedürftige gibt es also auch bereits bei vorgerichtlichen Streitigkeiten die Möglichkeit, anwaltliche Hilfe zu bekommen.

13.2.1 Voraussetzungen

Anspruch auf Prozesskostenhilfe haben Sie, wenn

- Sie die erforderlichen Mittel aufgrund Ihrer persönlichen Verhältnisse nicht, nur zum Teil oder nur in Raten aufbringen können,
- die beabsichtigte Rechtsverfolgung oder -verteidigung hinreichende Aussicht auf Erfolg hat und
- die Wahrnehmung der Rechte nicht mutwillig ist.

Ob eine wirtschaftliche Bedürftigkeit für Prozesskostenhilfe besteht, richtet sich nach der Höhe Ihres Nettoeinkommens. Vom Einkommen abzuziehen sind insbesondere Steuern, Vorsorgeaufwendungen, Werbungskosten, angemessene Wohn- und Heizkosten, ferner sind Freibeträge (z.B. für unterhaltsberechtigte Personen) zu berücksichtigen.

Prozesskostenhilfe wird nur bewilligt, wenn der Ausgang des gerichtlichen Verfahrens zumindest offen ist. Dies wird vom Richter vorab geprüft.

Herr Bretzinger, wie viel eigenes Vermögen darf man haben, um die Prozesskostenhilfe bewilligt zu bekommen?

Bevor Prozesskostenhilfe gewährt wird, muss die prozessführende Partei zunächst ihr Vermögen einsetzen, soweit dies zumutbar ist. Barbeträge bis 5.000 € bleiben jedoch unangetastet. Auch Altersvorsorgevermögen, angemessener Hausrat und ein angemessenes Hausgrundstück müssen nicht eingesetzt werden.

13.2.2 Umfang

Wenn Prozesskostenhilfe gewährt wird, werden die Gerichtskosten und die Anwaltskosten zunächst von der Staatskasse übernommen. Die Prozesskostenhilfe muss aber je nach den wirtschaftlichen Verhältnissen des Betroffenen wieder zurückerstattet werden. Für die Höhe der Raten ist Ihr einzusetzendes (nach den Abzügen verbleibendes) Einkommen maßgebend. Völlig befreit von den Gerichtskosten und den Kosten des eigenen Anwalts ist nur, wer kein Vermögen hat und dessen einzusetzendes Einkommen weniger als 20 € beträgt.

Achtung: Die Prozesskostenhilfe tritt nur für die Gerichtskosten und die eigenen Anwaltsgebühren ein. Wer den Prozess verliert, muss in jedem Fall – auch wenn ihm Prozesskostenhilfe gewährt wurde – die Kosten der gegnerischen Partei tragen.

Herr Bretzinger, ab wann verjährt die Rückzahlung der Prozesskostenhilfe?

Grundsätzlich können die Raten nur innerhalb eines Zeitraums von 48 Monaten, also vier Jahren, nach restkräftigem Verfahrensabschluss gezahlt werden. Wurden die Verfahrenskosten bis zum Ablauf dieser Frist nicht vollständig zurückgezahlt, wird der betreffenden Person nach Überprüfung der Einkommens- und Vermögensverhältnisse die Restschuld erlassen.

13.3 Hilfen nach dem Kinder- und Jugendhilfegesetz

Nach dem Kinder- und Jugendhilfegesetz besteht Anspruch auf eine sogenannte Beistandschaft durch das Jugendamt, ferner stehen in bestimmten Lebenssituationen Beratungsstellen zur Verfügung.

13.3.1 Beistandschaft

Die Beistandschaft ist eine spezielle Form der gesetzlichen Vertretung von Kindern und Jugendlichen. Sie kann für die Anerkennung der Vaterschaft und für die Geltendmachung von Unterhaltsansprüchen beantragt werden. Sie wird von den Jugendämtern angeboten und ist freiwillig und kostenlos. Die Beistandschaft kann jeder Elternteil beantragen, dem die elterliche Sorge für das Kind allein zusteht oder in dessen Obhut sich das Kind befindet, das heißt, bei dem das Kind lebt bzw. der das Kind überwiegend betreut. Dieser Elternteil, bei dem das Kind lebt bzw. der das Kind überwiegend betreut, kann auch dann eine Beistandschaft beantragen, wenn die Eltern nach Trennung und Scheidung die gemeinsame Sorge fortführen.

Näheres zur Beistandschaft und 2.3.1 und 2.6.6.

13.3.2 Beratung und Unterstützung bei der Ausübung der Personensorge und bei der Geltendmachung von Unterhaltsansprüchen

Sie haben Anspruch auf Beratung und Unterstützung bei der Ausübung der Personensorge, wenn Sie allein für Ihr Kind zu sorgen haben. Die Personensorge umfasst alle persönlichen Angelegenheiten des Kindes. Sie erstreckt sich auf verschiedene Angelegenheiten, insbesondere auf die Bestimmung des Umgangs des Kindes, die Pflege, die Beaufsichtigung und die Bestimmung des Aufenthalts des Kindes, insbesondere auf dessen Erziehung und die Gesundheitssorge (Näheres zur Personensorge unter 2.3.1).

Sie haben auch Anspruch auf Unterstützung bei der Geltendmachung von Unterhaltsansprüchen der von Ihnen betreuten Kinder, ferner bei der außergerichtlichen Umsetzung Ihrer eigenen Unterhaltsansprüche (§ 18 SGB VIII).

Entscheidend für Ihren Anspruch ist, dass Ihnen die alleinige Sorge für das Kind zusteht oder dass Sie praktisch allein die Personensorge ausüben, obwohl beiden Elternteilen das Sorgerecht zusteht. Ihr Beratungs- und Unterstützungsanspruch besteht gegenüber dem Jugendamt. Dabei handelt es sich um einen verbindlichen Rechtsanspruch, den Sie gegebenenfalls auch gerichtlich durchsetzen können.

13.3.3 Beratung und Unterstützung bei der Ausübung des Umgangsrechts

Kinder oder Jugendliche haben Anspruch auf Beratung und Unterstützung bei der Ausübung des Umgangsrechts. Sie sollen darin unterstützt werden, dass die Personen, die kraft Gesetzes zum Umgang mit ihnen berechtigt sind, von diesem Recht zu ihrem Wohl Gebrauch machen (§ 18 SGB VIII).

Das Jugendamt hat durch Vermittlung und Schlichtung darauf hinzuwirken, dass das Umgangsrecht sichergestellt und die emotionale Bindung des Kindes mit dem nichtbetreuenden Elternteil aufrechterhalten und vertieft wird. Das Umgangsrecht des Elternteils beinhaltet das Recht zum persönlichen Kontakt und alle Formen der Kommunikation mit dem Kind. Es erstreckt sich also auf Besuche und Treffen, ferner auf briefliche, telefonische und elektronische Kontakte wie SMS oder E-Mail. Umgang mit dem Kind bedeutet auch, dass der nicht betreuende Elternteil dem Kind Geschenke machen und sich über die persönlichen Verhältnisse des Kindes informieren darf (Näheres dazu zum Umgangsrecht unter 2.4).

Achtung: Die Beratungs- und Unterstützungsangebote im Zusammenhang mit Umgangskontakten richten sich in erster Linie an Kinder und Jugendliche. Diese können die Leistungen unabhängig von ihrem Alter und ihrer Einsichtsfähigkeit in Anspruch nehmen, ohne dass der betreuende Elternteil mitwirken muss und insbesondere hiervon zunächst Kenntnis erlangt.

Neben dem Kind bzw. dem Jugendlichen haben auch der betreuende und der umgangsberechtigte Elternteil Anspruch auf Beratung und Unterstützung zur Umsetzung von Umgangskontakten. In diesem Zusammenhang hat das Jugendamt darauf hinzuwirken, dass unter Beachtung des Wohls des Kindes eine Grundlage geschaffen wird, die es ermöglicht, den Beteiligten (Kind, betreuender und umgangsberechtigter Elternteil) den Umgang mit dem Kind ohne weitere Unterstützung zu ermöglichen und insbesondere auch eine gerichtliche Auseinandersetzung zu vermeiden.

13.3.4 Erziehungsberatung

Erziehungsberatungsstellen und andere Beratungsdienste und -einrichtungen sollen Kinder, Jugendliche, Eltern und andere Erziehungsberechtigte bei der Klärung und Bewältigung individueller und familienbezogener Probleme und der zugrunde liegenden Faktoren, bei der Lösung von Erziehungsfragen sowie bei Trennung und Scheidung unterstützen (§ 28 SGB VIII). Im Mittelpunkt stehen dabei schulische und berufliche Probleme, ferner Verhaltensauffälligkeiten von Kindern und Jugendlichen, Belastungen sowohl der Kinder als auch der Eltern durch die familiäre Situation oder Erziehungsdefizite der Eltern. Das Beratungs- und Therapieangebot ist kostenfrei.

Die jeweiligen Leistungen werden sowohl von Erziehungsberatungsstellen als auch von anderen Beratungsdiensten angeboten. Entscheidend ist allerdings, dass diese in der Lage sind, Fachkräfte verschiedener Fachrichtungen bereitzustellen, die mit unterschiedlichen methodischen Ansätzen vertraut sind.

Neben dem Jugendamt bieten auch freie Träger die Beratung von Kindern, Jugendlichen und Eltern in Erziehungsfragen an. Bei schulischen Problemen hilft der schulpsychologische Dienst, der über die Schulleitung einbezogen werden kann.

13.3.5 Beratung in Fragen der Partnerschaft, Trennung und Scheidung

Mütter und Väter haben im Rahmen der Jugendhilfe Anspruch auf kostenfreie Beratung in Fragen der Partnerschaft, Trennung und Scheidung (§ 17 SGB VIII). Dabei besteht ein Wahlrecht, ob die kostenfreie Beratung bei einem öffentlichen oder freien Träger in Anspruch genommen wird. Zweck der Beratung ist es, zum Schutz des Kindes innerhalb der Familie ein partnerschaftliches Zusammenleben aufzubauen, Konflikte und Krisen zu bewältigen und im Fall der Trennung oder Scheidung gemeinsam elterliche Verantwortung zu übernehmen

Die Unterstützung richtet sich auch darauf, eine einvernehmliche Regelung zur Ausgestaltung der elterlichen Sorge zu finden. Die Eltern werden über die in Betracht kommenden Möglichkeiten der Ausgestaltung der elterlichen Sorge informiert und darüber hinaus auch zu den damit zusammenhängenden Fragen, etwa des Unterhalts und der Umgangsregelungen informiert.

13.3.6 Elterntelefon

Wenn Eltern sich um ihr Kind sorgen, sich überfordert oder manchmal sogar hilflos fühlen, bietet das Elterntelefon unter der Telefonnummer **0800/1110550** Unterstützung an. Speziell ausgebildete Beraterinnen und Berater verstehen die Herausforderungen, denen Eltern gegenüberstehen und suchen gemeinsam und anonym nach Lösungen.

13.3.7 Kinder- und Jugendtelefon

Das Kinder- und Jugendtelefon bietet unter der Telefonnummer **116 111** montags bis samstags von 14:00 Uhr bis 20:00 Uhr anonym und kostenlos telefonische Beratung für Kinder und Jugendliche an. Es sind deutschlandweit an unterschiedlichen Standorten ehrenamtlich tätige, qualifizierte Berater erreichbar.

13.4 Schwangerschaftsberatung

Bei der Schwangerschaftsberatung erhalten Sie Informationen rund um die Familienplanung, Schwangerschaft und Geburt. Die Beratung erfolgt in der Regel kostenlos und auf Wunsch anonym. Auch wenn Sie sich in einer Notsituation befinden, erhalten Sie Hilfe und Unterstützung von den Beratungsstellen. Bei den Schwangerschaftsberatungsstellen erhalten Sie unter anderem Auskunft und Unterstützung bei arbeitsrechtlichen Fragen, sozialen und finanziellen Fragen und Problemen, beim Kontakt mit Ämtern und Behörden. Konkret werden Sie unter anderem

- über soziale und wirtschaftliche Hilfen für Schwangere sowie zu familienfördernden Leistungen wie Mutterschaftsleistungen, Elternzeit, Elterngeld und ElterngeldPlus, Kindergeld und Kinderzuschlag informiert,
- zum Mutterschutz und den weiteren besonderen Rechten für Schwangere im Arbeitsleben beraten,
- bei der Suche nach einer Wohnung sowie einer Möglichkeit der Kindertagesbetreuung unterstützt,
- über Fragen der Schwangerschaft und Geburt sowie zu vorgeburtlichen Untersuchungen und ihren erweiterten Möglichkeiten und Risiken informiert und
- in einer besonderen Notlage beraten.

Bei den staatlich anerkannten Beratungsstellen können Sie eine Schwangerschaftskonfliktberatung in Anspruch nehmen, die als Voraussetzung für einen straffreien Schwangerschaftsabbruch gesetzlich vorgeschrieben ist.

Unter www.familienplanung.de finden Sie eine Datenbank mit staatlich anerkannten Beratungsstellen. Das bundesweite Hilfetelefon »Schwangere in Not – anonym und sicher« bietet unter der Telefon-Nr. 0800/4040020 kostenfrei 24 Stunden täglich vertrauliche und mehrsprachige Beratung für Schwangere, die nicht mehr weiterwissen. Beratung und Unterstützung erhalten Sie auch von der Bundesstiftung Mutter und Kind (vgl. dazu 4.2).

13.5 Schuldnerberatung

In den wenigsten Fällen ist eine Überschuldung mutwillig eingetreten. Regelmäßig sind unglückliche Lebensumstände (z.B. Arbeitslosigkeit, Trennung und Scheidung vom Partner, gesundheitliche Schicksalsschläge, Tod eines Angehörigen) der Grund dafür, dass den Forderungen der Gläubiger nicht mehr nachgekommen werden kann und das Einkommen trotz Reduzierung des Lebensstandards nicht mehr ausreicht, die fälligen Rechnungen, Raten und Verbindlichkeiten zu bezahlen.

Drohen Ihnen die Schulden über den Kopf zu wachsen oder haben Sie bereits den Überblick verloren, sollten Sie schnellstmöglichst Hilfe bei einer Schuldnerberatung einholen. In einem ersten Beratungsgespräch klären diese mit Ihnen die dringlichsten »Baustellen«. Die Schuldnerberatung hilft Ihnen bei der Sicherung Ihrer Existenz (z.B. bei akuter Pfändung, Energie- und Mietschulden) und zeigt Ihnen einen Weg, den Überblick zurück zu gewinnen und zumindest besser mit Ihren Schulden leben zu können. Außerdem wird Ihnen aufgezeigt, welche weiteren Schritte in Ihrer Situation erforderlich sind.

In allen größeren Städten und Gemeinden gibt es Schuldnerberatungsstellen. Träger sind größtenteils der Deutsche Caritasverband, das Diakonische Werk der Evangelischen Kirche in Deutschland, das Deutsche Rote Kreuz, der Deutsche Paritätische Wohlfahrtsverband, die Arbeiterwohlfahrt oder Verbraucherzentralen sowie die Sozialämter in Gemeinden, Städten und Landkreisen. Arbeitsuchende und Bezieher von Sozialhilfe können sich von der Agentur für Arbeit, dem Jobcenter oder vom Sozialamt beraten lassen. Daneben gibt es Schuldnerberatungsstellen, die auf Grundlage der Insolvenzordnung als Insolvenzberatungsstellen anerkannt sind, um Überschuldeten die Restschuldbefreiung nach dem Verbraucherinsolvenzverfahren zu ermöglichen.

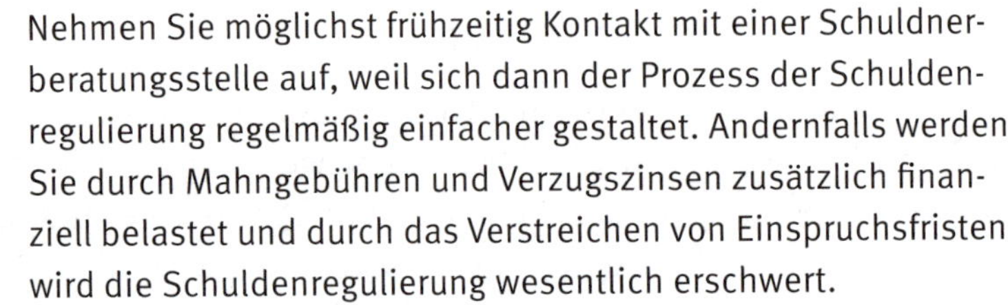

Nehmen Sie möglichst frühzeitig Kontakt mit einer Schuldnerberatungsstelle auf, weil sich dann der Prozess der Schuldenregulierung regelmäßig einfacher gestaltet. Andernfalls werden Sie durch Mahngebühren und Verzugszinsen zusätzlich finanziell belastet und durch das Verstreichen von Einspruchsfristen wird die Schuldenregulierung wesentlich erschwert.

13.6 Sucht- und Drogenberatung

Sucht und Drogen sind heutzutage kein Randproblem in unserer Gesellschaft, sondern betreffen viele Menschen. Häufig verbunden sind damit auch dramatische persönliche Schicksale. Sucht- und Drogenprobleme betreffen auch die Familienangehörigen, Freunde und Kollegen. Besonderer Präventions- und Beratungsbedarf besteht bei Kindern aus einer sucht- und drogenbelasteten Familie, daneben regelmäßig auch bei Angehörigen und Partnern des Abhängigen.

Über Sucht- und Drogenberatungsberatungsangebote können Sie sich bei Ihrem Arzt oder bei den Jugend- und Sozialämtern informieren. Eine Suchtberatungsstelle in Ihrer Nähe finden Sie auf der Homepage der Deutschen Hauptstelle für Suchtfragen e.V. unter www.suchthilfeverzeichnis.de.

13.7 Hilfsangebote für Frauen zum Schutz vor Gewalt

Übergriffe gegen Frauen gehören leider immer noch zum Alltag. Die Palette reicht von Stalking, Bedrohung, sexuellen Übergriffen, Körperverletzung, Vergewaltigung bis hin zu Freiheitsberaubung und Totschlag. Gewalt in der Gesellschaft geht alle an. Deshalb müssen Beratungs- und Unterstützungsangebote rechtzeitig genutzt und die Übergriffe auch strafrechtlich geahndet werden.

Das Hilfetelefon »Gewalt gegen Frauen« ist ein bundesweites Beratungsangebot für Frauen, die Gewalt erlebt haben oder noch erleben. Unter der Telefonnummer **08000/116 016** und via

Online-Beratung werden Betroffene rund um die Uhr anonym und kostenfrei beraten. In jedem Bundesland gibt es Angebote zur Unterstützung gewaltbetroffener Frauen und deren Umfeld durch Frauenberatungsstellen und Frauennotrufe. Beim Bundesverband der Frauenberatungsstellen und Frauennotrufe in Deutschland können Sie unter www.frauen-gegen-gewalt.de/de/hilfe-vor-ort.html nach Angeboten in Ihrer Umgebung suchen. Gewaltbetroffenen Frauen und ihren Kindern stehen Frauenhäuser sowie Schutz- oder Zufluchtswohnungen zur Verfügung. Bei der Frauenhauskoordinierung können Sie unter www.frauenhauskoordinierung.de/hilfe-bei-gewalt/frauenhaus-und-fachberatungsstellensuche nach einer Einrichtung in Ihrer Umgebung suchen.

Gewalt gegen Frauen, sei es in Form einer Körperverletzung, Nötigung, Vergewaltigung oder Freiheitsentziehung, ist strafbar. In akuten Gefahrensituationen bietet vor allem die Polizei Hilfe. Sie ist verpflichtet, nach einem Notruf sofort zu kommen und eine Anzeige aufzunehmen. Im Rahmen des Strafverfahrens wird diese Anzeige an die Staatsanwaltschaft weitergeleitet, die sodann über eine Anklageerhebung entscheidet.

In nahezu allen Bundesländern kann die Polizei eine Person zur Abwehr einer von ihr ausgehenden gegenwärtigen Gefahr für Leib, Leben oder Freiheit einer anderen Person aus einer Wohnung, in der die gefährdete Person wohnt, sowie aus deren unmittelbaren Umgebung verweisen und ihr die Rückkehr in diesen Bereich untersagen.

Bei Körperverletzung oder massiver Bedrohung kann nach dem Gewaltschutzgesetz durch das Gericht ein Betretungsverbot der Wohnung ausgesprochen werden. Auch bei anderen Belästigungen (z.B. Telefonterror und anderen Nachstellungen (Stalking)) kann das Familiengericht untersagen, sich in einem bestimmten Umkreis der Wohnung der beeinträchtigten Person aufzuhalten oder Verbindung mit dieser Person (auch per Telefon) aufzunehmen.

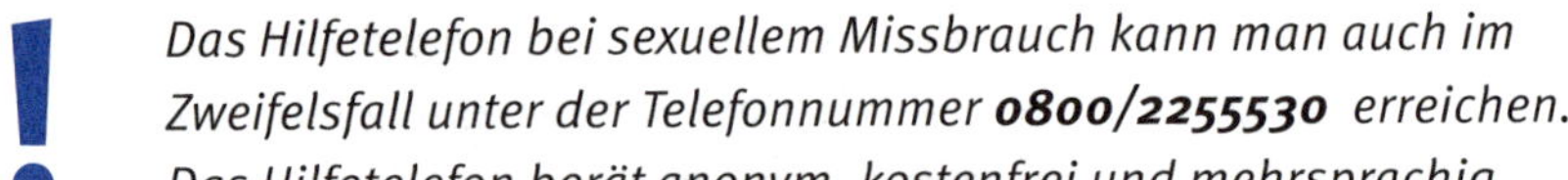

*Das Hilfetelefon bei sexuellem Missbrauch kann man auch im Zweifelsfall unter der Telefonnummer **0800/2255530** erreichen. Das Hilfetelefon berät anonym, kostenfrei und mehrsprachig.*

13.8 VAMV – Verband alleinerziehender Mütter und Väter

Der Verband alleinerziehender Mütter und Väter e.V. (VAMV) engagiert sich auf Bundes-, Landes- und Ortsebene für die Interessen Alleinerziehender in Deutschland, sowohl mit persönlichen Beratungsangeboten als auch politisch durch die Mitarbeit in Organisationen und Bündnissen. Der VAMV setzt sich für die Anerkennung von Ein-Eltern-Familien als gleichberechtigte Familienform ein, für die gesellschaftliche und politische Teilhabe, gleiche Chancen für die Kinder Alleinerziehender und somit für die Verbesserung der Lebenssituation.

Der VAMV ist in zwölf Bundesländern mit jeweils eigenen Landesverbänden vertreten. In den regionalen Ortsverbänden und Kontaktstellen gibt es ein vielfältiges Angebot für Erfahrungsaustausch, gegenseitige Hilfe und Unterstützung und reicht von Gesprächsgruppen und offenen Treffs bis hin zu Informations- und Beratungsangeboten.

Welches Angebot der VAMV im Einzelnen bereitstellt und was es in Ihrer Region gibt, erfahren Sie auf der Seite des Landesverbandes Ihres Bundeslandes. Eine Übersicht über alle aktiven Landesverbände mit Kontaktdaten gibt es hier: https://vamv.de/de/vamv/struktur/

13.9 Stiftung Alltagsheld:innen

Diese gemeinnützige Stiftung für die Rechte von Alleinerziehenden setzt Impulse für relevante Themen, fördert innovative Projekte, stärkt Netzwerke und initiiert wissenschaftliche Untersuchungen zu den verschiedenen Bedarfen von Ein-Eltern-Familien. Gemeinsam mit Partnerinnen und Partnern aus Politik, Wirtschaft, Wissenschaft und Zivilgesellschaft sollen gesellschaftliche Verbesserungen für Ein-Eltern-Familien durch Bildungs- und Öffentlichkeitsarbeit und den Dialog mit Entscheider*innen erreicht werden.

Rechtshilfehotline für Alleinerziehende

Die erste bundesweit, kostenfreie Rechtshotline Familienrecht für Alleinerziehende ist ein Angebot der Stiftung Alltagsheld:innen. Hier kann ein kostenfreier 30-minütiger Beratungstermin bei einem Anwalt bzw. einer Anwältin unter www.hotline-familienrecht.de gebucht werden. Die Hotline **0800/5060600** ist nur mit Termin nutzbar! Die Beratung wird in Deutsch und Türkisch angeboten.

13.10 Weitere Austausch- und Unterstützungsmöglichkeiten

Eine offizielle Beratung und Anlaufstelle ist das eine, das andere der Erfahrungsaustausch mit Menschen, die in einer ähnlichen Lebenssituation sind oder waren. Hier fühlt man sich oft besser in seiner Lebenswirklichkeit verstanden und findet in Netzwerken Gleichgesinnte für ein offenes Gespräch. Das Internet macht die Kommunikation auch abends von der Couch aus möglich, wenn offizielle Stellen geschlossen haben und hilft sehr, wenn man selbst keine Alleinerziehenden im eigenen Umfeld hat oder sich noch nicht traut, mit dem Thema in die Öffentlichkeit zu gehen.

»Gut alleinerziehend«

Der Blog »Gut alleinerziehend« ist das Mutterschiff von Bloggerin Silke Wildner. Hier bekommt man in vielen Beiträgen auch von getrennt- oder alleinerziehenden Gast-Autor*innen Einblicke in das Leben nach der Trennung und welche Herausforderungen es zu meistern gilt. Aber auch aktuelle und rechtliche Themen sowie die wichtige finanzielle Absicherung bis hin zur eigenen Altersvorsorge finden hier ihren Platz. Darüber hinaus geht es, wie der Name des Blogs verrät, um die positive Lebensausrichtung und Neugestaltung. Der Blog ist unter gut-alleinerziehend.de zu finden.

Austausch über die Facebook-Gruppen

Für den direkten Austausch mit über 17.000 getrennt- und alleinerziehenden Eltern stehen zwei geschlossene Facebook-Gruppen von »Gut alleinerziehend« zur Verfügung – eine Gruppe nur für Frauen und eine Mixed-Gruppe für getrennte und alleinerziehende Mütter und Väter und Patchworkfamilien. Geschlossen bedeutet, dass diese Gruppen nicht öffentlich einsehbar sind. Es ist also eine kostenlose Anmeldung hierfür notwendig.

https://gut-alleinerziehend.de/facebook-gruppen/

SOLOMÜTTER

SOLOMÜTTER ist ein Webportal von Sara Buschmann auf dem man die aktuellen Zahlen, Daten und Fakten zu wichtigen Themen rund um das Alleinerziehend sein findet. Im digitalen Magazin stehen gute Artikel zum Lesen und Stöbern bereit. Auch die Vernetzung wird hier groß geschrieben. Daher ist diese Seite eine gute Anlaufstelle für Single Moms, die sich darüber hinaus auch über WhatsApp-Gruppen direkt miteinander vernetzen können.

https://solomuetter.de/

Verwitwet alleinerziehend

Dass man mit dem Tod des Ehepartners alleinerziehend werden kann, ist tatsächlich wenigen bewusst und kommt leider oft unerwartet und ungeplant. Inga Krauss ist mit nur 40 Jahren nach der Krebserkrankung ihres Mannes zur alleinerziehenden Witwe geworden. Sich mit dieser Thematik vor allem finanziell auszukennen, war für sie ein großes Lernfeld, da eben viel zu wenig über Tod, finanzielle Absicherung, Erbe und Hinterbliebenenrente gesprochen wird.

Aus diesem Grund findet man auf ihrer Webseite gesammeltes Wissen und sie bietet Austausch über die Facebook-Gruppe »Gerechte HinterbliebenenRente« mit über 2.000 Mitgliedern an.

https://verwitwet-alleinerziehend.de/

MIA – Mütterinitiative für Alleinerziehende e.V.

Die MIAs sind eine bundesweite Initiative für alleinerziehende und getrennte Mütter, die sich politisch engagiert und auf viele Missstände zum Schutz von Frauen und Kindern aufmerksam macht. Es geht darum, der Politik wichtige Impulse zu geben, um die teils erschreckend prekäre Lage von alleinerziehenden Müttern und ihren Kindern zu verbessern. Es besteht die Möglichkeit kostenlos Fördermitglied zu werden und die Ziele des Vereins selbst inhaltlich und ideell zu unterstützen.

https://die-mias.de/

Podcasts

Podcasts sind eine gute Möglichkeit, sich nebenbei über Aktuelles zu informieren oder einfach ein paar anregenden Gedanken und Gesprächen von anderen Alleinerziehenden zuzuhören.

Das AE-Team

Der positive Podcast für Alleinerziehende und solche, die es werden (wollen) von Sina Wollgramm und Silke Wildner, lässt tief in die Lebenswirklichkeit zweier alleinerziehender Mütter blicken, die beide ungeplant in die Situation gerutscht sind, als Single Moms ihren Alltag rocken zu müssen. Hier geht es neben den Schwierigkeiten und besonderen Herausforderungen auch um Rechte und Pflichten, aber vor allem um viel positiven Input und emotionale Unterstützung von Alleinerziehenden für Alleinerziehende. Den Podcast gibt es kostenlos bei den bekannten Podcast-Anbietern oder direkt bei der Podcastfabrik: podcastfabrik.de/podcasttipps/ae-team/

tiny family collective

Die Österreicherin Magdalena, selbst alleinerziehende Mama eines Kindes, hat diesen Podcast ins Leben gerufen. In zahlreichen Interviews kommen Expertinnen und Experten, Institutionen und andere hauptverantwortliche Eltern zu Wort, um ein umfangreiches Bild über aktuelle Themen und individuelle Lebensrealitäten zu zeichnen. Motivation, Ermutigung und hilfreiche Tools und Blickwinkel kommen hier nicht zu kurz. Den Podcast gibt es kostenlos auf allen gängigen Podcast-Plattformen.

Glossar

A

Alleinerziehend ist eine Mutter oder ein Vater, die/der ledig, getrennt lebend, geschieden oder verwitwet ist und die/der mit ihrem Kind oder ihren Kindern in einer Haushaltsgemeinschaft ohne einen anderen Erwachsenen zusammenlebt (vgl. 1).

Arbeitslosengeld erhält, wer arbeitslos ist, sich bei der Agentur für Arbeit arbeitslos gemeldet und die erforderliche Anwartschaftszeit erfüllt hat. Es wird höchstens für die Dauer von 24 Monaten gezahlt (vgl. 8.4).

B

BAföG ist die staatliche Unterstützung junger Menschen, die während ihrer Ausbildung wenig Geld haben. Azubis und Schüler bekommen das BAföG geschenkt. Bei Studierenden besteht die Hälfte des BAföG aus der geschenkten Forderung und die andere aus einem langfristigen Darlehen (vgl. 8.5).

Basiselterngeld ist die Grundform des Elterngelds. Es kann bis zu zwölf Lebensmonate des Kindes bezogen werden (vgl. 6.4.2).

Bedürftigkeit des Unterhaltsberechtigten ist Voraussetzung für dessen Unterhaltsanspruch. Sie besteht dann, wenn dieser nicht in der Lage ist, sich aus seinen eigenen Einkünften (z.B. Arbeitseinkommen, Vermögenseinkünfte) und seinem Vermögen selbst zu unterhalten. Minderjährige Kinder sind grundsätzlich unterhaltsbedürftig (vgl. 2.6.1).

Beistandschaft für minderjährige Kinder ist eine besondere Form der gesetzlichen Vertretung eines Kindes. Sie ist ein freiwilliges Hilfsangebot des Jugendamts für den allein sorgeberechtigten Elternteil und umfasst insbesondere die Feststellung der Vaterschaft und die Geltendmachung von Unterhaltsansprüchen (vgl. 13.3.1).

Beratungshilfe bei einem Rechtsanwalt erhält grundsätzlich, wer nach seinen persönlichen und wirtschaftlichen Verhältnissen nicht in der Lage ist, die Kosten für eine Beratung selbst aufzubringen, keine andere Möglichkeit der Rechtsinformation besteht und das Beratungshilfeersuchen nicht willkürlich ist (vgl. 13.1).

Betriebsrente ist die staatlich geförderte Altersvorsorge, bei dem für den Teil des Gehalts keine Steuern und Sozialversicherungsbeiträge gezahlt werden müssen, der für die Altersvorsorge eingesetzt wird. Ferner besteht für Arbeitnehmer, die einen Teil ihres Bruttolohns in die betriebliche Altersvorsorge einzahlen, Anspruch auf einen Arbeitgeberzuschuss (vgl. 7.3.2).

Bildungs- und Teilhabepaket bezeichnet verschiedene Leistungen für Bildung und Teilhabe, durch das Kinder und Jugendliche aus Familien, die wenig Geld haben, unterstützt werden. Dabei handelt es sich insbesondere um Leistungen in Schule und Freizeit (z.B. Übernahme der Kosten für Schul- und Klassenausflüge und für den persönlichen Schulbedarf) (vgl. 9.3).

Bundesstiftung Mutter und Kind unterstützt schwangere Frauen in besonderen Notlagen. Die Bundesstiftung gewährt finanzielle Hilfen insbesondere für Schwangerschaftsbekleidung, für die Erstausstattung des Kindes, für die Weiterführung des Haushaltes und der Wohnung, für die Einrichtung sowie für die Betreuung des Kindes (vgl. 4.2).

Bürgergeld ist eine staatliche Sozialleistung, die Personen zwischen dem 15. Lebensjahr und dem Beginn der Regelaltersrente erhalten, wenn sie erwerbsfähig und hilfebedürftig sind, wenn sie also ihren Lebensunterhalt nicht oder nicht ausreichend aus ihrem Einkommen oder Vermögen sichern können (vgl. 9.1.1).

D

Düsseldorfer Tabelle ist eine bundesweit anerkannte Richtlinie für die Berechnung des Kindesunterhalts. Die Unterhaltstabelle ist nach dem Einkommen des Unterhaltspflichtigen und dem Alter des Kindes gegliedert (vgl. 2.6.2).

E

Elterngeld ist eine staatliche Leistung für Eltern von Kleinkindern. Es schafft einen Ausgleich, falls die Eltern weniger Geld haben, weil sie nach der Geburt zeitweise weniger oder gar nicht arbeiten. Elterngeld gibt es als Basiselterngeld, ElterngeldPlus und Partnerschaftsbonus (vgl. 6.4.2).

ElterngeldPlus ist eine Variante des Elterngelds, bei der sich die Bezugsdauer verlängert und der monatliche Betrag halbiert. Es ist besonders für Eltern geeignet, die in Teilzeit arbeiten möchten (vgl. 6.4.2).

Elternzeit ist ein Zeitraum unbezahlter Freistellung von der Arbeit nach der Geburt eines Kindes für Mütter und Väter, die ihr Kind selbst betreuen und erziehen. Während der Elternzeit muss der Beschäftigte vom Arbeitgeber pro Kind bis zu drei Jahre von der Arbeit freigestellt werden. Zum Ausgleich kann Elterngeld beantragt werden (vgl. 6.4.1).

Entlastungsbetrag für Alleinerziehende ist eine Art Steuerfreibetrag, der zusätzlich zum Kindergeld einmal pro Jahr gewährt wird. Er beträgt aktuell (2023) 4.260 € pro Jahr und zusätzlich für jedes weitere Kind 240 € (vgl. 11.2.2).

Erziehung des Kindes ist der Kernpunkt der elterlichen Personensorge. Sie umfasst die Sorge für die geistige, seelische und soziale Entwicklung des Kindes. Dazu gehören auch die Wahl und die Förderung der Schul- und Berufsausbildung (vgl. 2.3.1).

Erziehungsberatung ist eine Leistung der Kinder- und Jugendhilfe. Erziehungsberatungsstellen und andere Beratungsdienste und -einrichtungen sollen Kinder, Jugendliche, Eltern und andere Erziehungsberechtigte bei der Klärung und Bewältigung individueller und familienbezogener Probleme, bei der Lösung von Erziehungsfragen sowie bei Trennung und Scheidung unterstützen (vgl. 13.3.4).

Erziehungsrente kommt für Personen in Betracht, die nach einer Scheidung alleinerziehend sind und bei einem Tod des geschiedenen Ehepartners wegen der dann ausbleibenden Unterhaltszahlungen vor einer schwierigen finanziellen Situation stehen. Sie soll die finanzielle Absicherung leisten, solange eine Erwerbstätigkeit wegen der Kindererziehung nicht möglich ist (vgl. 8.2.2).

F

Familienpflegezeit kann für pflegebedürftige nahe Angehörige für maximal 24 Monate in Anspruch genommen werden, wenn die Pflege in häuslicher Umgebung stattfindet und die Arbeitszeit mindestens 15 Stunden pro Woche beträgt. Es besteht allerdings kein Rechtsanspruch gegenüber Arbeitgebern mit 25 oder weniger Beschäftigten (vgl. 5.5.2).

Familienversicherung beinhaltet die beitragsfreie Mitversicherung von Familienangehörigen der in der gesetzlichen Krankenversicherung versicherten Pflichtmitglieder und freiwilligen Mitglieder (vgl. 8.1.1).

G

Gesundheitssorge für das Kind ist ein wichtiger Teil der elterlichen Personensorge. Sie erstreckt sich auf alle Angelegenheiten zur Wahrung und gegebenenfalls Wiederherstellung der Gesundheit des Kindes. Medizinische Maßnahmen, denen das Kind unterzogen werden soll, bedürfen der Einwilligung der Eltern (vgl. 2.3.1).

Grundsicherung ist eine aus Steuergeldern finanzierte Sozialleistung, die den Lebensunterhalt der Bedürftigen sicherstellen soll. Es wird zwischen den Grundsicherungsleistungen der Sozialhilfe und der Grundsicherung für Arbeitsuchende unterschieden. Bei den Grundsicherungsleistungen der Sozialhilfe gibt es die Grundsicherung im Alter, bei Erwerbsunfähigkeit und Hilfe zum Lebensunterhalt. Als Grundsicherung für Arbeitsuchende besteht Anspruch auf Bürgergeld (vgl. 9).

Gütertrennung ist ein familienrechtlicher Güterstand zwischen Eheleuten. Durch die Gütertrennung erfolgt eine vollständige Trennung der Vermögen beider Ehegatten, ohne dass nach der Scheidung der Ehe ein Zugewinnausgleich stattfindet (vgl. 12.1.2).

H

Haushaltshilfe der gesetzlichen Krankenversicherung wird geleistet, soweit wegen Schwangerschaft oder Entbindung die Weiterführung des Haushalts nicht möglich ist und auch keine andere im Haushalt lebende Person den Haushalt weiterführen kann. Ferner besteht Anspruch auf Haushaltshilfe, wenn wegen einer Krankenhausbehandlung oder wegen häuslicher Krankenpflege, einer Müttergenesungskur oder einer Vorsorge- bzw. Rehabilitationskur der Haushalt nicht weitergeführt werden kann (vgl. 4.1.5).

Häusliche Pflege ist eine Leistung der gesetzlichen Krankenversicherung, wenn diese wegen Schwangerschaft oder Entbindung erforderlich ist. Das ist beispielsweise vor der Entbindung der Fall, wenn eine Früh- oder Fehlgeburt droht und eine Bettruhe verordnet wird. Der Anspruch besteht nur, soweit eine in Ihrem Haushalt lebende Person Sie in dem erforderlichen Umfang nicht pflegen und versorgen kann (vgl. 4.1.4).

Hilfe zum Lebensunterhalt ist eine Form der Sozialhilfe, die an Personen geleistet wird, die ihren notwendigen Lebensunterhalt nicht oder nicht ausreichend aus eigenen Kräften und Mitteln, insbesondere aus ihrem Einkommen und Vermögen, bestreiten können (vgl. 9.1.2).

K

Kinder- und Jugendhilfe fördert Kinder und Jugendliche in ihrer Entwicklung und hilft jungen Erwachsenen in besonders schwierigen Situationen. Sie berät und unterstützt Eltern und andere Erziehungsberechtigte bei der Erziehung ihrer Kinder (vgl. 13.3).

Kinderbetreuungskosten können vom Jugendamt ganz oder teilweise übernommen werden, wenn Ihnen die finanzielle Belastung nicht zuzumuten ist und der Besuch der Betreuungseinrichtung der Förderung des Kindes dient. Für die Kostenübernahme sind die Höhe Ihres Einkommens, die Anzahl der Kinder und der Umfang der in Anspruch genommenen Leistungen maßgebend (vgl. 11.3).

Kindererziehungszeiten sind rentenrechtliche Zeiten in der gesetzlichen Rentenversicherung, die einen Rentenanspruch begründen und sich rentensteigernd auswirken können. Die Kindererziehungszeit wird dem Elternteil zugeordnet, der das Kind erzogen hat (vgl. 8.2.1).

Kinderfreibetrag ist ein Freibetrag, durch den bei der Besteuerung der Eltern das Existenzminimum des Kindes steuerfrei gestellt wird. Bei der Veranlagung zur Einkommensteuer werden das Kindergeld und die Steuerersparnis verglichen und der höhere Betrag berücksichtigt (Günstigerprüfung) (vgl. 11.2.1).

Kindergeld ist eine staatliche Leistung für alle Kinder bis zum 18. Lebensjahr, für Kinder in Ausbildung bis zum 25. Lebensjahr und für arbeitslose Kinder bis zum 21. Lebensjahr (vgl. 6.2).

Kinderkrankengeld zahlt die gesetzliche Krankenversicherung, wenn der Versicherte zur Beaufsichtigung, Betreuung oder Pflege des erkrankten und versicherten Kindes der Arbeit fernbleiben muss, eine andere im Haushalt lebende Person das Kind nicht betreuen oder pflegen kann und das Kind das zwölfte Lebensjahr noch nicht vollendet hat (vgl. 5.2.2).

Kinderzuschlag ist eine Familienleistung des Staates, die Alleinerziehende und Familien mit geringem Einkommen zusätzlich zum Kindergeld unterstützen soll. Für Alleinerziehende gilt eine Mindesteinkommensgrenze von 600 €. Aktuell (2023) beträgt der Zuschlag maximal 250 € monatlich für jedes Kind (vgl. 6.3).

L

Leistungsfähigkeit des Unterhaltsverpflichteten ist die Voraussetzung für einen Unterhaltsanspruch. Dabei ist der sogenannte Selbstbehalt des Unterhaltspflichtigen zu berücksichtigen. Unterhaltspflichtig ist nicht, wer bei Berücksichtigung seiner sonstigen Verpflichtungen außerstande ist, ohne Gefährdung seines angemessenen Unterhalts den Unterhalt zu gewähren (vgl. 1.3).

M

Mehrbedarf des Kindes ist ein während eines längeren Zeitraums regelmäßig anfallender und beim Unterhalt zu berücksichtigender Bedarf, der die üblichen Kosten übersteigt und deshalb in den Regelsätzen der Düsseldorfer Tabelle nicht erfasst ist (z.B. Nachhilfeunterricht, krankheitsbedingte Mehrkosten bei Behinderung eines Kindes) (vgl. 2.6.2).

Mindestunterhalt beschreibt die Höhe, die der Unterhalt für Kinder mindestens haben muss. Er orientiert sich an dem steuerfrei zu stellenden sächlichen Existenzminimum eines Kindes im jeweiligen Jahr und beträgt aktuell (2023) 502 € monatlich (vgl. 2.6.2).

Mutter des Kindes ist die Frau, die das Kind geboren hat. Das gilt auch dann, wenn die Eizelle nicht von ihr stammt (z.B. bei der Leihmutterschaft), das Kind also genetisch nicht von ihr abstammt (vgl. 2.1).

Mutterschaftsgeld wird von der gesetzlichen Krankenversicherung während der Schutzfristen vor und nach der Entbindung sowie für den Entbindungstag gezahlt. Darüber hinaus gibt es gegebenenfalls einen Arbeitgeberzuschuss zum Mutterschaftsgeld (vgl. 6.1).

N

Nachehelicher Unterhalt ist im Falle der Scheidung nur in den gesetzlich festgelegten Fällen zu zahlen. Allerdings obliegt es nach der Scheidung jedem Ehegatten, selbst für seinen Unterhalt zu sorgen. Nur wenn ein Ehegatte dazu nicht in der Lage ist, gebietet es die nacheheliche Solidarität, vor allem den notwendigen Ausgleich für ehebedingte Nachteile zu leisten (z.B. Unterhalt für die Betreuung eines gemeinsamen Kindes für mindestens drei Jahre nach der Geburt) (vgl. 3.3).

P

Partnerschaftsbonus sichert den Eltern zusätzlich bis zu vier Monate ElterngeldPlus. Beide Elternteile müssen in dieser Zeit in Teilzeitarbeit arbeiten, und zwar jeder mindestens 24 und höchstens 32 Stunden pro Woche (vgl. 6.4.2).

Personensorge ist neben der Vermögenssorge ein Teil der elterlichen Sorge. Sie umfasst insbesondere alle tatsächlichen Betreuungsaufgaben für das Kind, insbesondere dessen Erziehung und die Gesundheitssorge (vgl. 2.3.1).

Pflegeunterstützungsgeld als Lohnersatzleistung wird von der Pflegekasse gezahlt, wenn ein Beschäftigter Zeit für die Organisation einer akut aufgetretenen Pflegesituation eines Kindes benötigt und deshalb von der Arbeit fernbleibt. Anspruch auf Pflegeunterstützungsgeld besteht nicht, wenn ein Anspruch auf Entgeltfortzahlung gegenüber dem Arbeitgeber besteht (vgl. 5.5.2).

Pflegeversicherung ist eine Pflichtversicherung. Alle Personen, die in der gesetzlichen Krankenversicherung pflichtversichert sind, sind auch in der sozialen Pflegeversicherung pflichtversichert. Aufgabe der Pflegeversicherung ist es, das allgemeine Lebensrisiko abzusichern, pflegebedürftig zu werden, die Kosten der erforderlichen Pflege aber nicht tragen zu können (vgl. 5.5.1).

Pflegezeit ist die teilweise oder vollständige Freistellung durch den Arbeitgeber, wenn der Beschäftigte ein pflegebedürftiges Kind betreuen will. Der Anspruch auf Freistellung gilt für alle Pflegestufen. Er besteht allerdings nur gegenüber Arbeitgebern mit mehr als 15 Arbeitnehmern (vgl. 5.5.2).

Prozesskostenhilfe erhält, wer die Kosten einer Prozessführung aufgrund seiner persönlichen Verhältnisse nicht, nur zum Teil oder nur in Raten aufbringen kann, die beabsichtigte Rechtsverfolgung oder -verteidigung hinreichende Aussicht auf Erfolg hat und die Wahrnehmung der Rechte nicht mutwillig ist (vgl. 13.2).

R

Rehabilitation für Kinder ist in der gesetzlichen Rentenversicherung grundsätzlich bis zum vollendeten 18. Lebensjahr möglich. Erforderlich wird sie, wenn das Kind zwar schwer erkrankt ist, aber die Chance besteht, dass die Gesundheit wesentlich gebessert oder wiederhergestellt werden kann. Eine Rehabilitation ist außerdem möglich, wenn die Gesundheit in hohem Maße gefährdet ist oder Folgeerscheinungen einer Erkrankung die spätere Erwerbsfähigkeit beeinträchtigen können (z.B. bei Erkrankung der Atemwege) (vgl. 8.4.2).

Riester-Rente ist eine private Altersvorsorge auf freiwilliger Basis, mit der Arbeitnehmer ihre persönliche Versorgungslücke schließen können. In der Ansparphase erhält der begünstigte Personenkreis direkte Zulagen und profitiert zudem, weil Sonderausgaben steuermindernd geltend gemacht werden können (vgl. 7.3.1).

S

Schuldnerberatung bezeichnet die Hilfestellung, die für Menschen mit Schuldenproblemen oder in einer Situation der Überschuldung durch rechtlichen und finanziellen Rat angeboten werden. Träger der Schuldnerberatung sind größtenteils der Deutsche Caritasverband, das Diakonische Werk der Evangelischen Kirche in Deutschland, das Deutsche Rote Kreuz, der Deutsche Paritätische Wohlfahrtsverband, die Arbeiterwohlfahrt oder Verbraucherzentralen sowie die Sozialämter in Gemeinden, Städten und Landkreisen (vgl. 13.5).

Schwangerschaftsberatung bietet Informationen rund um die Familienplanung, Schwangerschaft und Geburt. Auskunft und Unterstützung wird unter anderem bei arbeitsrechtlichen Fragen, sozialen und finanziellen Fragen und Problemen, beim Kontakt mit Ämtern und Behörden geleistet. Bei den staatlich anerkannten Beratungsstellen kann eine Schwangerschaftskonfliktberatung in Anspruch genommen werden, die als Voraussetzung für einen straffreien Schwangerschaftsabbruch gesetzlich vorgeschrieben ist (vgl. 13.4).

Selbstbehalt ist im Rahmen des Unterhaltsrechts der Betrag, der der unterhaltspflichtigen Person verbleiben muss, damit sie ihren eigenen Lebensunterhalt bestreiten kann. Dadurch wird sichergestellt, dass der unterhaltspflichtigen Person von ihren Einkünften ein Betrag zur Deckung ihres eigenen Lebensbedarfs verbleibt (vgl. 2.6.3).

Sonderbedarf kann beim Unterhalt wegen eines unregelmäßig auftretenden, außergewöhnlich hohen Bedarfs verlangt werden, der nicht auf Dauer besteht, nicht vorhersehbar war, sodass hierfür keine

Rücklagen gebildet werden konnten, und daher zu einem einmaligen, jedenfalls aber zeitlich begrenzten Ausgleich neben dem regelmäßig geschuldeten Barunterhalt führen kann (z.B. Kosten einer kieferorthopädischen Behandlung) (vgl. 2.6.2).

Sorgerecht (oder elterliche Sorge) bedeutet das Recht und die Pflicht der Eltern, für das persönliche Wohl ihres Kindes (Personensorge) und sein Vermögen (Vermögenssorge) zu sorgen und das Kind gesetzlich zu vertreten (vgl. 2.3).

Sorgerechtsverfügung ist eine Verfügung, in der die Eltern (oder ein Elternteil) bestimmen, wer sich im Todesfall um ein minderjähriges Kind kümmern soll. Dazu bestimmen sie eine oder mehrere Personen, die das Sorgerecht im Ernstfall bekommen sollen (z.B. Verwandte oder Freunde). Es kann durch entsprechende Verfügung auch eine Person von der Vormundschaft ausgeschlossen werden. Für die Benennung eines Vormunds gelten die gleichen formalen Vorgaben wie für ein Testament (vgl. 12.3.1).

Sozialhilfe erhält, wer seinen notwendigen Bedarf nicht selbst durch eigenes Einkommen und Vermögen sowie durch den Einsatz seiner Arbeitskraft decken kann. Andere Ansprüche (etwa auf Leistungen der gesetzlichen Krankenversicherung oder Pflegeversicherung) haben grundsätzlich Vorrang vor Leistungen der Sozialhilfe (vgl. 9.1.2).

T

Trennungsunterhalt ist im Fall der Trennung der Eheleute zu leisten, wenn ein Ehepartner bedürftig und der andere Partner leistungsfähig ist und der Unterhaltsanspruch nicht wegen grober Unbilligkeit beschränkt oder sogar ausgeschlossen ist. Der Unterhaltsbedarf des getrenntlebenden Ehegatten ermittelt sich regelmäßig nach dem sogenannten Halbteilungsgrundsatz; er entspricht somit im Regelfall der Hälfte der zusammengerechneten beiderseitigen bereinigten Einkünfte (vgl. 3.2).

U

Umgangsrecht des Elternteils beinhaltet das Recht zum persönlichen Kontakt und alle Formen der Kommunikation mit dem Kind. Es erstreckt sich also auf Besuche und Treffen, ferner auf briefliche, telefonische und elektronische Kontakte wie SMS oder E-Mail. Das Umgangsrecht wird unabhängig von der Frage der elterlichen Sorge immer demjenigen Elternteil zugesprochen, der das Kind nicht betreut. Dieser Elternteil hat dann auch eine Umgangspflicht mit dem Kind (vgl. 2.4).

Umgangsregelung mit dem Kind ist in erster Linie Angelegenheit der Eltern. Die Eltern können untereinander insbesondere vereinbaren, wann, wie oft, wie lange und wo der Umgang stattfinden soll. Eine gerichtliche Regelung des Umgangsrechts kommt nur in Betracht, wenn sich die Eltern über den Umgang mit dem Kind nicht entscheiden können oder wenn dies zum Wohl des Kindes erforderlich ist (vgl. 2.4.5).

Unterhalt für das Kind ist von beiden Elternteilen zu leisten. Der Unterhalt setzt sich aus dem Barunterhalt und dem Betreuungsunterhalt zusammen. Betreuungsunterhalt leistet der alleinerziehende Elternteil, indem er für Nahrung, Kleidung und kostenlosen Wohnraum sorgt. Barunterhalt durch Zahlung eines bestimmten Geldbetrags hat derjenige Elternteil zu leisten, bei dem das Kind nicht dauerhaft lebt (vgl. 2.6).

Unterhaltsvorschuss ist eine Sozialleistung des Jugendamts für alleinerziehende Elternteile mit mindestens einem unterhaltsberechtigtem Kind. Alleinerziehende können Unterhaltsvorschuss beantragen, wenn sie für das Kind keinen oder nicht regelmäßig Unterhalt erhalten. Die Höhe des Unterhaltsvorschusses richtet sich nach dem Alter des Kindes und nach dem für die jeweilige Altersstufe festgelegten gesetzlichen Mindestunterhalt (vgl. 2.6.7).

V

Vater des Kindes ist, wer zum Zeitpunkt der Geburt mit der Mutter verheiratet war oder wer die Vaterschaft anerkannt hat. Besteht die Vaterschaft weder kraft Ehe noch durch Anerkennung oder wurde eine entsprechende Zurechnung der Vaterschaft erfolgreich angefochten, kann die Vaterschaft des biologischen Vaters gerichtlich festgestellt werden. Das Familiengericht stellt die Vaterschaft auf Antrag fest. Antragsberechtigt sind der Mann, der seine Vaterschaft festgestellt haben möchte, die Mutter und das Kind (vgl. 2.2).

Vermögenssorge ist neben der Personensorge Teil der elterlichen Sorge. Ihr unterliegt grundsätzlich das gesamte Vermögen des Kindes. Die Vermögenssorge erfasst alle tatsächlichen und rechtlichen Maßnahmen, die darauf gerichtet sind, das Vermögen des Kindes zu erhalten, zu verwerten und zu vermehren (vgl. 2.3.2).

Versorgungsausgleich wird im Rahmen des Scheidungsverfahren ohne Antrag durchgeführt. Es werden die Rentenanwartschaften und sonstigen Anwartschaften der Eheleute, die sie während der Ehe durch Arbeit und/oder Einsatz von Vermögen erworben haben, ermittelt und ausgeglichen (vgl. 3.2).

Vertretung des Kindes obliegt den Eltern als Teil der elterlichen Sorge. Die Vertretungsbefugnis erfasst alle Bereiche, also die Personen- und Vermögenssorge. In bestimmten Fällen ist das Vertretungsrecht der Eltern allerdings zum Schutz des Kindes beschränkt oder sogar ausgeschlossen (vgl. 2.3.3).

Verwaltungsanordnung ist eine testamentarische Verfügung über die Verwaltung und Verwendung des von einem minderjährigen Kind geerbten Vermögens. Wenn beide Elternteile das Sorgerecht haben, können sie anordnen, wie der andere Elternteil das dem Kind zugewendete Vermögen zu verwalten hat. Abweichungen sind dann nur bei Gefährdung der Interessen des Kindes mit gerichtlicher Genehmigung erlaubt (vgl. 12.3.1).

W

Waisenrente ist eine Rentenart der gesetzlichen Rentenversicherung, die an Kinder gezahlt wird, wenn der Vater, die Mutter oder beide Elternteile gestorben sind. Anspruch auf Halbwaisenrente besteht, wenn noch ein unterhaltspflichtiger Elternteil lebt und der verstorbene Elternteil die allgemeine Wartezeit von fünf Jahren erfüllt hat. Vollwaisenrente wird gezahlt, wenn kein unterhaltspflichtiger Elternteil mehr lebt (vgl. 8.2.3).

Wechselmodell ist eine besondere Ausgestaltung des Umgangsrechts, bei dem das Kind mit den getrenntlebenden oder geschiedenen Elternteilen jeweils gleich oder annährend viel Zeit verbringt. Das Kind »wechselt« dafür in bestimmten Zeitabständen vom einen zum anderen Elternteil. Das Modell stellt einen Gegensatz zum sogenannten Residenzmodell dar, bei dem das Kind getrenntlebender Eltern zu einem überwiegenden Anteil bei einem der beiden Elternteile lebt und der Umgang mit dem Kind des nicht betreuenden Elternteils auf Wochenenden oder auf Tage oder Nachmittage vereinbart wird (vgl. 2.4.4).

Witwen-/Witwerrente ist eine gesetzliche Rente zur Sicherung der Existenz des Ehepartners beim Tod des Partners. Anspruch besteht, wenn der verstorbene Ehepartner eine Rente bezogen oder mindestens fünf Jahre in die gesetzliche Rentenversicherung eingezahlt hat. Ferner muss die Ehe ein Jahr bestanden haben (vgl. 8.2.3).

Wohngeld ist eine staatliche Finanzhilfe, durch die eine angemessene und familiengerechte Unterkunft gesichert werden soll. Es wird in zwei Varianten gezahlt: Als Mietzuschuss erhalten es Personen, die Mieter einer Wohnung oder eines Zimmers sind. Als Lastenzuschuss wird es für Personen gezahlt, die Eigentum an selbst genutztem Wohnraum haben (vgl. 8.3).

Z

Zahlbetrag ist der sich aus der Düsseldorfer Tabelle ergebende Betrag abzüglich der Hälfte des Kindergelds. Das Kindergeld für ein minderjähriges Kind steht beiden Elternteilen zu, es wird aber in voller Höhe an den Elternteil ausbezahlt, bei dem das Kind wohnt. Deshalb darf der Elternteil, der den Kindesunterhalt zahlen muss, die Hälfte des Kindergelds vom Unterhalt abziehen. Der vom Unterhaltspflichtigen tatsächlich zu zahlende Unterhalt ergibt sich folglich daraus, dass vom jeweiligen Tabellenunterhalt die Hälfte des Kindergelds abzuziehen ist (vgl. 2.6.2).

Zugewinnausgleich erfolgt bei Eheleuten, die im gesetzlichen Güterstand der Zugewinngemeinschaft leben, bei Beendigung der Ehe. Endet die Ehe durch Tod eines Ehegatten, wird der Ausgleich des Zugewinns dadurch verwirklicht, dass sich der gesetzliche Erbteil des länger lebenden Ehepartners pauschal um ein Viertel der Erbschaft erhöht. Endet der Güterstand durch Scheidung, erfolgt unter den Ehegatten ein rechnerischer Ausgleich des Zugewinns (vgl. 12.1.2).

Zugewinngemeinschaft ist der Güterstand, in dem Eheleute leben, wenn sie durch Ehevertrag nichts anderes vereinbart haben. Der Güterstand stellt letztlich eine Gütertrennung dar, wobei der Zugewinn nach Beendigung des Güterstands ausgeglichen wird (vgl. 12.1.2).

Index

A

B

E

L

M

N

P

R

S

T

U

V

W